Medienvertrauen

Dortmunder Beiträge zur Zeitungsforschung

—

Herausgegeben von Astrid Blome
Institut für Zeitungsforschung der Stadt Dortmund

Band 69

Medienvertrauen

Historische und aktuelle Perspektiven

Herausgegeben von
Astrid Blome, Tobias Eberwein,
Stefanie Averbeck-Lietz

Redaktion
Karen Peter

DE GRUYTER
SAUR

Gedruckt mit freundlicher Unterstützung der Stiftung Presse-Haus NRZ

Stiftung
Presse-Haus **NRZ**

ISBN 978-3-11-077684-3
ISBN (PDF) 978-3-11-059047-0
ISBN (EPUB) 978-3-11-058742-5
ISSN 0417-9994

Library of Congress Control Number: 2019955547

Bibliografische Information der Deutschen Nationalbibliothek
Die Deutsche Nationalbibliothek verzeichnet diese Publikation in der Deutschen Nationalbiblio-
grafie; detaillierte bibliografische Daten sind im Internet über http://dnb.dnb.de abrufbar.

Druck und Bindung: CPI books GmbH, Leck

www.degruyter.com

Stefanie Averbeck-Lietz

Vorwort

Der vorliegende Band ist das 69. Buch, das in der Reihe der Dortmunder Beiträge zur Zeitungsforschung erscheint – eine Buchreihe, die seit über 60 Jahren besteht (1. Band 1958). Herausgeber ist das Institut für Zeitungsforschung der Stadt Dortmund – eine städtische Einrichtung mit wissenschaftlichem Habitus und Renommee seit nunmehr 93 Jahren. Zum 90. Geburtstag sind in einer Festschrift (Blome 2016) die diversen Perioden des Instituts und seine wissenschaftlichen Leitungspersönlichkeiten seit der Nachkriegszeit – allesamt für die Kommunikationswissenschaft bekannte Namen: Kurt Koszyk, Hans Bohrmann und Gabriele Toepser-Ziegert – gewürdigt worden. Im gleichen Jahr hat die renommierte Frühneuzeit- und Medienhistorikerin Astrid Blome die Institutsleitung übernommen. Das Institut bietet mit seinen Beständen und Sammlungen Angebote für die Forschung der Gegenwart und ist eng vernetzt mit der städtischen ebenso wie mit der universitären Öffentlichkeit.

Mit anderen Worten: das Dortmunder Institut für Zeitungsforschung ist eine *Vertrauensinstitution* – eine Institution, in die seit 1926 Vertrauen gesetzt wird. Es verbindet die Tradition der Presseforschung mit dem Wandel aktueller Medienforschung in digitalen Medienumgebungen. Es ist eine Adresse, die in der Forschung als kompetent, fachnah und zuverlässig angesehen wird. Mit jährlichen Tagungen, der Publikationsreihe und der ausführlichen Website stellt das Institut Transparenz her (siehe www.zeitungsforschung.de). Damit sind die ‚Zutaten‘ Kompetenz, Verlässlichkeit und Offenheit gegeben, die Glaubwürdigkeit herstellen und Vertrauen erzeugen können. Über entsprechende Zusammenhänge von Institutionen- und Medienvertrauen denken die Autor*innen dieses Buches auf Einladung des Instituts für Zeitungsforschung nach.

Bewusst hat das Institut bisher darauf verzichtet, sich der schnelllebigen Öffentlichkeit sozialer Medien unterzuordnen. Dem tagesaktuellen Posten, den ad hoc-Mitteilungen, der Jagd nach Aufmerksamkeit und der Getriebenheit heutiger öffentlicher Kommunikation setzt die Wissens- und Wissenschaftskommunikation des Instituts die distanzierte Beobachtung entgegen. Das Institut ist damit ein idealer Ort, um zu analysieren, wie sich Medienvertrauen und damit die Zuweisung von Glaubwürdigkeit an Medienkommunikation entwickeln, wenn Intermediäre wie *Facebook* oder *Twitter*, die anderen als publizistischen Logiken folgen (nämlich vorrangig ökonomischen), die Aufmerksamkeitsdynamiken mitbestimmen. Das hat das Institut für Zeitungsforschung im November 2017 an zwei Tagen anlässlich der Fachtagung „*Glaubst Du noch oder weißt Du schon? Zur Glaubwürdigkeit von Medien in historischer und aktueller Perspektive*" getan. In einem zeitlichen Bogen vom 17. Jahrhundert bis in die Gegenwart stellte die Tagung die Frage nach Medienvertrauen und Glaubwürdigkeit in historischer und systematischer Perspektive (vgl. Blome/Bader 2018).

Der vorliegende Band publiziert die Ergebnisse dieser Tagung. In allererster Linie ist den beteiligten Autor*innen für ihre Mitarbeit zu danken, in einer Zeit, in der auch das Forschen zunehmend unter Zeitdruck gerät und die ‚Währung‘ Aufsatz in einem Sammelband an Gewicht verliert (so in Berufungskommissionen). Dies obwohl gerade Sammelbände Vertrauen in die Institution Wissenschaft herstellen können, da sie die Kommunikationszusammenhänge von Wissenschaft nachvollziehbar, folglich transparent machen (und sicherlich in höherem Maße als die rasant zunehmende Wissenschaftskommunikation auf *Twitter* es vermag).

Die Autor*innen haben sich in Dortmund getroffen, mit- und auch gegeneinander diskutiert. Auch dieser Band enthält eine Vielfalt unterschiedlicher Positionen. Das Buch liefert Inhalte, die wiederum kritisiert werden können und sich der wissenschaftlichen Debatte stellen. Diese muss nicht immer homogen sein und vielleicht ist genau das heute bedenkenswert: Dass ein Vertrauensfaktor von Öffentlichkeit *Pluralität* ist, Vielfalt, Akzeptanz der Gegenmeinung, Diskurs und Debatte – dies ist zutiefst in der Tradition westlicher Demokratien (und nicht nur dieser) verankert. Wie wandelt sich diese Tradition in einer Zeit, in der öffentliche politische Kommunikation zwar einerseits vielfältigen Stimmen gerade in sozialen Medien Raum gibt, andererseits aber geneigt ist ad hoc und oft gezielt Drohkulissen aufzubauen, die Stimmen zum Verstummen bringen können und/ oder wollen? Wie reagieren darauf Journalist*innen und Kommunikationsprofis, auch Politiker*innen, die nun fortan ihr Wort auch ohne den ‚Umweg‘ über PR-Abteilungen an ihre Anhänger (und Gegner) richten können? Und wie agieren schließlich Wissenschaftler*innen, die sich fragen müssen, was ihr Konstrukt öffentlichen Vertrauens bedeutet und wie es operationalisiert und evaluiert werden kann und soll – gerade im Kontext historischer Reflexion?

Dieser Band kann nicht auf all diese Fragen Antwort geben, sie aber doch vielstimmig problematisieren.

Zu danken ist neben den Autor*innen auch den Tagungsorganisatoren, dem Team des Instituts für Zeitungsforschung um PD Dr. Astrid Blome, Dr. Gabriele Toepser-Ziegert als Geschäftsführerin des Vereins zur Förderung der Zeitungsforschung in Dortmund, Dr. Tobias Eberwein als stellvertretendem Vorsitzenden des Vereins, Manfred Pankratz als Schatzmeister und buchhalterischem Gewissen und für die konzeptuelle Idee zur Tagung und zum Buch wiederum Astrid Blome, der Direktorin des Instituts für Zeitungsforschung.

Die Drucklegung des Bandes wurde mit Mitteln der Stiftung Presse-Haus NRZ ermöglicht, der wir dafür sehr herzlich danken.

Stefanie Averbeck-Lietz im August 2019,
Vorsitzende des Vereins zur Förderung der Zeitungsforschung in Dortmund e. V.

Literatur

Blome, Astrid (Hg.): 90 Jahre Institut für Zeitungsforschung. Rückblicke und Ausblick, Essen 2016

Blome, Astrid/Bader, Harald: Glaubst Du noch oder weißt Du schon? Zur Glaubwürdigkeit von Medien in historischer und aktueller Perspektive. Tagungsbericht (www.hsozkult.de/conferencereport/id/tagungsberichte-7582, 18. 8. 2019)

Inhalt

Astrid Blome

Einleitung

Seit es Medien gibt, wird ihre Informationsqualität diskutiert. Insbesondere das Erscheinen neuer Medien, von der Zeitung über den Rundfunk und das Fernsehen bis zu den Sozialen Medien, stellt bestehende Systeme auf den Prüfstand und ist Auslöser kritischer Warnungen. Die Entgrenzung der Kommunikation durch die digitale Transformation und der Bedeutungszuwachs des Mediensektors lassen den kritischen Diskurs über Stellenwert und Leistungen von Medien zur Konstante werden. Wenn sich gesellschaftliche und mediale Strukturen im Umbruch befinden, ist Kritik an Massen- oder Verbreitungsmedien virulent. Der digitale Wandel und die neuen Intermediäre forcieren die gesellschaftliche ebenso wie die wissenschaftliche Diskussion um Qualität und Kritik der etablierten Medien. Die Wahrnehmung des öffentlichen Diskurses wurde dominiert von den Begriffen Vertrauen und Glaubwürdigkeit bzw. Vertrauenskrise und Glaubwürdigkeitsverlust sowie von der Wiederaufnahme populistischer „Lügenpresse"-Formulierungen (vgl. Lilienthal/Neverla 2017). Die populistisch geprägte Gesellschaftskritik wird von Medien, Öffentlichkeit und Wissenschaft gleichermaßen aufgegriffen. Diese Aufmerksamkeit evoziert derzeit ein erhöhtes Forschungsaufkommen und führt zu Neubestimmungen der gesellschaftlichen Funktion und Verantwortung von Journalisten und Journalismus.

Die postulierte Glaubwürdigkeitskrise der Medien hat in der kommunikationswissenschaftlichen Forschung Konjunktur – ungeachtet der Unschärfe vieler Zuschreibungen, die als Referenzen der Studien zum Medienvertrauen dienen und ohne Differenzierung kaum zu validen Ergebnissen führen. Vergleichende Studien haben überdies die Vertrauenserosion relativiert, da die intensive öffentliche Diskussion um das Medienvertrauen und die Glaubwürdigkeit von Medien oftmals von den empirischen Ergebnissen abweicht (z. B. Reinemann u. a. 2017; Ziegele u. a. 2018). Einige Studien meinen aktuell wieder einen Glaubwürdigkeitszuwachs deutscher Medien verzeichnen zu können (Simon 2018). Dennoch sind die Debatten um Vertrauen in Medien und Journalismus Begleiterscheinungen eines massiven institutionellen Wandels, in dem die Glaubwürdigkeitskrise der Medien ein Anzeichen der Krise des gesellschaftlichen Systems ist. Die verschärfte Medienkritik und die Polarisierung der Debatte gelten als Ausdruck zunehmender Entfremdung von etablierten politischen und medialen Akteuren (Schultz u. a. 2017). Der Zusammenhang von politischer Kritik, von abnehmendem Vertrauen in die gesellschaftlichen Institutionen und Akteure, und Medienkritik ist evident: Medienkritik ist Systemkritik.

https://doi.org/10.1515/9783110590470-001

Die Diskussionen über Vertrauen, Vertrauensverlust und Glaubwürdigkeit und die massiven Insinuationen unseriöser oder falscher medialer Präsentationen haben dem Diskurs über den gesellschaftlichen Auftrag und die Funktion des Journalismus in einer demokratischen Gesellschaft eine gesamtgesellschaftliche Dimension verliehen. Medien, Publikum und Wissenschaft führen eine Debatte, in der das Selbstverständnis, die Arbeitsweise und die Existenzgrundlage des Journalismus und der Journalisten hinterfragt und neu bestimmt werden. Vorangetrieben wird die Auseinandersetzung in den neuen Medien. Die neuen Intermediäre und die Entgrenzung der Online-Kommunikation haben jedoch ambivalente Folgen: Partizipation und Demokratisierung, Dynamik und Vielfalt einerseits, Deprofessionalisierung und Emotionalisierung, Instrumentalisierung und Beliebigkeit andererseits. Die veränderten Strukturen der Öffentlichkeit führen zu einer paradoxen Situation: Die Entgrenzung der Informationsmöglichkeiten durch die neuen Intermediäre wird von ihren intensivsten Nutzern häufig bewusst negiert, während sich die Kritik an den traditionellen Massenmedien verschärft (vgl. Fengler u. a. 2014). Besonders der professionelle Journalismus und die Qualitätsmedien sind einem steigenden Rechtfertigungsdruck ausgesetzt. Sie haben ihren Status als Gatekeeper für große Teile der Bevölkerung weitgehend verloren, während die Orientierungsfunktion des professionellen Journalismus durch Struktur- und Sinngebung zugleich vehement eingefordert wird.

In dieser öffentlich angeregten, neuen Phase journalistischer Reflexion werden die Grundsätze eines guten Journalismus kontinuierlich geprüft, diskutiert und über die Grenzen des Berufsstandes hinaus kommuniziert. Insbesondere eine fehlende Medienkompetenz der Rezipienten zwingt Journalisten zunehmend dazu, nicht nur die Welt, sondern auch sich selbst zu erklären (Niggemeier 2016). Eine neue Informationspolitik der Qualitäts- und Leitmedien soll die systemimmanenten Strukturen des Mediensystems offenlegen und so die Distanz zum Publikum überwinden. Transparenz und Öffentlichkeit werden von den Rezipienten wie von der Wissenschaft als Forderungen an den Journalismus herangetragen. Transparenz kann empfundene, strukturell bedingte Glaubwürdigkeitslücken jedoch nicht überwinden, wenn den Kommunikationsmedien ein Grundmisstrauen entgegengebracht wird. Professionalität wird zum Auslöser populistischer Medienkritik, wenn die Befolgung der Richtlinien des Pressekodex nicht den Intentionen nationalistischer Propaganda entspricht – und wird umfunktionalisiert zum Mittel der Gesellschaftskritik (vgl. Fawzi 2018).

Die Kommunikationswissenschaft hat diese aktuellen gesellschaftlichen Themen an- und aufgenommen. Sie wurden auf der internationalen Fachtagung des Instituts für Zeitungsforschung und des Vereins zur Förderung der Zeitungsforschung in Dortmund e. V. *Glaubst Du noch oder weißt Du schon? Zur „Glaub-*

würdigkeit" von Medien in historischer und aktueller Perspektive im November 2017 diskutiert. Die vorgetragenen Positionen wurden für den Druck um einzelne Beiträge ergänzt, die zur weiteren Theoriebildung und zu empirischen Perspektiven des Themas Vertrauen beitragen.

Einleitend entwickelt Holger BÖNING die Begründung des journalistischen Ethos und die Grundprinzipien journalistischen Handelns aus historischer Perspektive und reflektiert ihre Bedeutung für aktuell Medienschaffende. Die aus den Quellen abgeleiteten Prinzipien – Faktentreue und Zuverlässigkeit, Aktualität, Sachkunde und Exklusivität, Neutralität und Ausgewogenheit, Pluralität der Perspektiven etc. – forderten seit dem 17. Jahrhundert einen respektvollen Umgang mit dem Leser und formulierten in vielen Bereichen das „Ideal einer vollkommenen Zeitung", wie es aktuell (wieder) von Medienkritikern eingefordert wird.

Zeitlich anknüpfend zeichnet Jürgen WILKE die „Entfesselung" der Presse im 19. Jahrhundert nach. Im Vormärz wurden weitreichende Erwartungen an eine freie Presse geknüpft, die sich nicht erfüllten und den Vorwurf „Lügenpresse" evozierten. Unter Bezug auf Heinrich Wuttke erarbeitet Wilke die ökonomischen, technischen, journalistischen, presse- und (partei)politischen „Triebfedern" der Kritik und verfolgt, wie sich im 1. Weltkrieg der Vorwurf eines „Lügenfeldzugs" von der ausländischen gegen die einheimische Presse richtete.

Die Implementierung des Faktors Glaubwürdigkeit der Medien in Meinungsumfragen verortet Michael MEYEN schließlich in der Nachkriegszeit als Kontrollindikator der Demokratisierungs- und Re-Education-Politik der Westmächte. Die Umfragen wurden als politisches Instrument eingesetzt, sie spiegelten den Stand der Zufriedenheit mit der alliierten Politik und den Leistungen der Besatzungskräfte und zeigen, wie sich die Ausbreitung und Akzeptanz neuer Informationsmedien auf das Urteil der Rezipienten auswirkten. Damals wie heute werden die Umfrageergebnisse als Maßstab für die Qualität der Demokratie gelesen.

Bernd BLÖBAUM fordert eine Schärfung der Begriffe Medienvertrauen und Medienskepsis und stellt Ergebnisse des Münsteraner DFG-Graduiertenkollegs *Vertrauen und Kommunikation in einer digitalisierten Welt* vor, das Medienskepsis mit einem Mehrmethodendesign qualitativer und quantitativer Erhebungsmethoden untersucht. Unterschieden werden vier Ebenen der Medienkritik, die systematisch den Bereichen der Institutionen, der Organisations- und der individuellen Kritik zugeordnet werden. Blöbaum bilanziert, dass bei Medienskeptikern Medienvertrauen und Misstrauen parallel existieren.

Die Forschungsgruppe Viola GRANOW / Nikolaus JACKOB / Marc ZIEGELE / Oliver QUIRING / Christian SCHEMER / Tanjev SCHULTZ geht der Frage nach, welche individuellen Faktoren das Vertrauen in Medien beeinflussen. Ausgehend von der These, dass das individuelle Vertrauen als Prädiktor für Medienvertrauen herangezogen werden kann, werten sie Ergebnisse der *Mainzer Langzeitstudie Medienvertrauen* aus. Sie weisen eine Korrelation zwischen der individuellen Prädisposition „interpersonales Vertrauen" und einem allgemeinen Vertrauen in Systeme wie die Medien nach und plädieren daher für die Einbeziehung psychologischer Ansätze in die Forschung zum Medienvertrauen.

Die Fallstudie von Martha KUHNHENN zur Glaubwürdigkeit politischer Kommunikation reflektiert linguistische Analysefaktoren in der kommunikationswissenschaftlichen Vertrauensforschung. Kuhnhenn fragt, welche sprachlichen Merkmale die Glaubwürdigkeit von Aussagen erhöhen und das Vertrauen in die Glaubwürdigkeit eines Akteurs bestimmen. Sie zeigt, dass sprachliche Strukturen wie Verständlichkeit, Rezipientenorientierung und Bürgernähe neben Sympathie wichtige Faktoren sind, die die Glaubwürdigkeit politischer Akteure bestimmen.

Tobias EBERWEIN befasst sich mit dysfunktionalen Kommentaren auf journalistischen Nachrichten-Websites. In einer empirischen Studie verfolgt er Ziele und Beweggründe webbasierter Medienkritik und filtert aus qualitativen Interviews die persönlichen bzw. gesellschaftlichen Bezugsrahmen von Hass-Kommentierern und ihre spezifischen Motive für Kritik an den Medien und dem Journalismus heraus. Die Ergebnisse können Grundlage neuer Strategien für den redaktionellen Umgang mit Nutzerkommentaren sein, die auf einer erhöhten Dialogbereitschaft beruhen sollten.

Für eine Differenzierung und Verschiebung der Forschungsperspektive in der Kommunikationswissenschaft plädiert Otfried JARREN. Er beschreibt die Debatte um Vertrauen in Medien und Journalismus als Ausdruck eines massiven institutionellen Wandels und fordert einen Journalismus als orientierende Dienstleistung. Während die traditionellen Massen- und Leitmedien der gesamtgesellschaftlichen Selbstbeobachtung dienen, müsse sich die Kommunikationswissenschaft von deren Selbstzuschreibungen lösen und verstärkt die intermediären Strukturen und Prozesse in der funktional wie segmentär differenzierten Gesellschaft in den Blick nehmen.

Abschließend fasst Henrik MÜLLER die neuen Anforderungen an den Journalismus und deren Konsequenzen für die Ausbildung von Journalisten zusammen, weil sich ihre gesellschaftliche Aufgabe geändert hat. Journalisten agieren nicht mehr als Gatekeeper, sondern als Scouts und müssen unter veränderten ökonomischen, technischen und thematischen Bedingungen Vertrauen als Marktwert erhalten, um im „Aufmerksamkeitswettbewerb" zu bestehen. Journalismus kann seine gesellschaftliche Funktion nur wahrnehmen, wenn er hohen Qualitätsmaßstäben genügt, die neben der Beherrschung des „Handwerkszeugs" besondere Wissens- wie Recherche-, Analyse- und „Verkaufs"kompetenzen fordert.

Die Beiträge spiegeln nicht nur historische, kommunikationswissenschaftliche und journalistische Perspektiven. Die AutorInnen verbinden mit ihrer wissenschaftlichen Analyse zum Teil dezidiert vorgetragene medien- und wissenschaftspolitische Forderungen.

Literatur

Fawzi, Nayla: Untrustworthy News and the Media as „Enemy of the People". How a Populist Worldview Shapes Recipients' Attitudes toward the Media, in: The International Journal of Press/Politics 24, 2 (2018), S. 146–164

Fengler, Susanne/Eberwein, Tobias/Mazzoleni, Gianpietro/Porlezza, Colin (Hg.): Journalists and Media Accountability. An International Study of News People in the Digital Age, New York u. a. 2014

Lilienthal, Volker/Neverla, Irene (Hg.): Lügenpresse. Anatomie eines Kampfbegriffs, Köln 2017

Niggemeier, Stefan: Nicht nur die Welt, sondern sich selbst erklären. Zur Rolle des Journalismus heute, in: Aus Politik und Zeitgeschichte 2016, Heft 30–32, S. 4–8

Reinemann, Carsten/Fawzi, Nayla/Obermaier, Magdalena Katharina: Die „Vertrauenskrise" der Medien – Fakt oder Fiktion? Zu Entwicklung, Stand und Ursachen des Medienvertrauens in Deutschland, in: Volker Lilienthal/Irene Neverla (Hg.): Lügenpresse, Köln 2017, S. 77–94

Schultz, Tanjev/Jackob, Nikolaus/Ziegele, Marc/Quiring, Oliver/Schemer, Christian: Erosion des Vertrauens zwischen Medien und Publikum?, in: Media Perspektiven 2017, Heft 5, S. 246–259

Simon, Erik: Glaubwürdigkeit deutscher Medien gestiegen, in: Media Perspektiven 2018, Heft 5, S. 210–215

Ziegele, Marc/Schultz, Tanjev/Jackob, Nikolaus/Granow, Viola/Quiring, Oliver/Schemer, Christian: Lügenpresse-Hysterie ebbt ab, in: Media Perspektiven 2018, Heft 5, S. 150–162

Holger Böning

Journalistisches Ethos und das Ideal einer vollkommenen Zeitung in den ersten Jahrhunderten der deutschen Presse

Historische Utopie und aktuelle Notwendigkeit

1 Einführung

> „Wenn du noch deine Zeitung hast,
> So danke Gott und sei zufrieden!
> Bald gibt es keine mehr, denn fast
> Viertausend sind schon sanft verschieden.
> [...]
> Gedenke all der großen Not,
> Die sich im Blätterwald' bereitet!
> ‚Bleib deinem treu!' sei dein Gebot,
> Es hat auch dich stets treu begleitet."
> (N.N. 1922, 3)

Das kleine Gedicht, welches hier als eine Art Motto am Anfang meines Versuchs zu den wesentlichen Prinzipien der frühneuzeitlichen Zeitungsberichterstattung und deren aktueller Bedeutung steht, entstammt ursprünglich den *Neuesten Nachrichten für Weißwasser*, 1922 übernahm die *Deutsche Zeitung für die Slowakei* die Verse. Diese poetische Hervorbringung stellt keine Reaktion auf das Internet dar; sie richtete sich 1922 an die damaligen Zeitungsleser. Seit im Jahre 1605 das erste gedruckte wöchentliche Nachrichtenblatt das Licht der Welt erblickte (s. dazu Bauer/Böning 2011), dauerte es knapp drei Jahrhunderte, bis mit der Entstehung der Arbeiterpresse die gesamte Bevölkerung zu Zeitungslesern und Zeitungsabonnenten geworden war. In dieser Zeit war die Zahl der Zeitungen beständig gestiegen; seit dem 20. Jahrhundert aber könnten Klagen über Zeitungskrisen in großer Zahl beigebracht werden. Immer wieder starben massenhaft kleine Blätter; verbunden ist das bis heute mit einem Prozess der Konzentration und Monopolisierung.

Ich möchte einige grundlegende Prinzipien des frühneuzeitlichen Nachrichtenwesens diskutieren; jene Realitäten, die das Ideal einer vollkommenen Zeitung auch schon in früheren Jahrhunderten nicht immer Wirklichkeit sein ließen, muss ich hier weitgehend ausblenden; sie sind durchaus schon früh existent und

https://doi.org/10.1515/9783110590470-002

werden Teil einer Geschichte des frühneuzeitlichen Nachrichtenwesens während des Dreißigjährigen Krieges sein, an der ich arbeite (vgl. Böning 2018).

Wie sah das Ideal einer vollkommenen Zeitung aus? Um nicht in den Verdacht der Naivität zu geraten: Wohl haben meine historischen Gewährsleute diesen Begriff geprägt, aber selbstverständlich gingen sie nicht davon aus, dass es so etwas geben könnte, eine vollkommene Zeitung. Aber, und das soll mich beschäftigen: Es gab bei den Nachrichtenvermittlern des 17. und 18. Jahrhunderts sehr wohl bereits das erkennbare Bemühen eines respektvollen Umgangs mit Lesern, der seinen Ausdruck in der Beachtung einiger grundlegender, sich zu einem journalistischen Ethos verdichtender Regeln journalistischen Handelns findet. Die frühen Zeitungsmacher haben sich durchaus nicht darauf beschränkt, mechanisch Nachrichten weiterzureichen, sondern in ihrem Tun erleben wir erste Vertreter der journalistischen Profession.

Was, so meine Frage, ist an den Vorstellungen, die die Vorgänger unserer heutigen Medienmacher in ihrem damals ganz neuen Beruf entwickelten, nach wie vor aktuell, wo dürfen sie vielleicht sogar als vorbildlich gelten? Angesichts der aktuellen Debatten über sogenannte ‚Fake News' – oder (halb)deutsch: in manipulativer Absicht verbreitete Falschmeldungen – und der Vertrauenskrise gegenüber Journalisten und Presse, auch angesichts der Anwürfe, die mit dem Kampfbegriff „Lügenpresse" verbunden sind, werde ich mir immer wieder Blicke auch auf die heutige Mediensituation erlauben und im zweiten Teil dieses Beitrages einige aktuelle Neuerscheinungen zu diesen Themenfeldern kritisch sichten.

2 Grundprinzipien der frühneuzeitlichen Nachrichtenvermittlung

1. Prinzip: Die Fakten müssen stimmen und im Wesentlichen vollständig und zuverlässig sein, Informationen müssen korrekt und präzise sein.

Die berühmte Devise, die 1921 der Herausgeber des britischen *Manchester Guardian*, Charles Prestwich Scott, zum 100-jährigen Jubiläum seiner Zeitung stolz verkündete – „Der Kommentar ist frei, aber die Fakten sind heilig" (The Guardian 2012) –, war zu diesem Zeitpunkt eigentlich ein alter Hut. Nichts lag den Zeitungsmachern des 17. und 18. Jahrhunderts so am Herzen wie die faktische Richtigkeit der mitgeteilten Informationen und die Vermeidung von meinungsgeprägten Nachrichten. Kaspar Stieler sprach gar davon, dass der Zeitungsleser „allein wissen wolle / was sich hier und dar begiebet", weshalb „die Zeitungsschreiber / mit ihrem unzeitlichen Richten zu erkennen geben / daß sie nicht viel neues zu berichten haben / sondern bloß das Blat zu erfüllen / einen Senf darüber her machen" ([1695] 1969, 27). Es ging darum, die Zuverlässigkeit der Nachrichten zu gewährleisten. Oder mit einem modernen Begriff: Die journalistische Grundpflicht lag darin, unbeeinflusst alles das zu liefern, was der Leser an möglichst umfassender Information wissen muss, um eigene Urteile fällen und freie, selbstbestimmte, faktenbasierte Entscheidungen treffen zu können. Man wolle, so lesen wir 1676 in einer Altonaer Zeitung, „so viel möglich das gewisseste" berichten (Europäische Ordinair- und Extraordinaire Relation 1676, Leseransprache nach Halbjahrestitelblatt, 2. Jahreshälfte). Wahrheitsliebe wurde als erster Grundsatz der Zeitungsberichterstattung begriffen, Grundsatz bei der Nachrichtenauswahl war Glaubwürdigkeit.[1] Man wusste, dass „einer/ der entweder partheylich und praejudicirlich/ oder wider Warheit etwas in die Welt schreibet/ nicht geringen Schaden stiften" kann (Novellen Aus Der gelehrten und curiösen Welt 1692, 518).

Wenn Zweifel an Glaubwürdigkeit und Wahrheit angebracht seien, war dies dem Leser mitzuteilen: „Die Zeitungen von jüngster See-Schlacht", hieß es im 17. Jahrhundert in einem Hamburger Nachrichtenblatt, „sind annoch veränderlich und rühmen sich beyde Partheyen des Sieges" (Nordischer Mercurius, Juni 1666, 373 – 374).[2] Wie kann ein Journalist sich in einer solchen Zwickmühle helfen? Die historischen Zeitungsmacher machen es ihm vor. Aus dem Jahre 1666 stammt der Vorschlag: „Es scheinet nicht undienlich zu seyn/ beyder Partheyen Schreiben von so hochwichtigen Sachen außzugeben/ umb also jedem pasionirten etwas zu willen zu seyn. Die Zeit als der beste Zeuge der Warheit wird endlich alles richtig erklähren." (Nordischer Mercurius, Juni 1666, 374) Dies war nicht immer einfach: „[W]as ich aber vor Dank verdinet habe", so ein Journalist im Jahre 1673, „ist

---

1 Siehe zum häufig betonten Grundsatz der Glaubwürdigkeit von Nachrichten nur zwei Beispiele, zunächst den Titel des vermutlich in Zürich erscheinenden Blattes: Wochentliche/ vngefelschte Newe Zeitung 1623, Nr. 28: Newe Vnpartheysche Zeitung vnd Relation/Auß den glaubwürdigsten Sendbrieffen aller Ohrten/Stätt vnnd Ländern zusamen getragen/diß 1623. Jahrs. Gerichtet auff den alten Calender; siehe sodann den Jahrestitel der Konstanzer Zeitung: Wochentliche Ordinarj (Ordinari) Zeit(t)ungen 1665 und 1666: Mercurius auffs ... Jahr: Das ist/ Ordinari Post-Zeitungen vnnd NOVELLA, Aller denckwürdigen Geschichten vnd Sachen/ so sich in Europa/ Hoch- vnd Nider-Teutschland/ in Hispanien/ Franckreich/ Jtalien/ Engelland/ Ost- vnd West-Jndien/ Oesterreich/ Hungarn/ Böhmen/ Polen/ Preüssen/ Sibenbürgen/ Lifflandt/ Dännemarck/ Schweden/ Hollstein/ Walachey/ Moldaw/ Moßcaw/ Türckey/ etc. hin vnd wider in der Welt/ so wol zu Wasser als Land/ begeben/ vnd zugetragen. Alles auß vnpartheyischen vberschickten Glaubwürdigen Missiven vnd Schrifften extrahirt/ vnd zusammen getragen. Durch David Hautten/ Caes. Not. vnd bestellten Buchtrucker/ der Oesterreichischen Statt Costantz am Bodensee.
2 Ähnlich: Nordischer Mercurius, Juni 1666, S. 357.

nähmlich / eine Bedrohung[,] meine Feder und auch gar meine Füße mit Eisen zu beschrencken". (Nordischer Mercurius Juni 1673, 364)

Sympathisch – jedenfalls viel wichtiger erscheinend als jede Meinung eines Journalisten – erscheint ein journalistisches Credo, das dem Leser nicht nur alle sorgfältig recherchierten zugänglichen Informationen und Fakten aufbereitet, sondern ihm auch eigene Probleme bei der Informationsbeschaffung so wenig vorenthält wie eigene Befangenheiten. Entsprechend hieß es 1672 im *Nordischen Mercurius* zur Berichterstattung aus den Niederlanden: „Von diesen Landen zu advisiren ist nun beschwerlich/ weil fast Jeder eine Adviß nach seinem Willen haben will." Der Zeitungsmacher wies dem Leser einen einfachen Ausweg: „Sehet beyderley: [...]" (Nordischer Mercurius Juni 1672, 365) 1673 sprach der Herausgeber des *Nordischen Mercurius* angesichts des Abdrucks mehrerer verschieden ge- färbter Berichte eines Vorgangs seine Leser mit den Worten an: „Es wollen die begirige Leser der Novellen nicht überdrüßig scheinen / daß ihnen von der Pohlnischen Victorie so vil Extracten nach einander gegeben werden. Man sagt ja sonsten wol: ein Lid / des liblich klingt / Wird gern gehört / wann man daßelb' auch dreymal singt". (Nordischer Mercurius Dezember 1673, 741)

Auf der Grundlage zuverlässiger Quellen, so der Anspruch der Zeitungsma- cher, sei der Leser korrekt und präzise zu informieren, die Nachrichten hätten umfassend und kenntnisreich zu sein (Weber 1999, S. 25 – 26), galt doch gerade während eines Krieges für die Leser, dass „ein jeder verständiger in dieser schwürigen zeit nichts mehr desideriret vnd begehret / als daß er erfahre / wie doch dieses vnfriedtliche wesen werden möge" (Fama Mvndi 1620, Vorwort). Der Leser solle hören, was geschehen ist, was geschieht, um befähigt zu werden, „zu schliessen / was künftig in diesen Martialischen Zeiten geschehen möge." Das legitime Bedürfnis, über das Zeitgeschehen gründlich informiert zu werden, kommentierte der Zeitungsmacher mit den Worten: „Alle Menschen aber sollen dahin bedacht sein / das[s] sie nicht ihr Leben zubringen wie das Vieh." (Fama Mvndi 1620, Vorwort)

2. Prinzip: Größtmögliche Aktualität der Nachrichten.

> „Denn / wem ekelt nicht dafür / wenn er eine neue Zeitung lieset / die er vor acht Tagen aus einer andern albereit gelesen hat? [...] Je neuer und unverhoffter die Zeitungen / einlangen / je wilkommener sie auch seyn / dahingegen alte verlegene Wahren verächtlich sind." (Stieler [1695] 1969, 46 – 47)

Auf wenig war der frühneuzeitliche Zeitungsmacher so stolz wie auf die größt- mögliche Aktualität seiner Nachrichten. Journalisten, die ihre Meldungen auf preiswerte Weise erhielten, indem sie sie einfach bei ihren Kollegen abschrieben, gerieten mit ihren Blättern ins Hintertreffen. Etliche Zeitungen erfüllten ihre Pflicht nicht, so wurde 1692 kritisiert, „indem sie es einander ausschreiben / und vor alte neue Zeitungen heissen möchten / auch dem kalten Gebratens nicht unähnlich sind / allwo was schon vor acht Tagen alt gewesen / erst als eine Novität angestochen kömmt." (Novellen Aus Der gelehrten und curiösen Welt 1692, 516)

Eine gute Zeitung, selbst wenn sie nur einmal wöchentlich erschien oder richtiger: erscheinen konnte, legte ihren Redaktionsschluss entsprechend dem Posteingang. Häufig erschienen Extrabeilagen zu aktuellen Ereignissen, neu einkommende Nachrichten waren Anlass, eine Zeitungsausgabe noch während des Druckvorganges zu aktualisieren. Spätestens 1690 begann der Zeitungsverleger Thomas von Wiering den Druck des *Relations-Couriers* auf zwei Pressen, was ihm erlaubte, durch einen späteren Redaktionsschluss noch aktueller zu werden, da nach Fertigstellung der Satzformen der Druck in der Hälfte der Zeit erfolgen konnte. Bei der Deutschen Presseforschung an der Universität Bremen befinden sich aus dem Jahrgang 1690 die Nr. 98 in zwei und aus dem Jahrgang 1691 die Nr. 112 sogar in drei Exemplaren, deren Satzspiegel deutliche Unterschiede aufweisen. Die letzten Exemplare zeigen, dass hier zwei Versionen in derselben Form gesetzt gewesen sind, die nachträglich noch einmal aufgeschlossen wurde, um eine Meldung anzuhängen, was dann auch Verschiebungen auf den anderen Seiten zur Folge hatte.

Bei dem Anspruch auf größtmögliche Aktualität erlebte der Zeitungsmacher die zeitraubende Vorzensur im Alltag vor allem deshalb als so lästig und geschäftsschädigend, weil sie eben jenes Höchstmaß an Aktualität der Nachrichtenübermittlung unmöglich machte, das eines seiner wichtigsten Ziele war. Heute sind, um nur ein Beispiel zu nennen, die *Westfälischen Nachrichten* mit einem Redaktionsschluss von 18 Uhr keine Ausnahme; Aktualität ist in vielen Regionalzeitungen der Erzählung gewichen, Michael Haller spricht von einer „ausgeruhten" Tageszeitung, deren Nachrichtenbild bereits gegenüber den *Heute*-Nachrichten von 19 Uhr des Vortags veraltet ist. Der Leser erhält meinungsfreudige Kommentare statt Fakten (Haller 2017, 240 – 241). Information ist nicht alles – so lautet der neue Glaubenssatz mancher heutiger Zeitungsmacher.

3. Prinzip: Die Herkunft von Nachrichten ist deutlich zu machen oder von der Notwendigkeit qualifizierter Korrespondenten.

„Das vornemste ist / daß ein Zeitungs-sammler auf gute zuverlässige Correspondenz und Brief-Wechselung sich befleißige. Wozu die hin und wieder an Kayserlichen / Königlichen / Chur- und Fürstlichen Höfen / auch vornehmen See- und Handels-Stäten befindliche Residenten / Agenten / Secretarien und ander politische sorgfältige Leute ein grosses beytragen können. Diese muß man an der Hand haben / ihnen gute Worte geben / und was an sie wenden". (Stieler [1695] 1969, 47)

Zu den Anforderungen an den frühneuzeitlichen Zeitungsverleger und -schreiber gehörte es, die Herkunft von Nachrichten korrekt zu benennen und für zuverlässige Korrespondenz zu sorgen. Auch heute gilt: Woher stammen Nachrichten; was ist nur kolportiert, was ist noch unsicher, was stammt möglicherweise von interessierter Seite? (Haller 2017, 246)

Eigene wohlinformierte und sachkundige Korrespondenten, die exklusive Meldungen aus den bedeutenden Staaten Europas garantierten, waren ein entscheidender Wettbewerbsvorteil. Rechtschaffene und verständige Zeitungsmacher, so die zeitgenössische Forderung, „lesen ehrliche / unbescholtene und glaubhafte Männer aus / die den Staat inne haben / mit geheimen Sachen umgehen / und hin und wieder zuverlässige Correspondenz halten" (Stieler [1695] 1969, 31). Betont wurde die Notwendigkeit, nicht nur europazentriert, sondern aus allen Weltgegenden zu berichten. 1692 kritisierte ein Zeitschriftenherausgeber „unsere Hochteutsche[n] Zeitungs-Schreiber", weil sie „das jenige / was aus denen ausländischen Orten gedacht und gemeldet wird / offt mit Fleiß ausmusterten / und dächten / daß / weilen sie keinen gusto oder Gefallen daran haben / oder es nicht verstehen / die andern Leute alle auch so pedantisch geartet wären." (Novellen Aus Der gelehrten und curiösen Welt 1692, 515–516) Entsprechend erfreuten sich Blätter höchsten Ansehens, deren Korrespondenten von allen Kontinenten berichteten. „Daher auch die Hamburger Zeitungen", so lesen wir bei Gottlieb Zenner, „vor andern hoch geachtet werden / weilen sie öffters etwas von denen Curiositäten Afrikens, Asiens und Americens mit einbringen / welches ihnen die Leipziger manchmals nachthun / da die übrigen hingegen sich mit Current-Materien behelffen." (Novellen Aus Der gelehrten und curiösen Welt 1692, 516)

Der Hamburger *Correspondent* gab etwa ein Drittel seiner Gesamtaufwendungen für Korrespondenten aus.[3] Eine „Trägheit und blose Gewinnsucht" verriet im zeitgenössischen Verständnis, wer darauf um der Kosten willen verzichtet

---

3 Dazu die ausführliche Charakterisierung dieser Zeitung bei Böning/Moepps 1996, Titel-Nr. 90.

(Beust 1748, 628 – 629). So lesen wir 1748, aber die Notwendigkeit, sich vor Ort kundig zu machen, um zu berichten, hat nichts von ihrer Aktualität verloren. Der *Spiegel* und der *Stern* haben in den vergangenen Jahrzehnten die Zahl ihrer Auslandskorrespondenten halbiert, das „eine Blatt verkleinert das Büro in Washington, das andere schließt Moskau ganz", weshalb Außenminister Steinmeier 2014 warnte: „Den Mangel an Präsenz und Ortskenntnis kann niemand auf Dauer durch Meinungsstärke ausgleichen."[4] Bedenkt man, dass die ARD über mehr als 30 Auslandsstudios verfügt, aus denen für das Fernsehen 44 Korrespondenten und Korrespondentinnen, für den Rundfunk 56 berichten, dann vermag man sich bei einer als groß gerühmten, in Wahrheit aber sehr kleinen Schar von Journalisten die Abhängigkeit der Berichterstattung von Nachrichtenagenturen und PR-Aktionen der ausländischen Regierungen, Militärs und Geheimdienste vorzustellen, die tausende von Mitarbeitern für die Versorgung der Medien mit Nachrichten zur Verfügung halten. Die Kosten für die Auslandsberichterstattung der ARD liegen jährlich bei rund 57 Millionen Euro, was einem lächerlich kleinen Anteil von etwa 16 Cent am monatlichen Rundfunkbeitrag entspricht.[5] Die Folgen sind gravierend: Der ehemalige ZDF-Auslandskorrespondent im Mittleren Osten, Ulrich Tilgner, berichtet, wie die US-Streitkräfte die Medien zum Bestandteil ihrer Kriegsführung machen konnten und wie schwer es geworden sei, sich dem zu entziehen. Er fordert, wenigstens hinterher müssten Manipulationen und Medienbeteiligung aufgedeckt werden (Tilgner 2017, 67).

4. Prinzip: Unpartheylichkeit und Unabhängigkeit der Berichterstattung.

„Nicht allzuleichtgleubig seyn / sondern betrachten / von welchem Ort eine Zeitung herkomme." (Stieler [1695] 1969, 49)

Dieses Prinzip überschneidet sich mit dem, Fakten vollständig und zuverlässig zu bieten. Erstmals hören wir 1620 ein Versprechen, das den Journalismus fortan begleiten wird, nämlich, in „unpassionirter vnnd vnparteyischer weiß" zu berichten,[6] oder, wie es im Titel einer Zeitung im Jahre 1623 hieß, eine „Vnpar-

---

4 Rede anlässlich der Verleihung der Lead Awards in Hamburg am 14. November 2014.
5 Vgl. Die Korrespondenten der ARD. Siehe auch Hahn/Lönnendonker/Schröder 2008.
6 Unpaginiertes Vorwort „an den günstigen Leser" und Titelformulierung der Monatszeitung *Fama Mvndi Oder WeltTrommeter* 1620. Siehe zu dieser sich aus Zeitungsnachrichten speisenden Schrift Körber 2009, S. 114 sowie Körber 2012.

theysche" Berichterstattung garantieren zu wollen.[7] 1621 finden wir im Titel der Frankfurter *Vnvergreifflichen Postzeittungen* Johann von der Birghdens das Versprechen, „ohne einige Passion"[8], 1623 in der *Züricher Zeitung*, ohne „einichen affeckt"[9], 1626 in Oettingen, „trewlichst" berichten zu wollen[10]. Ebenfalls in Zürich werden „vngefelschte" Nachrichten versprochen.[11] Ein Berichterstatter habe sich aller „eigensinnigen Passionen" zu entäußern, lesen wir 1627 in der Frankfurter Postzeitung.[12] Gerade in Kriegszeiten, so äußerte sich die Straßburger *Relation* 1635, habe die Zeitung „auffs aller trewlichst" zu berichten.[13]

---

7 In der in Zürich, wohl bei Johannes Hardmeyer gedruckten Zeitung lautet der Titel 1623, Nr. 1: Wochentliche/ vngefelschte Newe Zeittung/Vnd Relation/auß den Glaubwirdigisten Sendbrieffen aller Orten/ Stett vnd Landen zusamen getragen. Diß 1623. Jahrs; 1623, Nr. 28, lautet der Titel: Newe Vnpartheysche Zeitung vnd Relation/ Auß den glaubwürdigisten Sendbrieffen aller Ohrten/Stätt vnnd Ländern zusamen getragen/ diß 1623. Jahrs. Gerichtet auff den alten Calender; der Jahrestitel 1623 bringt die Formulierung: Wöchentliche RELATION Von allerhand newen: zeytungen/ der fürnemen vnd gedächtnus: wirdige Historien vnnd geschickten/ so sich ins künfftig in disem eingehenden 1623. Jar/hin vnd wider in Hoch: vnd Nider Teutschland/ auch in Franckreich/ Jtalien/Hispanien/Engeland/West:Jndien/ in Hungarn/ Oestereych/ Böheimb/ Schlesien/ Polen/ Sibenburgen/ Wallachey/ Moldaw/ Türckey/ etc. verlauffen vnnd zutragen möchtend. Alles ohne einichen affect/ gantz vnparteyisch mit bestem fleiß/so vast es müglich sein mag: Auß den Glaubwirdigisten Missifen/ weliche noch gewonheit ietziger zeiten/ inn den Haupt: Cantzleyen/ allerhand Nationen/ grundtlich verzeichnet/ vnd wuchentlich vbersendt werden/ dem Histori begirigen Leser zur nachricht vnd erbawung/ abge truckt/ vnd antag geben. M DC XXIII. Zumindest angemerkt sei hier, dass das Ideal sich zwar im Titel fand, die Zeitung aber stets pro-protestantisch berichtete. Siehe zum Komplex der unparteiischen Berichterstattung Schönhagen 1998; Adrians 1999.
8 Relation dessen/ Waß sich ... begeben. Die erste Wochennummer 1621 trägt zugleich den Jahrestitel: „Vnvergreifliche continuirende Post Zeitungen wie solche bey den Ordinari Posten einkommen/von glaubhafften Correspondenten eingeschickt/ vnd ohne einige passion divulgirt werden/ [...]. 1622 mit leichter Abwandelung: „Vnvergreiffliche continuirende Postzeittungen/ wie solche bey den ordinari Posten/ von vnterschiedlichen Orthen/ vnnd Correspondenten eingeschickt/ vnd ohne eynige Passion in Truck divulgirt werden/.
9 Wochentliche/ vngefelschte Newe Zeitung, [Zürich?], Jahrestitel 1623.
10 Continuation der Augspurger Zeitung. Wochentliche RELATION, Aller denckwürdigen Historien vnd Geschichten/ die sich hin vnd wider in Hoch- vnd Nider Teutschland/ Franckreich / Jtalien/ Engelland/ Hispannien/ Hungarn/ Oesterreich/ Böheimb/ Polen/ Türckey/ vnd andern Orthen der Welt zugetragen vnd verlauffen. Auff das trewlichst vnd vnvergreifflichst/ wie solches zu wegen kan gebracht werden/ in Truck verfertigt. Getruct zu Oetingen/ durch Lucas Schultes. Jm 1626. Jahr.
11 Wochentliche/ vngefelschte Newe Zeitung, [Zürich?], Titel ab Jg. 1623.
12 Wochentliche Zeitungen 1627, Jahresvorwort.
13 Relation Aller Fürnemmen vnd gedenckwürdigen Historien, Jahresvorwort 1635.

Schon vor den ersten gedruckten Zeitungen, nämlich bereits im Jahre 1602, führte eine Messrelation[14] das Versprechen einer unvoreingenommen-neutralen Berichterstattung im Titel: *Calendarii Historici Continuatio. Vnpartheijsche vnnd Wahrhafftige Beschreibunge/ aller furnemen vnd Gedenckwürdigen Historien*, nachdem sich schon 1597 in einer Messrelation die Wendung fand, „daß wir etwas Partheiliger weiß geschrieben haben sollten" (Historicae Relationis Continvatio, Vorrede (fol. A 2 r)[15]).

Wie das Postulat der Unparteilichkeit zu verstehen sei, lehrte 1673 ein Zeitungsmacher, dass es nämlich „den Juristen zwar wol anstünde / einseitig und der Parthey getreu zu seyn / den Novellisten aber gebührte es nicht ein / sondern wol zwey / und wol gar 3. Seitig zu seyn" (Nordischer Mercurius Juni 1673, 363–364). Dies galt für die außenpolitische Berichterstattung, auf die sich die Zeitungsberichterstattung nach dem bis ins letzte Drittel des 18. Jahrhunderts allgemein akzeptierten journalistischen Selbstverständnis ja zu begrenzen hatte.

Alle Seiten zu Wort kommen zu lassen, wurde bereits bei der frühen Kriegsberichterstattung während des Dreißigjährigen Krieges zum Grundprinzip der Zeitungen. Es ist nicht zu übersehen, dass es die kaiserliche, Wiener Sicht war, die in Zeitungsberichten zum Ausdruck kam, in denen von Rebellion und Ungehorsam der böhmischen Stände gesprochen wurde. In derselben Zeitungsausgabe beginnt die Meldung aus Prag aber wie folgt: „*Wir* haben jetzt beysammen 3. Regiment zu Fuß / 1005. Pferdt / außerlesene Soldaten / wohl bewehrt / vnd liegen im Feld [...]. Gestern hat man *allhier* Schantzengräber / Büchsenmeister / Zimmerleut / Fuhrleut / welche die Artelerey führen / auf Budweiß in *vnser* Läger geschickt."[16]

Wir heißt es also im Bericht aller Parteien, der Agierenden wie der Leidenden, die Korrespondenten sprechen von *unserem* Lager, von *unserem* „Volk", „*Wir sind hier...*", so lautet die ganz typische Formulierung. Noch bevor der Krieg richtig begonnen hatte, waren wichtige Charakteristika der künftigen Zeitungsberichterstattung deutlich zu erkennen. Die Berichte wurden zumeist aus der Perspektive der jeweiligen Partei geschrieben. Eine gewisse Parteilichkeit der Einzelberichte liegt gewissermaßen in der Natur der Sache. Selbstverständlich wusste der Leser dies, ihm war auch bewusst, dass er sich aus den verschiedenen ihm zur Verfügung gestellten Quellen sein eigenes Bild selbst zusammensetzen musste, denn der Nachrichtenkompilator verzichtete darauf. Will man bereits zu diesem frühen

---

14 Zu den Messrelationen jetzt mit der Forschungsliteratur Körber 2016; Körber 2018.

15 Dazu Körber 2018, S. 170. Körber weist jedoch darauf hin, dass das Konzept der entschiedenen konfessionellen Parteinahme für eine Messrelation nicht ungewöhnlich war.

16 Zeitung o.T. [Frankfurt], Jg. 1618, Nr. 33, „Auß Wien vom 14. Ditto [August]". Alle Formulierungen sic.; Hervorhebungen durch HB.

Zeitpunkt der Zeitungsgeschichte von einem journalistischen Ethos sprechen – auch dies sicher ein Anachronismus –, dann lag es bei den besseren Zeitungen darin, dass der jeweilige Kompilator der Nachrichten sich bemüht, den gegeneinanderstehenden Parteien zur möglichst authentischen Artikulation zu verhelfen. In der Regel handelte es sich 1618–1648 bei den Berichten vom Kriege noch keineswegs um eine schönfärbende Kriegspropaganda, geradezu unbefangen wurde auch von den Untaten der „vnseren" berichtet. Wertende Kommentare waren nicht ausgeschlossen, aber die Ausnahme.

Meine Auseinandersetzung mit der Berichterstattung der Zeitungen während der ersten fünfzehn Jahre des Dreißigjährigen Krieges hat mich davon überzeugt, dass allein mit diesem zu diesem Zeitpunkt ganz neuen Medium eine Geschichte des Krieges von unvergleichlicher Dichte und beispiellosem Detailreichtum geschrieben werden könnte. In erstaunlicher Weise wurde der Leser mit Gestalt und Funktionen der gesellschaftlichen Ordnung und des Politischen vertraut gemacht. Bemerkenswert die Berichte und Informationen, die vermittelten, welche machtpolitisch-konfessionellen Konfliktlinien für den Krieg verantwortlich und welche diplomatischen Aktivitäten wichtig für die geschmiedeten Bündnisse waren, die sich durchaus nicht immer an den konfessionellen Grenzlinien orientierten, sondern eher an den machtpolitischen und territorialen Interessen. Liest man die historischen Zeitungen, dann fragt man sich, was an der vielbeschworenen Arkanpolitik als des beherrschenden staatsrechtlichen Prinzips der Frühen Neuzeit eigentlich Realität war. Weit her war es mit den Geheimnissen der Herrschenden jedenfalls nicht, wo selbst mündlich gegebene, streng geheime politische und territoriale Zusagen unter Kaiser und Fürsten sofort den Weg in die Zeitungen fanden (dazu im Detail Böning 2018).

Nicht einseitig zu sein, sondern wohl gar dreiseitig, das ist ein anderer Ausdruck für das wichtigste Schlagwort der Zeitungsberichterstattung in den ersten beiden Jahrhunderten des Zeitungswesens, das der „Unpartheylichkeit". Diese, so wissen wir von Jörg Jochen Berns, stellt der Zeitungsschreiber „am ehesten dann her, wenn er eine möglichst große, kontrastreiche Pluralität perspektivengebundener – und in dieser Bindung authentischer – Nachrichten in seinem Blatt versammelt." (Berns 2011a, 12; Berns 2011b) Johannes Weber hat von der unbefangenen Genauigkeit der Berichterstattung gesprochen, die sich in der unkommentierten parallelen Wiedergabe von Korrespondenzen gegensätzlicher politischer Herkunft ausdrücke (Weber 1999). Noch stellten die Zeitungen sich nicht in den Dienst einer manipulativen Meinungssteuerung.[17] 1674 ent-

---

17 Dass dies allerdings durchaus schon während des Dreißigjährigen Krieges begann, zeigt

schuldigte der Herausgeber der Kopenhagener Zeitung sich sogar, der Leser möge sich den Abdruck der unterschiedlichen Relationen nicht verdrießlich werden lassen, sondern „sich dabey erinnern/ daß es geschehe/ von allen die Feder unpartheyisch zu führen." (Extraordinaires Relationes 1674, Jahresvorwort) Ohne Frage gab es auch im 17. Jahrhundert Grenzen dessen, was berichtet werden konnte, aber immerhin erfuhr der Leser immer wieder von solchen Grenzen, wenn beispielsweise die *Europäische Relation* 1676 aus Kopenhagen lakonisch mitteilte: „Von hierauß hätte man viel zu melden / weiln es aber einige grosse betrifft muß man selbiges mit stillschweigen vorbey gehen." (Europäische Relation 1676, Nr. 47, Meldung von 18./28. März 1676)

Dass Unparteilichkeit als Ideal selbst im 20. Jahrhundert noch wertgeschätzt wurde, dazu noch einmal der Herausgeber des *Manchester Guardian*, Charles Prestwich Scott, mit einem weiteren Festredenwort aus dem Jahre 1921: „Sowohl die Stimme von Kontrahenten als auch die von Freunden hat das Recht darauf, gehört zu werden." (The Guardian 2012)

Nicht, dass dieses Ideal, alle Seiten zu Wort kommen zu lassen, immer verwirklicht worden wäre, aber die Verantwortlichen für die frühneuzeitliche Nachrichtenvermittlung diskutierten höchst reflektiert und differenziert darüber, wie ihm gerecht zu werden sei. Akzeptiert war die Mahnung an den Zeitungsschreiber, es habe ihm – „wofern ihm nicht sonst die Hände gebunden werden" – einerlei zu sein, „vor welche Parthey gute, oder schlimme Nachrichten einlauffen, weil die Wahrheit sein Haupt-Vorwurf ist". Und es folgte noch eine in eine Frage verpackte Mahnung, die den Zeitungsschreiber in seinem Selbstverständnis zeigt, als Chronist die Grundlage künftiger Geschichtsschreibung zu schaffen: „Wie kan[n] man eine partheyische Erzehlung nachhero für eine Grundlegung der neuesten Historie halten, welche nothwendig Aufrichtigkeit erfordert"? (Beust 1748, 628 – 629) Mit anderen Worten: Weil die Zeitungsberichterstattung die erste Rohform der Geschichtsschreibung ist, hat sie sich um umfassende und unparteiische Information zu bemühen.

Und heute? Ob in Russland oder in der Ukraine, ob in Deutschland oder in China und in den USA: In Nachrichten von kriegerischen Auseinandersetzungen nimmt der Journalist sehr oft Partei. Die Skandalträchtigkeit von Völkerrechtsbrüchen hängt zuverlässig davon ab, wer sie begeht. Wer sich einmal mit der Kriegsberichterstattung seit der 2. Hälfte des 19. Jahrhunderts befasst hat, weiß, dass seitdem nur wenige Ausnahmen diese Regel bestätigen. Hier finden wir exakt jene Phänomene, die man Verschwörungstheoretikern vorwirft, nämlich

---

Weber (1999, 34 – 35). Kremer (2005, ab 364) belegt am Beispiel Johann von den Birghdens sogar eine extrem parteiische Berichterstattung zugunsten der protestantischen Kriegspartei.

eine Reduzierung von Komplexität, bis es nur noch gut und böse, weiß und schwarz gibt. In seinem Weltkriegsdrama *Die letzten Tage der Menschheit*, das zu mehr als einem Drittel aus Pressezitaten besteht, beklagte Karl Kraus den Untergang der Welt durch Schwarze Magie, womit er die Pressetinte meinte (dazu Böning/Nagel 2014).

Ich will mich nicht ahnungslos stellen: Ein Berliner Zeitungsschreiber hatte während des Siebenjährigen Krieges sicher nicht die Möglichkeit, ‚unpartheyisch' zu berichten. Aber das Berliner Publikum konnte die Hamburger Zeitungen lesen, in denen auch die antipreußische Seite zu Wort kam. Wenn Friedrich II. (1712–1786) in seinen strikt zensierten Berliner Zeitungen zum publizistischen Akteur wurde und selbst zur Feder griff, blieb es dem zeitgenössischen Publikum nicht verborgen, dass es der König selbst war, der hier Kriegspropaganda betrieb, ja, man könnte sogar sagen, dass er auf vorbildliche Weise für Interessentransparenz sorgte (dazu Böning 2013). Dass seine Schreiben Partei ergriffen, verbarg er nicht, waren sie doch als die eines preußischen Offiziers überschrieben. Im Pressekodex des deutschen Presserates hat man daraus mit dem folgenden Gebot eine Lehre gezogen: „Journalisten und Verleger üben keine Tätigkeiten aus, die die Glaubwürdigkeit der Presse in Frage stellen könnten." Und weiter: „Übt ein Journalist [...] neben seiner publizistischen Tätigkeit eine Funktion, beispielsweise in einer Regierung, einer Behörde oder in einem Wirtschaftsunternehmen aus, müssen alle Beteiligten auf strikte Trennung dieser Funktionen achten." (Deutscher Presserat, Ziffer 6)

Früh bereits kam es gegen einzelne Zeitungsmacher zu Vorwürfen, zugunsten *einer* Kriegspartei schmeichelhafte Relationen zum Druck befördert zu haben, denn selbstverständlich galt die Forderung, „daß man sich aller eigensinnigen Passionen enteussert" (Wochentliche Zeitungen 1627, Jahresvorwort). Parteilich, ja verächtlich war ein „Zeitungs-Schreiber bey Kriegs=Affairen", wenn er „mehr auf der Seite dieses, als eines andern Hofes, hänget, und daher vielerley wahrhaffte Umstände, weil sie etwan keinen so grossen Vortheil vor die Favorit-Parthey in sich fassen, weglässet, die günstigen Nachrichten verkleinert, die unglücklichen vergrössert, und was sonst für Affecten mit unterzulauffen pflegen." (Beust 1748, 628)[18] Lügen hätten kurze Beine, mahnte der Altonaer Zeitungsredakteur Johann Frisch am Ende des 17. Jahrhunderts in seinen *Erbaulichen Ruh-stunden*, sich als falsch erweisende Meldungen kosteten eine Zeitung „hinkunfftig allen

---

18 Diese Schrift ist besonders wichtig im Zusammenhang mit dem Postulat einer unparteiischen Berichterstattung, siehe ab S. 589 den vierten Abschnitt „Von Zeitungen, derselben Recht und Nutzen".

Credit/ daß ihr auch das jene so etwan wahr ist / nicht geglaubet / sondern verdächtig gehalten wird." (Erbauliche Ruh-stunden 1676, 41–42)

1695 riet der Autor der ersten „zeitungswissenschaftlichen" Schrift, Kaspar Stieler, mit dem interessanten Argument, hier würden sie unparteiisch unterrichtet, gar allen politisch Verantwortlichen zur Zeitungslektüre:

> „Dannenhero allen Potentaten zu rahten stehet / daß sie die gedrckte Zeitungen fordern und lesen: dann dieselbe sind unparteyisch / fürchten sich nicht / schämen sich und erröten auch nicht [...]. Wenn mancher Kayser / König oder Fürst die gedrckte Zeitungen sich wöchendlich reichen liesse, so würde er nicht in etlichen Jahren erst erfahren / daß eine nahe Vestung von seinen Feinden erobert / und also ihm das Messer gleichsam an die Käle gesetzet worden / da sonsten Jesuiten / Beichtväter und Ministri nur darauf gewant seyn / alles Unglückliche zu verhälen / und nur von Siegen / Glück und Freuden ihrer Herren Ohren zu krauen." (Stieler [1695] 1969, 20)

Der Charakter der gewöhnlichen Zeitungen als allseitige Nachrichtenlieferanten veranlasst Stieler zu einer bemerkenswerten Lobpreisung der Presse:

> „Hieraus erscheinet / was vor ein edles Werk die Zeitungen / und wie Notwendig sie seyn / daß darüber / als ein Heiligtum zuhalten / das[s] deren freyer Lauf nicht unterbrochen werde." (Stieler [1695] 1969, 20)[19]

Die Unparteilichkeit selbst der Kriegsberichterstattung dürfte eng damit zusammenhängen, dass das Gift des Nationalismus in den Zeitungen des 17. Jahrhunderts noch kaum eine Rolle spielte, wenngleich natürlich jenes des Konfessionshasses bereits existent war, aber in der Regel noch nicht die alles andere ausschließende Richtung der gesamten Berichterstattung vorgab. Hier entfaltete der Nationalismus eine sehr viel stärkere Kraft; er kam spätestens mit dem Siebenjährigen Krieg in die Welt. Jedoch selbst in diesem ersten Weltkrieg konnte es einem Zeitungsherausgeber in Hamburg noch höchst gleichgültig sein, welcher Partei – Preußen, Österreicher, Franzosen oder Engländer – hier der Vorzug zu geben sei. 1757 schrieb der *Altonaische Mercurius*:

> „Wir haben bisher die Gewohnheit beobachtet, daß wir die Nachrichten aus Sachsen, welche das Ansehen der Partheylichkeit gegen Preussen gehabt haben, mit der Ueberschrift: Sächsische Berichte etc. versehen haben. Wir werden solches beständig thun, weil wir dabey selbst alle Zeit unpartheyisch bleiben können, und die Gesetze eben dieser Unpartheylichkeit erfordern, daß wir die Berichte beyder Partheyen dem Publico vorlegen, welches alsdann desto eher im Stande seyn wird, vor sich selbst dasjenige zu entwickeln, was der Wahrheit am

---

19 Dass das Ideal der Unparteilichkeit im 18. Jahrhundert erhalten bleibt, zeigt beispielhaft eine Schrift wie: Der geprüffte Zeitungs-Geist 1717.

gemässesten, oder bey Begebenheiten, wegen welcher sich keine Gewißheit erlangen läßt, das Wahrscheinlichste ist." (Altonaischer Mercurius 1757, Nr. 20)

Es gibt allerdings Beispiele dafür, dass auch schon im Dreißigjährigen Krieg Zeitungsschreiber sich politischen und militärischen Interessen fügen mussten oder fügen wollten, als etwa 1632 der Frankfurter Postmeister Birghden die Meldung vom Tod Gustav Adolfs zurückhielt (dazu Kremer 2005, 391). Aber im Ganzen waren in der deutschen Zeitungspresse dieser Zeit die gegensätzlichen Positionen abgebildet. Die Zeitungen der Jahre 1618 bis 1648 bieten eine unvergleichlich zuverlässige Geschichte des großen Krieges (Repgen 1997).

Im 17. Jahrhundert entstand somit ein Programm, mit dem im Jahre 1712 ein Weltblatt gegründet wurde. Bereits in der ersten Ausgabe formulierte der Verleger des Hamburger *Correspondenten*, er wolle sich „nur allein um die glaubhafftesten und bewehrtesten Nova oder Zeitungen" bemühen und diese „gleichsam concentrirt allhie beyeinander" darbieten. Der Leser solle „aus der verdrießlichen Verwirrung in mehrere Gewißheit" gesetzt werden. Es werde geliefert, was zur Urteilsbildung nötig sei. Dazu gehöre, keine Information vorzuenthalten und alle interessengeleiteten und einseitigen Berichte zu vermeiden. Niemals solle die Wahrheit – erneut trat dieses Wort hier auf – „aus interessirter Passion" weder „verkehrt noch verkleinert werden". (Der Hollsteinische unpartheyische Correspondente 1712, Nr. 1 vom 22. Juni) Einem Zeitungsmacher des 18. Jahrhunderts, der bewusst falsche Nachrichten lanciert hätte, wäre in der aufklärerischen Öffentlichkeit ein Sturm der Entrüstung sicher gewesen.

Ich darf mich auf Michael Haller berufen, dass ein solches Programm auch heute noch ein Bedürfnis der meisten Leser ist. Er zeigt für das Jahr 2016, dass die klassischen Informationsmedien, unter ihnen die Zeitungen, weiterhin die größte Reichweite nicht nur bei „älteren" Menschen haben, dass vielleicht sogar der Strom von Falschmeldungen auf den Internetplattformen die Nachfrage nach faktensicheren und wenigstens insofern glaubwürdigen Realitätsbeschreibungen zunehmen lässt (Haller 2017, 234). Dementgegen kann es sich ein Rupert Murdoch in seinen Medien heute leisten, vor der Brexit-Entscheidung wochenlang falsche Zahlen zu verbreiten; man werfe einen Blick in die einem Berlusconi gehörenden Medien, höre sich die Propaganda des Senders Fox an. In Polen, wo die große Mehrheit der Presse deutschen Verlegern gehört, schürt der Springer-Verlag in seiner Boulevard-Zeitung *Fakt* antideutsche Emotionen. Vom Polen-Korrespondent der *Süddeutschen Zeitung* ist zu hören, dass dieses Blatt nach seiner Gründung im Herbst 2003 ein halbes Jahr lang eine antideutsche Geschichte nach der anderen gebracht habe. (Urban 2010) In Journalistenkreisen wurden Stimmen laut, dass in einigen Regionen Polens die monopolartige Position deutscher Verlage die Meinungsfreiheit gefährde.[20]

5. Prinzip: Falschmeldungen sind richtigzustellen.

Der Pressekodex des Deutschen Presserates formuliert zur Zeitungsberichterstattung nicht wenige Grundsätze, die im 17. Jahrhundert entstanden sind. In Ziffer 3 heißt es: „Veröffentlichte Nachrichten oder Behauptungen [...], die sich nachträglich als falsch erweisen, hat das Publikationsorgan, das sie gebracht hat, unverzüglich von sich aus in angemessener Weise richtig zu stellen." (Deutscher Presserat 2017, Ziffer 3) Im frühneuzeitlichen Nachrichtenwesen gehörte dies zu den Selbstverständlichkeiten journalistischer Praxis. Einzelne Zeitungen des ersten Zeitungsjahrhunderts hatten eigene Rubriken, in denen sie Monat für Monat, für „Correctio Nicht erfolgender Sachen" sorgten. Im *Nordischen Mercurius* stand diese wichtige Information der Leser unter dem Motto „Eine Post corrigirt die andere". (Juni 1673, vor 337)[21]

In den aktuellen deutschen Zeitungen werden allenfalls Aprilscherze richtiggestellt. Aber halt! Mein *Weser-Kurier*, der mir als Bremer und fußballbegeistertem Leser als journalistische Meisterleistung auch in schweren Zeiten eine Berichterstattung unter dem Titel ‚Mein Werder' bietet, hat eine solche Rubik mit dem Titel ‚Korrektur' eingerichtet. Sie hat ihren prominenten Platz auf Seite 2 und ist dort nicht zu übersehen. Löblich! Um die hundert solcher Korrekturen aus etwa zwölf Monaten zeigen aber leider, dass sich hier nicht journalistisches Ethos artikuliert, sondern das Fehlen journalistischer Professionalität und jeglicher Qualitätskontrolle. Endredaktion Fehlanzeige; Korrektoren Fehlanzeige. Immer wieder sind Namen von Interviewpartnern und gar der eigenen Autoren verwechselt oder falsch geschrieben. Allein in vier Berichten wurde, wo es um Kosten und öffentliche Ausgaben ging, falsch von Millionen statt richtig Milliarden gesprochen – oder umgekehrt.[22] Da soll man für eine Milliarde Euro fünf Millionen Kilometer Radweg bauen können, also 125 Mal um die Erde; tatsächlich sind es

---

20 Dazu und zu weiterer Literatur Wozna 2005.

21 Beispielhaft das Verdikt gegen die ungeprüfte Weitergabe von Gerüchten, ihnen dürfe die Zeitung „keinen allzustarcken Glauben" zustellen, „um sich nicht etwan gemüßiget zu sehen, selbige entweder mit vielerley Entschuldigung zu reinigen, oder wohl gar seine Erzehlung selbst zu widerlegen."

22 Weser-Kurier vom 25.11.2016; 11.1.2017; 13.1.2017; 6.10.2017. Absurd häufig wird Ahnungslosigkeit oder fehlende Beherrschung der Grundrechenarten deutlich, von Prozentrechnung ganz zu schweigen.

aber Meter, ein Tausendstel der behaupteten Länge also. (Weser-Kurier vom 15. 2. 2017) Eine Interkontinentalrakete soll ihr 10.000 Kilometer entferntes Ziel in 30 Sekunden, statt richtig in 30 Minuten, erreichen. (Weser-Kurier vom 28. 2. 2017) Da wird über Vorträge berichtet, die gar nicht stattgefunden haben, sondern in Wirklichkeit auf einen späteren Zeitpunkt verschoben worden sind (Weser-Kurier vom 17. 6. 2017), der Bundesaußenminister wird als Verteidigungsminister tituliert (Weser-Kurier vom 11. 3. 2017), ein Bremer Luftfahrt-Workshop angekündigt, der schon im Vorjahr stattgefunden hat (Weser-Kurier vom 12. 11. 2016). Selbst auf einfachste Recherchen wird verzichtet, peinliche Rechtschreibfehler finden sich selbst in Schlagzeilen und Bildunterschriften, von sachlichen Unrichtigkeiten ganz zu schweigen, wenn aus einem abgebildeten Sonnenaufgang ein -untergang wird (Weser-Kurier vom 4. 8. 2017) oder eine Reparatur der beschädigten Nase des Bremer Stadtmusikanteneseles angeblich mit einem Bandschleifer durchgeführt wird, auf dem Bild aber für jedermann sichtbar ein Winkelschleifer zu sehen ist (Weser-Kurier vom 8. 7. 2017). Das Stück „Terror", so erfährt der Leser dann, die eigene Fehlinformation richtigstellend, „stammt natürlich von Ferdinand von Schirach und nicht von dessen Großvater Baldur von Schirach." (Weser-Kurier vom 14. 7. 2018) Natürlich! Und „natürlich" fand die Pogromnacht gegen jüdische Geschäfte nicht am 9. November 1928 statt, sondern am 9. November 1938.[23] Natürlich!

Einzelne Versehen sind sicher lässlich. Etwa, wenn angesichts des bekannten Bremer Wetters statt der aktuellen noch einmal die Wettervorhersage des Vortages abgedruckt wird, oder wenn man vergisst, die Börsendaten zu aktualisieren. Fehler sind schließlich menschlich. In der Masse aber wird die oft im arroganten Ton geführte Auseinandersetzung mit ‚Fake News' zum Werfen mit Steinen im Glashaus. Es rächt sich eben doch, wenn ohne Rücksicht auf Verluste Personal freigesetzt wurde und nur noch die betriebswirtschaftliche Logik zählt. Lokalredakteure werden heute bei zahlreichen Blättern auf Werkvertragsbasis beschäftigt, Tarifverträge durch Ausgliederung von Redaktionen in nicht tarifgebundene Gesellschaften unterlaufen, wichtige Teile der Zeitungen werden allein von freien Mitarbeitern zusammengezimmert, die lediglich Zeilengeld erhalten. Viele Zeitungen bieten ihren Lesern kaum noch Eigenbeiträge. Das Zusammenstreichen der Redaktionsbudgets hat zum Abbau von Berichterstattern und Fachjournalis-

---

23 Weser-Kurier vom 16. 8. 2018, S. 23: „Der 9. November ist ein Tag, der historisch stark aufgeladen ist. 1918 fand die Novemberrevolution statt, 1928 zerstörten die Nationalsozialisten in der Pogromnacht jüdische Geschäfte und Einrichtungen in ganz Deutschland, 1989 fiel die deutsche Mauer in Berlin." Was man alles so weiß: „Der 9. November ist aber auch der ‚Tag der Erfinder'". Korrektur im Weser-Kurier vom 17. 8. 2018.

ten geführt, die ihre Themen kontinuierlich bearbeiten konnten, gewachsen ist die Abhängigkeit von Zulieferungen durch Pressestellen und PR-Agenturen.[24]

Dass es *nicht* etwa Motorjournalisten waren – davon haben wir in Deutschland mindestens ein halbes Tausend –, die den Dieselskandal aufgedeckt haben, ist nur ein Indiz dafür, dass die gerne als unantastbar bezeichnete Trennung von redaktionellem und werblichem Teil der Zeitungen in vielen Bereichen keine Rolle mehr spielt (dazu Haller 2017, 237–238). Es ist nur eine subjektive Beobachtung: Der Journalismus stirbt von seinen Rändern her. Ich weise auf die Beiträge in den Immobilien- und Reiseteilen der Tageszeitungen hin. Auch hier bietet das Bremer Fast-Monopolblatt *Weser-Kurier* ein Beispiel. Nach Darstellung von Klaus Wolschner erhielt die Zeitung eine offizielle Rüge des Presserates, weil auf ihren Immobilienseiten so offen für bestimmte Objekte geworben wurde, dass der Presserat dies als „Schleichwerbung" qualifizierte und öffentlich rügte. Die Zeitung hatte dem Presserat vorher versichert, die Redaktion sei für diese Texte verantwortlich, die zudem im Leserinteresse stünden; als Autorenkürzel wurde dem Leser das „wk" geboten. Selbstverständlich veröffentlichte der *Weser-Kurier* die Rüge nicht und änderte erst dann seine Praxis, als die lokale *taz* darüber berichtete, dass die Anzeigenabteilung diese Immobilientexte für 2.850 Euro anbiete. Zwei Wochen später stand über den Immobilientexten das Wort „Anzeige". (Wolschner 2012)

Auch für andere sich als seriös verstehende Zeitungen gilt, dass Redaktionsbeilagen zu Sonderthemen ganz ungeniert die passenden Werbeanzeigen enthalten. Sicher ist das alles nichts Neues, aber Grund zur Sorge. Dass ein Bericht über einen neuen Elektro-Pkw in der Computerzeitschrift *c't* mit den Worten unterschrieben ist: „Opel hat den Autor nach Norwegen eingeladen und Reisekosten übernommen" (Porteck 2017), ist eine ganz seltene Ausnahme.[25] Noch einmal zum „Weser-Kurier": die wöchentliche Autobeilage ist, redaktionell getarnt, nichts anderes als ein Werbeprospekt der Autoindustrie.

Seit einiger Zeit hat auch der Deutschlandfunk eine eigene Korrekturseite im Netz. Dort heißt es:

> „Als Journalisten fühlen wir uns den Prinzipien von Faktentreue, Trennung von Bericht und Kommentar, von Vielfalt verpflichtet. Aber wir wissen auch: Wer 24 Stunden am Tag und sieben Tage die Woche sendet, analog, digital und online, dem unterlaufen trotz aller Anstrengungen von Redaktion und Korrespondenten auch Fehler. Dazu bekennen wir uns. Deshalb haben wir nach dem Vorbild der *New York Times* und anderer Medien die Rubrik ‚Korrekturen' eingerichtet. Auf dieser Seite weisen wir auf Fehler, die wir in der Berichterstattung gemacht haben, hin und korrigieren sie. Wir glauben, dass Transparenz das beste

---

24 Beispielhaft zeigt dies der Bericht im *Tagesspiegel* von Kurt Sagatz (2013).
25 Obwohl eigentlich ja eine Selbstverständlichkeit und ausdrücklich gefordert auch vom Pressekodex des Deutschen Presserates.

Gegenmittel gegen Verschwörungstheorien und Manipulationsvorwürfe ist." (Deutschlandfunk)

Sicherlich wahr, auch wenn die Tradition von Richtigstellungen sich nicht auf die *New York Times*, sondern bis weit in das 17. Jahrhundert zurückführen lässt. Interessanter aber, dass man nur staunen kann über manche dieser Korrekturen, etwa zum ‚Kalenderblatt' vom 1.12. 2017: „In einer früheren Version des Beitrags war vom polnischen Jugendverwahrlager die Rede. Richtig muss es heißen: Jugendverwahrlager Litzmannstadt." [26] Noch immer wird durch die Korrektur nicht recht klar, wie ‚deutsch' dieses Lager eigentlich war. Überhaupt die Kalenderblätter. Zu dem vom 31.7. 2017 findet sich die folgende Korrektur einer Information, die bestenfalls als Halbwissen zu charakterisieren ist: „Gegenüber der Sendefassung wurde online ein Fehler korrigiert: Bengt Berg teilte die Leidenschaft zur Jagd nicht mit Joseph Goebbels, sondern mit Hermann Göring." Aufschlussreich für die Informiertheit von Journalisten auch eine Korrektur zu den ‚Informationen am Abend' vom 22.8. 2017: „In dem Beitrag war fälschlicherweise davon die Rede, dass der Saatgutkonzern Monsanto den deutschen Chemiekonzern Bayer übernehmen will. Richtig ist selbstverständlich, dass Bayer die Übernahme von Monsanto plant. Aufgrund dieses Fehlers haben wir den Beitrag gelöscht, der ausschließlich als Audio online stand." Lustig immerhin die Korrektur zu einem Interview am 17.8. 2017: „In einer früheren Version dieses Online-Beitrags war an einer Stelle von einem ‚Gorilla' die Rede. Vom Interviewpartner gemeint war aber der Begriff ‚Guerilla'".

6. Prinzip oder wohl nur ein Traum über Jahrhunderte: Ökonomische Unabhängigkeit der Berichterstattung.

„Im übrigen ist bekant / daß der Zeitungs-Verfasser / Verkaufer und Drucker Zweck ist /etwas daran zugewinnen / und ihre Narung davon zuhaben [...]." (Stieler [1695] 1969, 45)

Aus der Geschichte des Zeitungswesens lässt sich, davon bin ich überzeugt, einiges lernen, etwa, welche Folgen die Zerstörung der Pressefreiheit hat, sei es aus wirtschaftlichen, sei es aus politischen Gründen. Gründlich unterrichtende, umfassend informierende, ohne Scheu recherchierende und mutig berichtende Zei-

---

26 Diese und die folgenden Zitate entstammen der Webseite des Deutschlandfunks. Da die einzelnen Korrekturen nur zeitlich begrenzt dokumentiert werden, sind die hier zitierten nicht mehr zugänglich, doch stehe ich dafür ein, dass sie so vorgelegen haben; HB.

tungen, eine funktionierende Öffentlichkeit also, sind unverzichtbare Grundlage einer demokratischen Gesellschaft. Den Zeitungsmachern der Frühen Neuzeit wurde während der ersten zwei Jahrhunderte ihres Tuns bewusst, dass sie mit ihren Informationen das Fundament für die Orientierung ihrer Leser in Gesellschaft, Politik und Ökonomie schufen, sie wussten, mit den modernen Worten Peter Bieris: „Die Macht des Wissens [...] verhindert, dass man Opfer ist. Wer in der Welt Bescheid weiß, kann weniger leicht hinters Licht geführt werden und kann sich wehren, wenn andere ihn zum Spielball ihrer Interessen machen wollen, in der Politik oder Werbung etwa." (Bieri 2005, S. 2) Durch die Zeitungen der ersten beiden Jahrhunderte, in denen es eine periodische Presse gab, lernte der Bürger das politische Geschäft kennen und – etwa in den politischen Zeitschriften seit dem letzten Drittel des 17. Jahrhunderts – Fragen der politisch-gesellschaftlichen Entwicklung und der Teilhabe an politischen Entscheidungen zu diskutieren.

Das Fundament jeglichen sachgerechten Urteilens, ja jeder Selbstbestimmung, zutreffende und vollständige statt meinungsgefärbte Informationen, ist auch durch ökonomische Tatsachen gefährdet. Die Nachrichtenvermittlung war schon im 17. und 18. Jahrhundert ein Geschäft, und zwar ein Geschäft, bei dem die Qualität der Ware von entscheidender Bedeutung war, mehr ein Handwerk als ein imposantes Wirtschaftsunternehmen. Gegen Abonnementsgebühren wurden Nachrichten geliefert, der Zeitungsverleger war – jedenfalls bis im letzten Drittel des 18. Jahrhunderts der Siegeszug der Zeitungswerbung begann – vor allem vom Leser seiner Blätter abhängig, wenn man vom Zensor einmal absieht. Fast durchweg waren die Zeitungsverlage der Frühen Neuzeit Familienunternehmen. Eine Ironie der Geschichte, dass sich daran bis heute wenig geändert hat. Was nicht in den Händen der Familien Mohn/Bertelsmann, Springer, Funke, Burda ist, gehört den von Holtzbrincks, und die gehören wiederum zu den reichsten Menschen der Welt. Die Medienlandschaft einschließlich des kommerziellen Rundfunks und Fernsehens, inzwischen selbst der wichtigsten Internetunternehmen ist in den Händen einer Handvoll von Milliardären (Ranking 2017).

Um Zusammenhänge zu einer gewissen Einförmigkeit zumindest der Wirtschaftsteile dieser Medien und der dort propagierten neoliberalen Einfalt zu vermuten, muss man kein Verschwörungstheoretiker sein. Paul Sethe, einer der fünf Gründungsherausgeber der *Frankfurter Allgemeinen Zeitung*, spitzte schon 1965 sehr knapp zu: „Pressefreiheit ist die Freiheit von 200 reichen Leuten, ihre Meinung zu verbreiten."[27] Diese Zahl ist seitdem noch sehr viel kleiner geworden;

---

27 Er führt aus: „Da die Herstellung von Zeitungen und Zeitschriften immer größeres Kapital erfordert, wird der Kreis der Personen, die Presseorgane herausgeben, immer kleiner. Damit wird unsere Abhängigkeit immer größer und immer gefährlicher." Er wisse, dass es im deutschen Pressewesen Oasen gebe, „in denen noch die Luft der Freiheit weht, [...] aber wie viele von meinen

man möchte von oligarchischen Verhältnissen sprechen. Es muss nicht erstaunen, wenn in unserer Presse variantenreich immer wieder der gleiche Glaubenssatz zu vernehmen ist, das Geld der Wohlhabenden sei am besten in den Taschen der Wohlhabenden aufgehoben.[28] Gerade bei Wirtschaftsthemen steht die Botschaft oft vor der Recherche fest.

Unser Bundespräsident hat dazu – er war da noch Außenminister – kluge Worte gefunden:

„Vielfalt ist einer der Schlüssel für die Akzeptanz von Medien. Die Leser müssen das Gefühl haben, dass sie nicht einer einzelnen Meinung ausgesetzt sind. Reicht die Vielfalt in Deutschland aus? Wenn ich morgens manchmal durch den Pressespiegel meines Hauses blättere, habe ich das Gefühl: Der Meinungskorridor war schon mal breiter. Es gibt eine erstaunliche Homogenität in deutschen Redaktionen, wenn sie Informationen gewichten und einordnen.[29] Der Konformitätsdruck in den Köpfen der Journalisten scheint mir ziemlich hoch. Das Meinungsspektrum draußen im Lande ist oft erheblich breiter. Wie viele Redakteure wollen Steuersenkungen, Auslandseinsätze, Sanktionen? Und wie viele Leser?“ (Steinmeier 2014)

Indem unsere Medien die Entwicklung zu einer Gesellschaft, in der Arm und Reich sich immer weiter voneinander entfernen, journalistisch stützen, trifft sie eine Mitverantwortung für Verwerfungen, die der Ökonomieprofessor und Wirtschaftsweise Peter Bofinger so beschreibt: „Die wachsende Ungleichheit facht den Populismus an und bedroht die Welt, wie wir sie kennen.“ (Wirtschaftsweise Bofinger 2016)

3 Ein kurzes Fazit

Noch einmal zum Ideal einer vollkommenen Zeitung. Seit den 1740er Jahren wird darüber diskutiert, wie eine Zeitung auszusehen habe, welche die Leserschaft

---

Kollegen können das von sich sagen?“ Des Weiteren stellt Sethe fest, dass „frei ist, wer reich ist. Das ist nicht von Karl Marx, sondern von Paul Sethe.“ Da Journalisten nicht reich seien, seien sie auch nicht frei. (Sethe 1965)

28 So Jakob Augstein 2017, hier S. 56; keinesfalls solle man es für Schulen und Kindertagestätten, Lehrer und Altenpfleger ausgeben.

29 Was es im 17. Jahrhundert im Nachrichtenwesen noch nicht gab, ist das Geschäft mit der Hysterie, jedenfalls nicht in den Zeitungen, wohl aber in den Neuen Zeitungen, den Flugschriften mit reißerischen Überschriften und zum Kauf animierenden Abbildungen. Eine Gestaltung von Zeitungsnachrichten, seien sie falsch oder richtig, unter dem Gesichtspunkt, möglichst viele Nutzer zum Anklicken zu provozieren, um Werbebotschaften an den Mann zu bringen, wäre als skandalös empfunden worden.

auch auf die unteren Stände, auf den „Jedermann", wie es heißt, erweitert. Im Zuge volksaufklärerischen Engagements entstehen bis 1800 mehr als hundert Blätter für einfache Leser (dazu Böning 1992). Der Vorschlag zu einer *vollkommenen Zeitung* stammt von Karl Philipp Moritz, Redakteur der *Königlich privilegirten Berlinischen Zeitung von Staats und gelehrten Sachen*, die nach ihrem Verleger allgemein nur die *Vossische Zeitung* genannt wurde (Moritz 1784). Er prägte diesen Begriff und dachte darüber nach, wie die Zeitung zur Aufklärung zu nutzen wäre. „Nun ist aber vielleicht unter allem, was gedruckt wird", so schrieb er, „eine *öffentliche Zeitung* oder *Volksblatt*, aus dem rechten Gesichtspunkte betrachtet, bey weitem das wichtigste." (Moritz 1784, 4) Moritz hatte die Idee, „daß eine einmal eingeführte und gelesene Zeitung vielleicht das beste Vehikel sey, wodurch nützliche Wahrheiten unter das Volk gebracht werden könnten." (Moritz 1784, 3) Die Beschränkung auf die bloße Bekanntmachung der neuesten Weltbegebenheiten wollte er aufgegeben wissen, stattdessen sollte aus dem „ungeheuren Umfange der Wissenschaften" dasjenige herausgehoben werden, was nicht nur die Gelehrten, sondern die „ganze Menschheit" interessiere. Seine Vorstellungen von einem Journalismus, der Elend und Armut zur Sprache kommen lässt und Diskussionen anstößt, wie man den Menschen entwürdigende Verhältnisse verändern kann, mag idealistisch erscheinen. Seine Forderung, Journalismus habe seinen Beitrag zur „öffentlichen Handhabung der Gerechtigkeit" zu leisten, scheint mir immerhin so aktuell wie der Gedanke, dass Journalismus zuallererst den Lesern verpflichtet zu sein habe (Moritz 1784, 4 – 5).

Quellen

Die Zeitungen des 17. Jahrhunderts werden mit den Titeln jener einzelnen Stücke genannt, aus denen die zitierten Meldungen stammen. Weiter sind die Z-Signaturen verzeichnet, die sie in der Sammlung des Instituts Deutsche Presseforschung haben. Weiter nach der immer noch maßgeblichen Verzeichnung bei Bogel/Blühm 1971 und 1985. In den von der SuUB Bremen digitalisierten Beständen des Instituts Deutsche Presseforschung an der Universität Bremen sind die Zusammenhänge der digitalisierten Exemplare zu den Signaturen und zur Bibliographie nicht mehr erkennbar. Ein korrektes Zitieren dieser Exemplare, deren Identität wir vor allem durch die Forschungsleistung von Else Bogel und Elger Blühm kennen, ist daher praktisch nicht mehr möglich.

Altonaischer Mercurius, Z 111, Jg. 1757, Nr. 20; Bogel/Blühm I, 277 – 278; II, 314; III, S. 156 – 157 Böning/Moepps: Altona, Titel-Nr. 8

Beust, Joachim Ernst von: Des Versuchs einer ausführlichen Erklärung des Post-Regals und was deme anhängig, überhaupt und ins besondere in Ansehung des Heil. Röm. Reichs Teutscher Nation Dritter Theil [...]. Jena: Johann Rudolph Crökers Witwe 1748

Calendarii Historici Continuatio. Vnpartheijsche vnnd Wahrhafftige Beschreibunge/ aller furnemen vnd Gedenckwürdigen Historien/ so sich [...] nechst verschiener Herbstmeß

1601. biß auff gegenwertige Fastenmeß dieses 1602. Jahrs begeben vnd verloffen haben.
Zum theil auß eigner Erfahrung/ zum theil auß vberschickten Glaubwürdigen Schrifften/
von Tag zu Tag verfasset vnd gestellet/ Auch mit schönen Figuren geziehret. Durch
Jacobum Frey [...]. Lich: Conrad Nebenius 1602

Wochentliche RELATION, Aller denckwürdigen Historien vnd Geschichten/ die sich hin vnd
wider in Hoch- vnd Nider Teutschland/ Franckreich/ Jtalien/ Engelland/ Hispannien/
Hungarn/ Oesterreich/ Böheimb/ Polen/ Türckey/ vnd andern Orthen der Welt zugetragen
vnd verlauffen. Auff das trewlichst vnd vnvergreifflichst/ wie solches zu wegen kan
gebracht werden/ in Truck verfertigt. Getruct zu Oetingen/ durch Lucas Schultes. Jm 1626.
Jahr. Z 13, Jg. 1626, Bogel/Blühm: I, 64 – 67; III, 49 – 50; II, 65 – 67; III, 221

Deutschlandfunk: In eigener Sache. Korrekturen und Richtigstellungen (www.deutschlandfunk.
de/in-eigener-sache.2464.de.html, 14.12.2017). Die einzelnen Korrekturen sind nur
zeitlich begrenzt zugänglich

Erbauliche Ruh-stunden/ Das ist: Merkwürdige und nachdenkliche Unterredungen/ darin
allerhand nützliche und erbauliche Materien abgehandelt/ zugleich auch jedesmal die
vornehmste Begebenheiten gegenwertiger Zeiten kürtzlich eingeführet werden. Hg./Red.:
Johann Frisch, Hamburg: Heuß 1676

Europäische Ordinair- und Extraordinaire Relation. Darin viermahl in jeder Woche fürgetragen
wird/ was von den Merkwürdigen Begebenheiten dieses 1676. Jahrs ordentlichen Posten
aus andern Ohrten einbringen. Ander Theil/ die sechs letzte Monaten in sich
begreiffend. 1676, Z 19, Altona, Jg. 1676, [Halbjahrestitelblatt mit nachfolgender
Leseransprache „Nach Stands gebühr zu ehrender Leser"]; Verzeichnis Bogel/Blühm: I,
206 – 212; II, 234 – 243; III, 124 – 126, 274

Europäische Relation, Z 19, 1676, Nr. 47 v. 23. März [alter Kalender]; Bogel/Blühm: I,
206 – 212; III, 124 – 126; II, 234 – 243; III, 274

Extraordinaires Relationes, Kopenhagen, Z 8, Jg. 1674, Jahresvorwort; Bogel/Blühm: I,
198 – 201; II, 220 – 229

Fama Mvndi Oder WeltTrommeter/ Welcher Allerhandt newe vnnd wunderliche Historien und
Geschicht/ so sich hin und wider in der Welt/ bevor Europäischen theils/ vnter den
Christen vnnd Ende Christen in Geist- und Weltlichen Händeln/ zugetragen/ außbläset
und intoniret. Dessen Trommetenschall Allen vnnd jeden Standspersonen zu Ohren
getragen wird/ zu hören was geschehen ist/ was geschicht/ vnd dannen zu schliessen/
was künfftig in diesen Martialischen Zeiten geschehe möge. Seinem lieben Vatterland/
Teutscher Nation zu Nutz vnd Gefallen außgefertiget Von Jo[h]an Philippo Cuspiniano H.
[d.i. Johann von Roerig]. Warpurg: Johann Verimann 1620

Der geprüffte Zeitungs-Geist. In einer Unterredung zwischen einem Leichtgläubig-Partheyisch-
und Unparteyischen Zeitungs-Freunde vorgestellet. Erste Probe, Straßburg 1717

Historicae Relationis Continvatio. Warhafftige Beschreibunge aller gedenckwürdigen Historien/
so sich hin vnd wider durch Europa [...] Hiezwischen nechst verschiener Franckfurter
Fastenmeß 1597. vnd etliche Monat zuuor biß auff gegenwertige Herbstmeß/ dieses 1597.
Jahrs zugetragen vnnd verlauffen haben. Alles zum theil auß eigener Erfahrung/ zum theil
auß vberschickten glaubwürdigen Schrifften/ von tag zu Tag verfasset vnnd gestellet/
Durch Iacobvm Francvm der Historien vnnd Warheit Liebhaber. Wallstatt 1597

Der Hollsteinische unpartheyische Correspondente Durch Europa und andere Teile der Welt.
Schiffbeck bey Hamburg: „Gedruckt und zu bekommen in der Hollischen [d. i. Hermann

Heinrich Holle] privilegirten Buchdruckerey/ wie auch auff der Börse in Hamburg",
Jg. 1712, Nr. 1; Böning/Moepps: Hamburg, Titel-Nr. 90

Mori[t]z, Karl Philipp: Ideal einer vollkommnen Zeitung, Berlin 1784

N.N.: Geschätzte Leser!, in: Deutsche Zeitung für die Slowakei, Bratislava, 26.3.1922, S. 3

Newe Vnpartheysche Zeitung vnd Relation/Auß den glaubwürdigisten Sendbrieffen aller
Ohrten/ Stätt vnnd Ländern zusamen getragen/ diß 1623. Jahrs. Gerichtet auff den alten
Calender, Z 77, Jg. 1623, Nr. 28; Bogel/Blühm: I, 53–54, II, 54–55

Nordischer Mercurius, Z 20, Jg. 1666, 1672, 1673; Bogel/Blühm: I, 180–185, II, 195–203, III,
113–115

Novellen Aus Der gelehrten und curiösen Welt / Darinnen die Quintessence mannigfaltiger
Gelehrsamkeit/ oder sonderbare Sachen [...] enthalten [...] und alles kürtzlich
abgehandelt wird. Vermittelst öffterer Zusammenkunfft einer curiösen und gelehrten
Gesellschafft ergangen/ Und Zu Erlangung einer galanten Erudition monatlich
communiciret von G[ottlieb] Z[enner] JC. Frankfurt, Gotha: Augustus Boetius; Leipzig:
Friedrich Groschuff 1692

Relation Aller Fürnemmen vnd gedenckwürdigen Historien, Z 24, 1635, Jahresvorwort;
Bogel/Blühm: I, 1–4; III, 25–26; II, 7–9

Relation dessen Waß sich ... begeben, Z 21, Jg. 1621 und 1622; Bogel/Blühm: I, 35–36; III, 37;
II, 33–34

Relations-Courier, Z 100, Jg. 1690 und 1691

Stieler, Kaspar: Zeitungs Lust und Nutz. Vollständiger Neudruck der Originalausgabe von 1695,
hg. von Gert Hagelweide, Bremen 1969

Weser-Kurier, Jg. 2016, 2017 und 2018

Wochentliche Ordinarj [Ordinari] Zeit[t]ungen, Z 74, Jg. 1665 und 1666: Mercurius auffs ... Jahr:
Das ist/ Ordinari Post-Zeitungen vnnd NOVELLA, Aller denckwürdigen Geschichten vnd
Sachen/ so sich in Europa [...] hin vnd wider in der Welt/ so wol zu Wasser als Land/
begeben/ vnd zugetragen. Alles auß vnpartheyischen vberschickten Glaubwürdigen
Missiven vnd Schrifften extrahirt/ vnd zusammen getragen. Durch David Hautten/ Caes.
Not. vnd bestellten Buchtrucker/ der Oesterreichischen Statt Costantz am Bodensee;
Bogel/Blühm: I, 176–178; III, 161–162; II, 191–193; III, 303

Wochentliche/ vngefelschte Newe Zeitung Vnd Relationauß den Glaubwirdigisten Sendbrieffen
aller Orten Stett vnd Landen zusamen getragen. Diß 1623. Jahrs, Z 77, Jg. 1623, Nr. 1,
Nr. 28 und Jahrestitel.; Bogel/Blühm: I, 53–54, II, 54–55

Wochentliche Zeitungen [Frankfurter Postzeitung], Z 1, Jg. 1627, Jahresvorwort; Bogel/Blühm I,
10–16; III, 27–29; II, 17–19; III, 206–207

Zeitung o.T. [Frankfurt], Z 1, Jg. 1618, Nr. 33; Bogel/Blühm I, 10–16; III, 27–29; II, 17–19; III,
206–207

Literatur

Adrians, Frauke: Journalismus im 30jährigen Krieg. Kommentierung und „Parteylichkeit" in
Zeitungen des 17. Jahrhunderts, Konstanz 1999

Augstein, Jakob: Haben wir Grund, uns zu schämen? Von der notwendigen Selbstkritik der Journalisten, in: Volker Lilienthal/Irene Neverla (Hg.): Lügenpresse. Anatomie eines politischen Kampfbegriffs, Köln 2017, S. 45–61

Bauer, Volker/Böning, Holger (Hg.): Die Entstehung des Zeitungswesens im 17. Jahrhundert: Ein neues Medium und seine Folgen für das Kommunikationssystem der Frühen Neuzeit, Bremen 2011 (Presse und Geschichte – Neue Beiträge, 54)

Berns, Jörg Jochen: Parteylichkeit und Zeitungswesen. Zur Rekonstruktion einer medienpolitischen Diskussion an der Wende vom 17. zum 18. Jahrhundert, in: Jörg Jochen Berns: Die Jagd auf die Nymphe Echo. Zur Technisierung der Wahrnehmung in der Frühen Neuzeit, Bremen 2011a (Presse und Geschichte – Neue Beiträge, 53), S. 3–35

Berns, Jörg Jochen: Nochmals zur Parteylichkeit. Entstehungsbedingungen, Kriterien, Geltungsbereich, in: Jörg Jochen Berns: Die Jagd auf die Nymphe Echo. Zur Technisierung der Wahrnehmung in der Frühen Neuzeit, Bremen 2011b (Presse und Geschichte – Neue Beiträge, 53), S. 36–45

Bieri, Peter: Wie wäre es, gebildet zu sein? Festrede anlässlich der Eröffnungsfeier der Pädagogischen Hochschule Bern, November 2005 (www.forum-allgemeinbildung.ch/files/ Wie_waere_es_gebildet_zu_sein.pdf, 13.11.2018)

Bogel, Else/Blühm, Elger: Die deutschen Zeitungen des 17. Jahrhunderts. Ein Bestandsverzeichnis mit historischen und bibliographischen Angaben zusammengestellt von Else Bogel und Elger Blühm, Band 1–2, Bremen 1971; Band 3 – Nachtrag, München u. a. 1985 (Studien zur Publizistik. Bremer Reihe. Deutsche Presseforschung, 17)

Böning, Holger: Dreißigjähriger Krieg und Öffentlichkeit. Zeitungsberichte als Rohfassung der Geschichtsschreibung, Bremen 2018 (Presse und Geschichte – Neue Beiträge, 126), 2. stark vermehrte Auflage Bremen 2019 (Presse und Geschichte – Neue Beiträge, 130)

Böning, Holger: 300 Jahre Friedrich II. Ein Literaturbericht zum Jubiläumsjahr 2012. Eingeschlossen einige Gedanken zum Verhältnis des großen Königs zu seinen kleinen Untertanen, zu Volksaufklärung und Volkstäuschung sowie zur Publizistik, Bremen 2013 (Presse und Geschichte – Neue Beiträge, 75)

Böning, Holger: Zeitungen für das „Volk". Ein Beitrag zur Entstehung einer periodischen Presse für die unteren Stände und zur Politisierung der deutschen Öffentlichkeit nach der Französischen Revolution, in: Holger Böning, (Hg.): Französische Revolution und deutsche Öffentlichkeit. Wandlungen in Presse und Alltagskultur am Ende des achtzehnten Jahrhunderts, München u. a. 1992 (Deutsche Presseforschung, 28)

Böning, Holger/Moepps, Emmy: Hamburg. Kommentierte Bibliographie der Zeitungen, Zeitschriften, Intelligenzblätter, Kalender und Almanache sowie biographische Hinweise zu Herausgebern, Verlegern und Druckern periodischer Schriften, Stuttgart-Bad Cannstatt 1996 (= Holger Böning (Hrsg.): Deutsche Presse. Biobibliographische Handbücher zur Geschichte der deutschsprachigen periodischen Presse von den Anfängen bis 1815, Band 1.1–1.3)

Böning, Holger/Moepps, Emmy: Altona. Kommentierte Bibliographie der Zeitungen, Zeitschriften, Intelligenzblätter, Kalender und Almanache sowie biographische Hinweise zu Herausgebern, Verlegern und Druckern periodischer Schriften, Stuttgart-Bad Cannstatt 1996 (= Holger Böning (Hrsg.): Deutsche Presse. Biobibliographische Handbücher zur Geschichte der deutschsprachigen periodischen Presse von den Anfängen bis 1815, Band 2)

Böning, Holger/Nagel, Michael: Erster Weltkrieg und Bremer Presse. Impressionen und
Schlaglichter auf das Kriegserleben in der Hansestadt. Mit einer Bibliographie zur Bremer
Presse 1914–1918 und einem Beitrag von Simon Sax zum Bremer Feldrabbiner Dr.
Leopold Rosenak, Bremen 2014 (Presse und Geschichte – Neue Beiträge, 85)
Deutscher Presserat: Der Pressekodex (www.presserat.de/pressekodex/pressekodex,
12.12.2017)
The Guardian, in: Mediendatenbank des Instituts für Medien- und Kommunikationspolitik
(www.mediadb.eu/de/forum/zeitungsportraets/the-guardian.html, 7.12.2017)
Hahn, Oliver/Lönnendonker, Julia/Schröder, Roland (Hg.): Deutsche Auslandskorrespondenten,
Konstanz 2008
Haller, Michael: Transparenz schafft Vertrauen. Folgerungen aus der Fehlentwicklung des
Journalismus, in: Volker Lilienthal/Irene Neverla (Hg.): Lügenpresse. Anatomie eines
politischen Kampfbegriffs, Köln 2017, S. 228–247
Körber, Esther-Beate: Messrelationen. Biobibliographie der deutsch- und lateinischsprachigen
„messentlichen" Periodika von 1588 bis 1805, Band. I–II, Bremen 2018 (Presse und
Geschichte – Neue Beiträge, 93 u. 94)
Körber, Esther-Beate: Messrelationen. Geschichte der deutsch- und lateinischsprachigen
„messentlichen" Periodika von 1588 bis 1805, Bremen 2016 (Presse und Geschichte –
Neue Beiträge, 92)
Körber, Esther-Beate: Zeitungsextrakte. Kommentierte Biobibliographie einer funktionellen
Gruppe frühneuzeitlicher Publizistik, Bremen 2012 (Presse und Geschichte – Neue
Beiträge, 47)
Körber, Esther-Beate: Zeitungsextrakte. Aufgaben und Geschichte einer funktionellen Gruppe
frühneuzeitlicher Publizistik, Bremen 2009 (Presse und Geschichte – Neue Beiträge, 46)
Die Korrespondenten der ARD (korrespondenten.tagesschau.de, 30.11.2017)
Kremer, Karl Heinz: Johann von den Birghden (1582–1645). Kaiserlicher und
königlich-schwedischer Postmeister zu Frankfurt am Main, Bremen 2005 (Presse und
Geschichte – Neue Beiträge, 15)
Porteck, Stefan: Langläufer. Ein erster Fahreindruck vom Opel Ampera-e, in: c't 2017, Heft 10,
S. 31
Ranking – Die zehn größten deutschen Medienkonzerne 2017, in: Mediendatenbank (www.
mediadb.eu/rankings/deutsche-medienkonzerne-2017.html, 14.12.2017)
Repgen, Konrad: Der Westfälische Friede und die zeitgenössische Öffentlichkeit, in:
Historisches Jahrbuch 117, 1 (1997), S. 38–83
Sagatz, Kurt: „Westfälische Rundschau" wird zur Zeitung ohne Redaktion, in: Tagesspiegel
vom 16.01.2013 (www.tagesspiegel.de/medien/waz-konzern-westfaelische-rundschau-
wird-zur-zeitung-ohne-redaktion/7636516.html, 5.9.2018)
Schönhagen, Philomen: Unparteilichkeit im Journalismus. Tradition einer Qualitätsnorm,
Tübingen 1998 (Medien in Forschung + Unterricht: Ser. A, 46)
Sethe, Paul: Leserbrief, in: Der Spiegel vom 5.5.1965, S. 18
Steinmeier, Frank-Walter: Rede anlässlich der Verleihung der Lead Awards in Hamburg,
14. November 2014 (www.auswaertiges-amt.de/DE/Infoservice/Presse/Reden/2014/
141115_Rede_BM_anl%C3%A4sslich_Verleihung_Lead_Awards.html, 7.12.2017)
Tilgner, Ulrich: Viele Wahrheiten sind zu unangenehm. Ein Interview, in: Jens Wernicke (Hg.):
Lügen die Medien? Propaganda, Rudeljournalismus und der Kampf um die öffentliche
Meinung, Frankfurt 2017, S. 63–75

Urban, Thomas: „Grundsätzlich aggressiver". Interview, in: Süddeutsche Zeitung online vom
17. 10. 2010
(www.sueddeutsche.de/politik/journalismus-in-polen-grundsaetzlich-aggressi-
ver-1.749958, 12. 12. 2017)
Weber, Johannes: Der große Krieg und die frühe Zeitung. Gestalt und Entwicklung der
deutschen Nachrichtenpresse in der ersten Hälfte des 17. Jahrhunderts, in: Jahrbuch für
Kommunikationsgeschichte 1 (1999), S. 23 – 61
Wirtschaftsweise Bofinger. Wirtschaftsweiser: „Wachsende Ungleichheit bedroht die Welt, wie
wir sie kennen", in: Süddeutsche Zeitung online vom 12. 12. 2016 (www.sueddeutsche.de/
wirtschaft/wirtschaftsweise-bofinger-wachsende-ungleichheit-bedroht-die-welt-wie-wir-
sie-kennen-1.3290779, 19. 11. 2018)
Wolschner, Klaus: Das Jubelblatt, in: taz die tageszeitung vom 23. 4. 2012 (www.taz.de/!
5095497, 10. 8. 2017)
Wozna, Justyna: Deutsche Verleger auf dem lokalen Pressemarkt in Niederschlesien – Einfluß
auf die Presseinhalte? In: Stefanie Averbeck, Klaus Beck, Arnulf Kutsch (Hg.):
Großbothener Vorträge zur Kommunikationswissenschaft VI, Bremen 2005, S. 43 – 68

Jürgen Wilke
Von der Entfesselung der Presse zur „Lügenpresse"
1848 bis zum Ersten Weltkrieg

1 Die Entfesselung der Presse und ihre Ursachen

Will man die Geschichte der deutschen Presse im 19. Jahrhundert durch ein übergreifendes Etikett charakterisieren, so kann man, wie ich das in meinen *Grundzügen der Medien- und Kommunikationsgeschichte* getan habe, von einer „Entfesselung" sprechen (Wilke 2008, 154–164). Obzwar sich die Zeitung (und auch die Zeitschrift) im Alten Reich so vielfältig wie sonst nirgendwo in Europa verbreiteten, unterlagen sie bis zum Ende des 18. Jahrhunderts bestimmten Einschränkungen. Dies gilt insbesondere in technischer, rechtlich-politischer und ökonomischer Hinsicht. Ja diese Einschränkungen zogen sich mehr oder weniger noch bis zur Mitte des 19. Jahrhunderts hin.

Bedingt war dies vor allem durch die politischen Umstände, die nach dem Erlass der Karlsbader Beschlüsse 1819 jahrzehntelang eine erneute Phase der Pressezensur und der Unterdrückung eines freien Journalismus herbeigeführt hatten. 1848 kann dann als Einschnitt nicht nur in der deutschen Geschichte, sondern auch in der Entwicklung seiner Presse angesehen werden. Nach anfänglichen, viel versprechenden Erfolgen wurden die eigentlichen Ziele der bürgerlichen Revolution zwar (noch) nicht erreicht: weder nationale Einheit noch eine demokratisch-verfassungsmäßige Ordnung mit den dafür obligatorischen Grundrechten. Und auch nicht die Garantie der Pressefreiheit, um die man im Vormärz hart gekämpft hatte. Allerdings kehrten trotz neuerlicher Reglementierungen die vorher herrschenden Verhältnisse auch nicht genau so wieder.

Die Entfesselung der Presse in technischer Hinsicht hatte mit der Erfindung der Schnellpresse durch Friedrich Koenig und Andreas Friedrich Bauer 1811 begonnen. Ihre Wirkung entfaltete sie allerdings erst im Laufe mehrerer Jahrzehnte, als Zeitungen hergestellt und Auflagen abgesetzt werden konnten, die den Einsatz dieser Technik erforderten und rechtfertigten. Zudem wurde die Schnellpresse durch Neukonstruktionen und verbesserte Leistungen funktional weiterentwickelt. Bis 1827 lieferte die Firma Koenig & Bauer in Deutschland und England 29 Schnellpressen, davon 15 für Presseverlage (Naumann 1960, 28). 1832 wurde angeblich schon die hundertste Maschine gefertigt, 1865 die tausendste, 1873 die

https://doi.org/10.1515/9783110590470-003

zweitausendste und 1882 die dreitausendste (Naumann o. J.). Nicht nur wurde die Zeitungsproduktion durch diese Technik gesteigert, auch das Format der Zeitungen (und damit ihre „Informationskapazität") konnten vergrößert werden. Weitere technische Fortschritte folgten in der zweiten Hälfte des 19. Jahrhunderts: die Rotationspresse (1875 stellte die Firma Koenig & Bauer die erste her), die Setzmaschine und zuletzt die Autotypie, also die Druckbarmachung von Fotos. Technische Neuerungen gab es aber nicht nur in der Zeitungsproduktion, sondern auch bei Papierherstellung und der Stoffbeschaffung. Hier ist insbesondere die Telegrafie zu nennen.

Durch den Wegfall der Vorzensur 1848 wurde die Presse aus den vorher vorhandenen rechtlichen Fesseln befreit, wenngleich alsbald neue Hemmnisse eingeführt wurden: Konzessions- und Kautionspflicht, Stempelsteuer, Vertriebsbeschränkungen und die strafrechtliche Verfolgung durch die Gerichte. Hier brachte erst das Reichspressegesetz 1874 eine weitere Entfesselung, ohne dass damit schon ein liberaler Umgang mit der Presse üblich wurde.

Ökonomisch von maßgeblicher Bedeutung war, dass 1850 in Preußen das staatliche Anzeigenmonopol aufgehoben wurde, das bis dahin den Intelligenzblättern vorbehalten war, die Entwicklung der politischen Presse aber behindert hatte. Dieses Monopol war andernorts zwar schon vorher einigermaßen durchlöchert gewesen. Doch drangen die Annoncen erst jetzt auf breiter Front in die Presse ein und zogen deren Kommerzialisierung nach sich. Selbstverständlich waren diese Vorgänge in größere historische Prozesse eingebunden, den Aufschwung von Handel und Gewerbe und die Industrialisierung („Gründerjahre"), die politische Demokratisierung und Parlamentarisierung und insgesamt in die gesellschaftliche Dynamisierung durch Bevölkerungswachstum und Mobilität.

Belegen lässt sich die Entfesselung der Presse anhand statistischer Daten. Auch wenn der Zeitungsbegriff noch nicht streng definiert war, also die Zähleinheit nicht kohärent gewesen sein dürfte, so zeigen die zeitgenössischen Quellen doch, dass die Zahl der Zeitungen in der zweiten Hälfte des 19. Jahrhunderts stark zugenommen hat (vgl. auch Pankratz 2004). Ich zeige hier noch einmal das entsprechende Schaubild aus meiner *Medien- und Kommunikationsgeschichte* (Abb. 1).

Bis Anfang der 1860er Jahre hielt sich der Anstieg noch in Grenzen, wobei zu berücksichtigen ist, dass es sich um Bruttowerte handelt, also verdeckt wird, dass manche der Neugründungen nach dem „Dammbruch" 1848 auch schon bald wieder vom Markt verschwanden (vgl. Henkel/Taubert 1986). In den zwanzig Jahren zwischen 1862 und 1881 verdoppelte sich die Zahl der Zeitungen. „Damals schwollen", so schrieb ein Zeitgenosse 1895 im Rückblick auf die Gründerjahre, „unsere Tageszeitungen geradezu lawinenartig an und wie die Pilze schossen neue empor." (von Petersdorff 1895, 157) Auch in den 1880er und 1890er Jahren

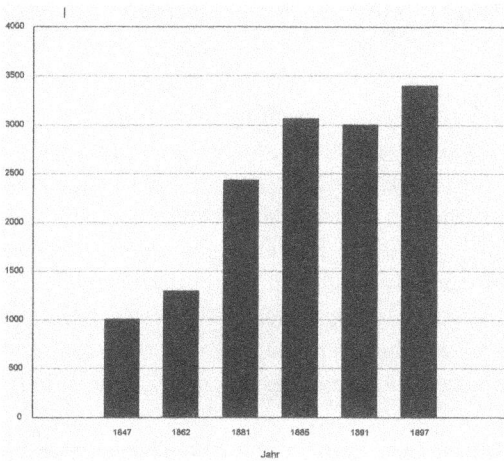

Abb. 1: Anzahl der Zeitungen in der zweiten Hälfte des 19. Jahrhunderts (Quelle: Wilke 2008, 188)

kamen weitere Zeitungen hinzu, so dass ihre Gesamtzahl am Ende des Jahrhunderts fast 3.500 betrug. Der absolute Höhepunkt wurde mit mehr als 4.000 vor dem Ersten Weltkrieg erreicht.[1]

Mit der Entfesselung der Presse waren weit reichende Erwartungen verbunden gewesen. Zumal in den Jahren der Unterdrückung im Vormärz hatte man segensreiche Wirkungen mit einer freien Presse verknüpft. Und erst recht beim Ausbruch der Revolution 1848. In dem *Extrablatt der Freude* der *Königlich privilegirten Berlinischen Zeitung* vom 20. März 1848, das ich hier stellvertretend anführen möchte, hieß es wie folgt:

> *„Die Presse ist frei!* In der nämlichen Stunde wo uns dieses herrliche Recht erfüllt wurde, wollten wir die Stimme des Frohlockens darüber erheben – da dröhnte der entsetzende Donnerschlag der unsere Stadt traf, und der Kampf begann. – Das war nicht mehr die Zeit, dem Gefühle der Beglückung Luft zu machen! – Jetzt theilt der Friedens- und Freudenruf wie ein goldenes Licht die schwarzen Wolken, so schnell fast, als der zündende Strahl sie gesammelt. – Der Himmel ist wieder heiter! Mögen nun der befruchtende Seegen, der dem Ungewitter, der selbst dem Ausbruch des Vulkans folgt, unserm theuern, geliebten Vaterlande in fort und fort wachsender Entwickelung zu Theil werden. – Unter allen Rechten, deren Erfüllung uns geworden, und die wir hoffen, ist der befreite Gedanke das edelste, denn

---

[1] Die hier angegebenen Werte liegen durchweg höher als die, welche Pankratz (2004) zuletzt nach kritischer Würdigung anhand verschiedener Quellen zusammengetragen hat, sie indizieren aber denselben Trend.

in ihm liegt das Unterpfand für alles Künftige. Es ist die Sonne für die Früchte, die uns reifen sollen!"

Tatsächlich jedoch, und das ist die in sich paradoxe Entwicklung, die ich hier nachzeichnen möchte, zog diese Entfesselung nicht das uneingeschränkte große Heil nach sich, das avisiert wurde. Die hier in eine Wettermetaphorik verpackten optimistischen Zukunftsperspektiven wurden vielmehr durch negative Begleiterscheinungen und Folgen konterkariert, die schon binnen Kurzem dazu führten, dass sinngemäß und dann auch wortwörtlich von der „Lügenpresse" gesprochen wurde. Wie konnte es dazu kommen und worauf gründete diese Wahrnehmung? Wie sich im Folgenden zeigen wird, war dafür ein Bündel von Faktoren ausschlaggebend: ökonomische, technische, politische, gesellschaftliche und journalistisch professionelle.

Wenn man diesen Prozess beschreiben will, auf welche Quellen kann man sich dann stützen? Bevölkerungsumfragen, anhand derer heute Einschätzungen der Vertrauenswürdigkeit der Medien ermittelt werden können (vgl. Reinemann/ Fawzi 2016; Schultz u. a. 2017), gab es noch nicht. Allerdings sind zeitgenössische Beobachtungen überliefert, und zwar in einer ganzen Reihe von Schriften, die sich in der zweiten Hälfte des 19. Jahrhunderts mit der Presse in Deutschland, insbesondere mit den Zeitungen, beschäftigten. Ob deren Aussagen als gesellschaftlich repräsentativ verallgemeinert werden können, lässt sich schwer sagen, da die Autoren jeweils auch individuelle Motive verfolgten und persönliche Sichtweisen besaßen. Aber als Indizien liefern uns diese Schriften tragfähige Belege für den damaligen kritischen Diskurs über die Presse. Die früheste und zugleich wichtigste – auch nach dem Urteil von Otto Groth (1948, 210) – verfasste der Historiker und Publizist Heinrich Wuttke (1818 – 1876): *Die deutschen Zeitschriften und die Entstehung der öffentlichen Meinung* (zu Wuttkes Leben und historischem Werk vgl. Todte 2010). Die erste Auflage erschien 1866, im Jahr des preußisch-österreichischen Krieges, eine zweite, deutlich erweiterte 1875 und im gleichen Jahr noch eine mit einem Nachwort versehene dritte.[2] Zwei Jahre später kam in Paris

---

2 Wie Wuttke im Vorwort zur zweiten Auflage seiner Schrift mitteilte, waren von der Erstausgabe im ersten Jahr nur 303 Exemplare abgesetzt worden, wodurch sie ihre Wirkung verfehlt habe, „denn eine Flugschrift (und als solche erschien das Dargebotene) ist tod, wofern sie nicht in ihrem ersten Jahre einschlägt." (1875a, 1) In Frankreich wäre dergleichen verschlungen worden. „Ich sagte mir demzufolge: die Deutschen sind durch das fortgesetzte arge Treiben eines großen Theils der Presse bereits dermaßen irregeführt und verduselt, daß es gegenwärtig verlorene Mühe wäre, ihnen da, wo die Magie der Worte in Täuschungen gefangen hält, richtigeren Vorstellungen zuführen zu wollen, die sie von den eingeredeten Einbildungen befreien." (1875a, 2) Im Nachwort zur dritten Auflage ging Wuttke ausführlich auf die Rezeption seiner Schrift ein (1875b, 439 – 446).

sogar eine französische Übersetzung heraus, deren Titel ihren Bismarcks Presselenkung entlarvenden Charakter auf den Punkt brachte: *Le fonds des reptiles. Le Journalisme allemand et la formation de l'opinion publique* (vgl. Todte 2010, 62–63). Den deutschen Titel könnte man heute leicht so (miss)verstehen, als ob es dem Verfasser darin um die Zeitschrift als spezifische Pressegattung gegangen wäre. Von dieser ist zwar auch die Rede. Überwiegend aber behandelte Wuttke die Zeitungen. Möglicherweise hat er „Zeitschrift" noch als Oberbegriff verschiedener periodischer Presseformen verstanden.

2 Triebfedern der „Lügenpresse"

Ich werde mich im Folgenden vor allem auf Wuttkes Schrift stützen, um herauszuarbeiten, inwiefern die Entfesselung der Presse in der Sicht eines Zeitgenossen zur „Lügenpresse" führte und welche „Triebfedern" daran mitgewirkt haben. Ich bediene mich dabei eines Terminus, den Wuttke selbst verwendet hat (1875a, 83). Auch den Ausdruck „Triebwerk" (1875a, 139) hat er gebraucht. Das Kompositum „Lügenpresse" selbst verwandte der Autor zwar (noch) nicht. Aber bereits ziemlich zu Beginn seiner Philippika spricht er von der „Lügenwirthschaft" (1875a, 24), die schon 1848 begonnen habe. Und von „Lügen" (nominal oder verbal) ist bei ihm öfter die Rede. Ergänzend zu Wuttke können Belege aus anderen zeitgenössischen, zum Teil durch ihn selbst inspirierten Schriften herangezogen werden.

Heinrich Wuttke war an sich kein Feind der Presse. Er hat sie ausdrücklich als einen „der wichtigsten Bestandtheile und Hebel unserer Gesittung" (1875a, 15) bezeichnet und ihr potenziell eine „*wohlthätige* Macht" (1875a, 13) attestiert. Doch sei von ihrer „Kehrseite [...] außerordentlich selten" (1875a, 13) die Rede. „Ist jedoch das Zeitungswesen in einen *verkehrten* Zustand hineingerathen, so schlägt es vielmehr einem Volke zum *Unheil* aus, befördert Verkehrtes, unterdrückt heilsame Bestrebungen und zieht den Sinn der Nation in der schädlichsten Weise herab." (1875a, 14)

Er schilderte, wie sie zumal in der preußischen Presse im Wesentlichen totgeschwiegen oder ablehnend kritisiert worden war. Auch in Wien, wo die zweite Auflage ihren Markt hatte, habe sie nur durch kleinere Zeitungen Eingang gefunden.

2.1 Triebfeder der „Lügenpresse": Anzeigenwesen und Kommerzialisierung

Als ersten Grund dafür, dass die Zeitungen an Vertrauenswürdigkeit einbüßten, nennt Wuttke das Anzeigenwesen, dem er generell eine korrumpierende Wirkung zumaß. Förderliche Konsequenzen, etwa dass durch die Anzeigeneinnahmen das Zeitungsangebot vergrößert und der Zeitungspreis gesenkt werden konnte, kommen bei dem Autor nicht in Betracht. Schädlich sei insbesondere die auf französische Vorbilder (wie Emile de Girardins *La Presse*) zurückgehende Praxis der „Reclame": „Sie erhielt den Namen davon, daß gleichzeitig mit der bezahlten Ankündigung für den Anzeigetheil eine lobende Besprechung des Angekündigten, welche auf jene verwies, den Zeitungen eingesendet und die Aufnahme dieser Empfehlung zur Bedingung des Einrückens oder der Bezahlung für die Anzeige gemacht wurde." (Wuttke 1875a, 16–17) Was anfänglich von Buchhändlern praktiziert worden sei, hätten gewerbliche Unternehmer und Börsenleute übernommen. Daraus konnte eine eigene Zeitungsrubrik gespeist werden, doch schlimmer noch, wenn die entsprechenden Artikel unkenntlich über die Sparten verteilt wurden. Der Unterschied zwischen dem Urteil der Zeitungsschreiber und der „Selbstanpreisung von Spekulanten" (1875a, 20) sei somit für den Leser nicht erkennbar. Bei missgünstigen Beurteilungen drohte der Entzug der Anzeigen. „Das Urtheil der Zeitung", so fasst Wuttke zusammen, „wird mithin durch den ‚Inseratenteil' bestimmt." (1875a, 18) Das beklagten andere auch wie beispielsweise der Arbeiterführer Ferdinand Lassalle, der das Annoncenwesen für die verderbliche Kommerzialisierung der Presse verantwortlich machte, dafür, dass diese zu einem Objekt der Geldspekulation geworden sei (s. u.).

2.2 Triebfeder der „Lügenpresse": Technik

Die Drucktechnik für sich genommen war an sich kein Grund, woraus negative Folgen für die Zeitungspresse hätten resultieren müssen. Außer, dass sie selbstverständlich die entscheidende Voraussetzung für deren enorme Expansion war. Durch die zunehmende Ausbreitung, so urteilte Heinrich Wuttke, sei die deutsche Presse schwerlich besser geworden. „Seine günstigen wie seine üblen Einwirkungen erstrecken sich aber jetzt in weiterem Umfange auf unser Volk." (1875a, 256) Welcher Aufwand erforderlich war, das illustrierte Karl Roscher am Beispiel der Wiener *Neuen Freien Presse*. Sie benötige im Jahr 500 Zentner Druckerschwärze: „Wenn man bedenkt, daß die Wahrheit in einem Milligramm ersäuft werden kann: welches Material zur Vergiftung der geistigen Kost von Millionen!"

(Roscher 1873, 87) Für Roscher besaß die Vermehrung der Zeitungen „starke Schattenseiten":

> „Weder das Zeitungen lesende Publikum, noch die Herausgeber haben einen Vortheil davon. Das Publikum nicht, weil die Zersplitterung der öffentlichen Tagesmeinung in eine große Menge von Zeitungen die Wirksamkeit jeder einzelnen Zeitung schwächt, die schriftstellerische Leistungen in ihrem inneren Werthe herabdrückt und die Auswahl des Werthvollen aus der Spreu erschwert; – die Zeitungsherausgeber nicht, weil die erdrückende Concurrenz einer Unzahl obscurer Organe den Leserkreis einer jeden einzelnen Zeitung beschränkt, den Kämpfen der verschiedenen Blätter um die Gunst des Publikums vielfach den entsittlichenden Charakter der Schmeichelei und des gemeinen Brodneides verleiht und die Honorirung schriftstellerischer Leistungen auf das knappste Maß heruntersetzt. Wäre das geistige Capital, das in dem vielseitigen Inhalte der Tagespresse niedergelegt ist, auf eine geringe Anzahl von Blättern beschränkt, so würde jedes einzelne dieser Organe einen großen Leserkreis, die Möglichkeit bedeutender Honorare und damit die Mitarbeiterschaft wirklich bedeutender Capacitäten besitzen." (Roscher 1873, 88 – 89)

Abträglicher war da noch eine andere technische Neuerung. Bedenklich erschienen Wuttke nämlich die lithografischen Korrespondenzen, die Nachrichten mittels des von Alois Senefelder erfundenen Flachdruckverfahrens vervielfältigten und verbreiteten. Auch in diesem Fall stamme das Vorbild aus Frankreich, die 1832 ins Leben gerufene *Correspondence Garnier* (Wuttke 1875a, 110). Solche Korrespondenzen lieferten den Zeitungen standardisierten redaktionellen Stoff, auf den sie wegen ihres wachsenden Stoffbedarfs angewiesen waren. Wegen der Kostenteilung unter den Abonnenten war dieses Material vergleichsweise kostengünstig zu haben. Das von eigenen Unternehmen betriebene Hilfsgewerbe der Presse griff laut Wuttke in den folgenden Jahrzehnten derart um sich, „daß es in der Gegenwart *herrscht.*" (1875a, 113) Die Korrespondenzen spezialisierten sich für verschiedene Themengebiete, ihre Zahl ging schließlich in die hunderte (Voigt 2002; Kutsch u. a. 2011). Auch Parteien bedienten sich dieses Mittels. Presserechtlich wurden sie 1863 den Zeitungen gleichgesetzt, mit der Konsequenz, dass sie kautions- und stempelpflichtig wurden. 1874 wurde das geändert.

Was Wuttke gegen diese Erscheinung einwandte, war einerseits, als ihre Folge, eine inhaltliche Ähnlichkeit der Zeitungen – er spricht von „Gleichartigkeit" (1875a, 115). Dergleichen schien ihm offenbar unerwünscht, nicht, wie man es auch hätte sehen können, als demokratische Errungenschaft, dass alle Leser über die gleichen Informationen verfügen konnten. Mehr aber noch kritisierte Wuttke, dass durch die Korrespondenzen die „freie Berichterei unabhängiger Männer von der Wucht der Concentration beinahe erdrückt" (1875a, 128) werde und dass der Zeitungsleser nicht erkennen könne, in welchem Umfang und welche Nachrichten und Betrachtungen aus den Korrespondenzen stammten. Die Herausgeber der Zeitungen seien zu einer eingehenden Beschäftigung mit deren

Inhalt aus Zeit- und Arbeitsgründen kaum mehr imstande. Wuttke ging sogar so weit, die Korrespondenzen als „Urzeitungen" zu bezeichnen, „die in ihrer wahren Beschaffenheit nicht in die Oeffentlichkeit dringen, sondern blos in die Geschäftszimmer der gedruckten Zeitungen, ein Zustand, in welchem die der Welt vorgelegten, in unsere Hände gelangenden Zeitungen zu einem großen Theile *Abklatsch* dieser Urzeitungen geworden sind." (1875a, 129) Was die Leser jeden Tag erhielten und studierten seien folglich „ihrem überwiegenden Inhalte nach nur Ausgaben *zweiter* Hand". (1875a, 99)

Eine weitere technische Neuerung, die den Inhalt der Zeitungen betraf, war die Telegrafie. Seit langem schon waren Bemühungen unternommen worden, die Übermittlung von Nachrichten zu beschleunigen. Sie hatten in den 1840er Jahren zu einigermaßen ausgereiften Lösungen in der elektrischen Telegrafie geführt. Und es traf sich, dass in dem in Deutschland technologisch avancierten Preußen im Jahre 1848 der Telegraf für die Öffentlichkeit freigegeben wurde. Nicht verwunderlich, dass seine Nutzung auch für die Zwecke der Zeitungsberichterstattung rasch erkannt und dann in der Gestalt von Telegrafenbüros (Nachrichtenagenturen) organisatorisch umgesetzt wurde. Schon 1849 ergriff der Expeditionsleiter der *National-Zeitung*, Bernhard Wolff, dazu die Initiative, woraus Wolff's Telegraphisches Bureau (WTB) hervorging (vgl. Basse 1991).

So sehr die Telegrafie einen grundlegenden technischen Fortschritt bedeutete, insbesondere für Handel und Börse, aber auch für die Aktualität und die Reichweite der journalistischen Berichterstattung, so sah Heinrich Wuttke doch auch in ihr die Ursache für eine Reihe von Übelständen: in der Organisation durch die (national)staatliche Aufsicht über das Telegrafenwesen und in dem Einfluss der Regierungen auf die Agenturdienste. So habe die italienische Agencia Stefani Lügen in die Welt ausgestreut: „Die pariser Zeitungen drucken sie nach und aus diesem Kanale fließen ihre Lügen weiter in die deutsche Presse" (Wuttke 1875a, 164) – gleichsam in einem „two step-flow", wie man sagen könnte. Schlimm daran sei, dass solche Herkunft nicht zu erkennen sei und intransparent bleibe. Als unheilvoll betrachtete Wuttke ferner die Monopolisierung und die Konzentration, die international durch die Kartellabsprache zwischen den großen Nachrichtenagenturen in der Welt zustande kam. Die Abhängigkeit der Zeitungen von den „Telegrammfabriken" führe zum Verzicht auf eigene Kräfte und ziehe missbräuchliche Praktiken im Zeitungswettbewerb nach sich, zumal es sich um einen hohen Kostenfaktor handle: „Zu einer Fessel des geistigen Verkehrs zu werden droht dergestalt die Staatstelegrafie." (1875a, 174)

Auch hinsichtlich der einzelnen Depeschen zeigte Heinrich Wuttke Vorbehalte. Er sprach hier ebenfalls von „Schattenseiten" (1875a, 175). Dazu gehöre zunächst „die dürftige Beschaffenheit" (1875a, 175), ihre Kürze, ja die Verkürzung, die zu Missverständnissen einlade:

„Allein es blitzen den Zeitungen gar nicht selten abgerissene Nachrichten zu, die mit den vorangegangenen Kunden durchaus nicht in Einklang zu bringen, in ihrer Plötzlichkeit überraschen und wie sie ohne Auseinandersetzung, ohne Erläuterung gegeben sind, manchmal halb unverständlich erscheinen, gemeinlich aber verwirren und falsche Vorstellungen erwecken. Halbfertiges, Halbwahres kommt gar nicht selten in der Form der Thatsächlichkeit. Eine bloße Angabe der Sache ohne nähere Ausführung, mehr eine bloße Ueberschrift als einen Bericht liefert in der Regel das Telegramm." (Wuttke 1875a, 175)

Wuttke unterstellt wirkungstheoretisch gewissermaßen ein „law of primacy", wenn er schreibt:

„Stets hat das Telegramm die bestimmende Wirkung des *ersten Eindrucks* für sich. Nicht immer vermögen nachhinkende Auseinandersetzungen diese abzuschwächen. Ehe sie gelesen werden können, ist schon das allgemeine Urteil nach einer gewissen Seite hin eingenommen und dem Betrachten ein bestimmter Weg gewiesen. Sie werden, wenn sie überhaupt noch Beachtung finden, mit ungläubigem Gemüth gehört. Der eigentliche Bericht wird durch das vorauflaufende Telegramm zu der Bedeutungslosigkeit eines Nachtrags herabgedrückt, der Sinn der Lesewelt für das aufmerksame Verfolgen und Auffassen der sich vollziehenden Entwickelung gar sehr abgestumpft und dem oberflächlichen Auffassen der Zeitgeschichte Vorschub geleistet." (Wuttke 1875a, 176)

2.3 Triebfeder der „Lügenpresse": Anonymität

Nicht alle Einwände, die Wuttke gegen die Zeitungen anführt, sind durch die hier anfangs hypostasierte Entfesselung bedingt. Sie sind zum Teil älteren Ursprungs, ja seit langem als zeitungsspezifische Praktiken in Deutschland üblich gewesen, wie etwa die Anonymität der Verfasserschaft der Zeitungsartikel. Das war schon so seit dem Beginn der deutschen Tagespresse und laut Wuttke auf „staatliche Mißstände" zurückzuführen, die „die Zeitungsschreiberei *gezwungen* [haben], sich zur *Namenlosigkeit* zu flüchten" (1875a, 21). Er meinte damit die Zensur- und Kontrollmaßnahmen. Allerdings dürfte die Praxis der Anonymität noch andere Gründe gehabt haben, so die Absicht, den Eindruck der Objektivität zu erwecken. Sie wurde in Deutschland noch bis zum Ende des 19. Jahrhunderts geradezu zu einem Wesensmerkmal der Zeitung als „Kollektivprodukt" hochstilisiert.

„Die Namenlosigkeit der Zeitungsaufsätze", so behauptete hingegen Wuttke, „thut dem Verderben unsres Zeitungswesens wesentlichen Vorschub." (1875a, 25) Sie verleihe „den trügerischen Anschein der sachlichen Angabe." Ja mehr als das: „Verdrehungen und alle Lügenwerke", so äußerte er weiter, „sind vermöge der Ungenanntheit der Zeitungsschreiber freigelassen." (1875a, 24) Und: „Wer namenlos schreibt, mit geschlossenem Visier angreift, befindet sich in großem Vortheil gegenüber dem, welcher in die Lage kommt zu berichtigen, gegenüber dem, den er nöthigt sich wider Unglimpf zu vertheidigen; denn ihn selbst treffen niemals Hiebe." (Wuttke 1875a, 24) Der anonyme Autor sei der Verantwortung für das, was er schreibe, enthoben: „und daß wegen dieses Umstandes die Nothwendigkeit das Geschriebene zu *vertreten* der unentbehrliche Damm ist gegen die Ausschreitungen der Willkür, des vermessenen Eigenwillens und schlechter Gelüste." (1875a, 23)

2.4 Triebfeder der „Lügenpresse": Amtliche Pressepolitik

Das Jahr 1848 hatte nach den Worten von Heinrich Wuttke wie ein „reinigende[r] Sturm [...] die Censur hinweggeblasen" (1875a,129) und die Regierungen mit Schrecken erkennen lassen, „wie ihre amtlichen Zeitungen gar keine Beachtung genossen und daß man ihren Versicherungen und Darstellungen keinen Glauben schenken mochte." (1875a, 129) Auf diesen Vertrauensverlust habe man staatlicherseits in zweierlei Weise reagiert: durch die Etablierung amtlicher Pressebüros einerseits und durch offiziöse Zeitungen andererseits.

Die Idee, ein Preßbureau einzurichten, „welches unvermerkt die Ministerialansicht in die verschiedenen unabhängigen Zeitungen hineinleite" (1875a, 130), sah Heinrich Wuttke ebenfalls als „Pariser Kind". Sie wurde in Preußen bereitwillig aufgegriffen:

> „Obgleich das Centralpreßbüreau selbstverständlich seine Fäden in der Verborgenheit spann – denn *wüßte* die Lesewelt, aus welcher Quelle dies oder jenes Urtheil herrührt, so ginge alle Wirkung verloren – läßt sich dennoch das Triebwerk mit ziemlicher Sicherheit erkennen. Das Centralpreßbüreau stand [....] mit dem Ministerium in ununterbrochenem Verkehr, erhielt von ihm Auskunft und Winke, brachte in die Oeffentlichkeit, was dieses bekannt werden lassen wollte, behandelte alle Fragen in derjenigen Weise, welche der Politik des Ministeriums zusagte und bereitete durch Uebergänge die öffentliche Meinung auf die Wendungen vor, zu denen dasselbe die Verhältnisse hinzutreiben beabsichtigte." (Wuttke 1875b, 139)

„[I]n den Zeiten der Censur", so schrieb Karl Roscher ganz ähnlich, „märzten die Regierungen das ihnen *Miß*fällige aus den Zeitungen *heraus*, seitdem märzen sie das ihnen Gefällige in die Zeitungen *hinein*." (1873, 95) Beides komme auf das gleiche heraus. Zu diesem Zwecke, so wieder Wuttke, habe man auch die „Provinzialkorrespondenz" geschaffen, einen amtlichen Pressedienst, der nicht nur Behörden, sondern auch „ergebenen Zeitungen" (nicht aber den feindseligen Blättern) geliefert werde. Selbst auf auswärtige Blätter wurde damit Druck ausgeübt. Die Wirkung der ministeriellen „Preßbearbeitung" charakterisierte Heinrich Wuttke höchst plastisch:

„Was der Regierung gut dünkte, auf die angegebene Weise in die Welt zu werfen, wurde von Unzähligen gelesen, die ein Regierungsblatt ungelesen aus der Hand gelegt haben würden. Die Variationen desselben Themas klangen gleich selbständigen Hervorbringungen, während sie alle ein und denselben gemeinsamen Ursprung hatten. Ein melodischer Chorus tönte aus dem Zeitungswalde: wer da nicht wußte, daß ein versteckter Kapellmeister den Takt schlug, den überzeugten von der Wahrheit, Richtigkeit und Güte des Gehörten so viele gleichlautende Stimmen. Dergestalt wurden die Gegner übertäubt, wurden bestimmte Ansichten über die öffentlichen Verhältnisse, bestimmte Urtheile über die hervortretenden Persönlichkeiten durch möglichst viele Blätter in Umlauf gesetzt, hier der anders denkende Leser in seiner Ueberzeugung verwirrt, dort der Begeisterung ein Dämpfer aufgesetzt, an einer anderen Stelle geschürt, ward jede Wandlung und Windung der preußischen Politik belobigt und die Stimmung geschickt vorbereitet auf das, was den Absichten des berliner Kabinetts entsprach. Ein und dasselbe Bild spiegelte sich in einem Heere von Zeitungen wieder: da konnte man getrost die Ansicht der Preßstelle als *Volksmeinung* austragen." (Wuttke 1875b, 145)

Nicht nur ein Preßbureau wurde, wie Heinrich Wuttke detailliert enthüllte, zunächst in Preußen eingerichtet und fand woanders Nachfolger. Das gleiche gilt auch für „officiöse Zeitungen" (vgl. Overesch 1974). Entweder kauften die Regierungen „unter der Hand Zeitungen an, die ihnen das Wort reden mußten, oder veranlaßten heimlich die Gründung neuer Blätter mit großem Kostenaufwand. Diesen ihnen ganz oder theilweise gehörenden Blättern gewährten sie insgeheim fortdauernde Unterstützung mit Nachrichten und auch mit Geld." (1875b, 149) Dem äußeren Anschein nach sollten solche Zeitungen den Eindruck der Unabhängigkeit erwecken, doch ließ sich dieser bei Bekanntwerden der Hintergründe nicht aufrechterhalten. Der Glaubwürdigkeit der Presse war damit kein Dienst erwiesen. Mithilfe solcher Zeitungen – man könnte hier an die *Zeit*, die *Preußische Zeitung* und die *Norddeutsche Allgemeine Zeitung* denken (vgl. Overesch1974) – habe Preußen seine Ziele verfolgt und eine „Fälschung des öffentlichen Urteils" (1875b, 148) bewirken können, zumal andere Länder, auch Österreich, ihrerseits nur bescheidene eigene Anstrengungen entfalteten und dem nichts entgegensetzen konnten, „welches für sie die Wage im *Gleichmaß* gehalten hätte." (1875b,153)

2.5 Triebfeder der „Lügenpresse": Die journalistische Profession

Die Vermehrung der Zeitungen und ihre Expansion in Form und Inhalt hatten nach 1848 notwendigerweise einen steigenden Bedarf an Journalisten zur Folge – Wuttke sprach noch von „Zeitungsschreibern" oder überhaupt von „Schriftstellern". Waren früher einzelne oder wenige Redakteure hinreichend gewesen, so arbeiteten ihm zufolge 1873 bei der Wiener *Neuen freien Presse* 40 bis 50 Schriftsteller, die Zahl sämtlicher beteiligter Personen belief sich auf mehr als ein halbes Tausend (Wuttke 1875b, 236 und 242). Wie wir wissen, hatten die Journalisten in Deutschland bis in den Vormärz hinein einen recht hohen Bildungsstand gehabt, zumal wo sie sich aus anderen, ihnen verschlossenen Berufswegen rekrutierten (vgl. Brunöhler 1933; Requate 1995; Requate 2008). Das änderte sich in der zweiten Hälfte des 19. Jahrhunderts. Jetzt drängten auch schlechter Gebildete und charakterlich weniger gefestigte Männer in den Journalistenberuf. Wuttke stützte sein Urteil in diesem Fall auf seine Erfahrungen, die er als einer der Initiatoren des 1841 gegründeten „Leipziger Litteratenvereins", einer frühen Journalistenorganisation, gemacht hatte (vgl. 1875b, 72–73; vgl. auch Stegers 1978).

Im Unterschied zu Frankreich gebe es, so Wuttke, in Deutschland keinen einzigen berühmten Zeitungsschreiber, es erfreue sich aber „einer Unzahl in den Zeitungen herumstümpernder Gesellen" (1875b, 30). Wuttke versteigt sich gar zu folgender Feststellung: „aber unter den Zeitungsschreibern gibt es auch einen starken Haufen von ausgemachten Buben und Hallunken, und es hat, was in hohem Maße niederschlagend ist, die Menge der sittlich Verkommenen, der Nichtsnutzigen in einem erschreckenden Grade *zugenommen.*" (1875b, 30) Eine Ursache dieses Zustandes sah Wuttke in der „erbärmlichen Bezahlung" (1875a, 23) der Zeitungsschreiber, aber auch in deren eigenen materiellen Motiven; dabei sei dieser doch ein Beruf, für den „wie für andere Studirte, Aerzte, Richter sc. Gelderwerb *nicht der Leitstern* ihrer Thätigkeit" (1875a, 22) sein dürfe. Im Journalistenberuf drohten keine geringen Gefahren durch die Schnelligkeit des Arbeitens und die Oberflächlichkeit (1875b, 44). Zwar gebe es auch hochzuachtende Schriftsteller mit Mut, Uneigennützigkeit und Aufopferungsbereitschaft. Aber der Trend gehe in eine andere Richtung:

> „Treues Festhalten der richtigen Grundsätze steht heute dem guten Fortkommen der Schriftsteller gar sehr im Wege [...] Gebraucht und verlangt wird kaum mehr, als die Gewandtheit der Feder, als das Vermögen über jede gestellte Aufgabe zu schreiben und jede beliebige Tonart anzuschlagen, wie grade aus äußeren Rücksichten gefordert wird." (Wuttke 1875b, 45)

Anders als der Geschichtsschreiber, so Wuttke, wende sich der Zeitungsschreiber nicht an die Nachwelt, sondern an die Zeitgenossen, unterliege aber wie dieser „dem Gebote der Wahrhaftigkeit". (1875a, 21)

> „In der einen wie in der andern Eigenschaft bleibt ihr gedeihliches Wirken daran gebunden, daß sie das was sie wissen und meinen, dies und nichts anderes kund thun. In beiden Eigenschaften haben sie *bestimmte Verpflichtungen*, und sie können sich ohne Sünde nicht entziehen. Es steht nicht in ihrer Willkür, ob sie diese – nicht vertragsgemäßen, sondern

sittlichen Pflichten auf sich nehmen wollen oder nicht. Irren ist menschlich und verzeihlich, jedoch der eigenen Gesinnung *zuwider* sprechen, seinen Nebenmenschen etwas, was man *anders* weiß, einreden, weil es ein dritter also haben will, ist mit nichten löblich, ist so viel als Trug verbreiten, ist Teufelsdienst. Was einer schreibt, dafür sollte ihm die *Verantwortlichkeit*, Ehre oder Schmach zufallen, damit er nicht leicht anders als wahrhaftig und ehrenwerth sich gebaren könne." (Wuttke 1875a, 21)

Der Erfüllung solch hoher berufsethischer Prinzipien standen in Wuttkes Sicht allerdings staatliche und professionelle Missstände entgegen.

2.6 Triebfeder der „Lügenpresse": Politisierung

Die „Lügenwirthschaft im Großen" – das ist Zitat (Wuttke 1875a, 24) – hatte laut Wuttke schon 1848 begonnen. Er selbst hatte zu den gemäßigten Anhängern der Revolution gehört und war sogar Mitglied der Frankfurter Nationalversammlung gewesen. Aber schon da machte er eine eigentümliche Erfahrung, für die bis heute unzählige andere Zeugen eintreten könnten:

> „Wenn ich gewisse Berichte über manche Sitzungen der Nationalversammlung las, habe ich mich manchmal gefragt, ob denn diese Berichte von den nämlichen Sitzungen handelten, an denen ich vor ein paar Tagen Theil genommen hatte, oder ob mein Geist irre geworden?" (Wuttke 1875a, 24)

Damit ist ein weiterer Grund für Wuttkes Pressekritik zu greifen. Er hat zu tun mit der 1848 einsetzenden Politisierung der Presse in Deutschland. Diese fand ihren Ausdruck in der Entstehung der Meinungs- und Parteipresse, also darin, dass die sich bildenden politischen Richtungen und Parteien sich eigene Zeitungen zulegten, um ihre Sicht der Dinge und ihre Auffassungen in der Öffentlichkeit zu verbreiten. Noch 1848 gingen die Konservativen *(Neue Preußische [Kreuz] Zeitung)* und die Liberalen *(National-Zeitung)* mit solchen Blättern voran, andere Gruppierungen folgten später, das katholische Zentrum *(Germania)* und die Sozialdemokraten *(Vorwärts)* in den 1870er Jahren (vgl. Koszyk 1966, 127–209; Wilke 2008, 222–232). So sehr dies eine Bereicherung an demokratischem Pluralismus war, so war die Wirklichkeitsvermittlung durch die Parteipresse fortan doch standpunktgebunden.

Heinrich Wuttke war selbst antipreußisch gesinnt und ein Anhänger der großdeutschen Reichsidee. Nachdem 1871 das Kaiserreich in kleindeutscher Form gegründet worden war, blieb er dessen Gegner. In der 1875 erschienenen erweiterten Fassung seiner pressekritischen Schrift war er großenteils damit beschäftigt nachzuweisen, dass die stattgehabte Reichsgründung auf falschen, von der preußischen Presse verbreiteten Grundlagen und Vorstellungen basierte. Es sei „der Presse gelungen Massen von Thatsachen der Kenntniß ihrer Leser zu entziehen, die wahre Beschaffenheit der Hergänge zu verschleiern und das Volk in Täuschungen zu wiegen". (1875a, 195) Der „ungeheuren Gewalt der Zeitungen" sei es gelungen, „das Urtheil der allermeisten Menschen gefangen zu nehmen und ihre gesunde Vernunft zu verwirren, indem sie Worten, die an sich deutlich und sprechend einen unbestrittenen Sinn haben, veränderte, selbst entgegengesetzte Bedeutung unterzuschieben vermochten." (1875a, 196) „*Die Zersprengung Deutschlands*, die Zerreißung eines uralten Zusammenhanges der deutschen Nation" (1875a, 196) sei als Vereinigung ausgegeben worden. Zeitungen „verschleierten das Widrige und erhielten dadurch das Volk in Täuschung." (1875a, 209) Diesen Vorwurf wiederholte und variierte Wuttke in seiner Schrift wieder und wieder. Das Geschäft der Zeitungsschreiber habe darin bestanden, „Dunst auszuqualmen und Nebel zu erzeugen, so daß in ihm die Menschen wie halb blind sich irreleiten und willig zu Zielen hinführen ließen, welche sie nimmermehr wollten" (1875a, 215); sie hätten es vermocht, „eine die Dinge theilweise auf den Kopf stellende Einbildung herrschend zu machen". (1875a: 217) Belegt wird das alles nicht erst seit 1866, aber seitdem vor allem, über den Krieg gegen Frankreich und die (klein)deutsche Reichsgründung 1870/71 bis zur aktuellen Politik. „Sie [d. h. die Zeitungen] glorifizirten einen Reichstag, der zu den allertraurigsten Erscheinungen der parlamentarischen Geschichte gehört hat, eine Ja-Sagemaschine, mehr einer Regierungskommission gleichend denn einer Volksvertretung." (1875a, 210)

Standpunktbedingte Kritik an den Zeitungen übten im Kaiserreich auch Anhänger anderer weltanschaulicher oder politischer Positionen. Der Domkapitular Wilhelm Molitor war der Autor einer im gleichen Jahr wie Wuttkes Erstauflage anonym erschienenen Schrift, worin er Klage führte, „daß unsere Zeit zum großen Theile *gerade durch die Presse* das geworden ist, was sie ist. Wer vermag zu leugnen, daß bis zur Stunde die Presse als ein Hauptmittel benützt und ausgebeutet wird, um Throne zu stürzen, um den Altar zu zertrümmern, um Königreiche zu erobern, um Völker zu unterjochen und zu gängeln, indem man sie verwirrt und irre leitet." (Molitor 1866, 6–7.) Und der Autor führt in der Form nur scheinbarer, rein rhetorisch gemeinter Fragen eine ganze Phalanx von Verderbnissen der Presse an:

> „Ist es dieser Presse nicht gelungen, die Throne zum zerbrechlichen Spielzeuge aufgeregter Massen zu machen? Hat sie es nicht vermocht, das sociale Elend und den vielfachen ökonomischen Ruin der Völker mit dem bunten Lappen des industriellen Fortschrittes zu behängen, hinter welchem sich die Habsucht und die herzlose Geldgier der krösusreichen Oligarchen verbirgt? Hat sie nicht die absolutistische Willkür zum *suffrage universel* festgestempelt, und die Ländergier in der Maske der Restauration der Nationalitäten ganz

poetisch herausstaffirt? Ist es ihr nicht ein Leichtes, den reichsten Staat für bankerott zu erklären, und die zweideutigen Finanzoperationen des ärmsten in den geheimnißvollen Nimbus eines verschwiegenen, aber weisen Staatshaushaltes zu hüllen? Ist die Presse nicht zu der phantasiereichsten Märchenerzählerin geworden, welche die Geschichte zu einer Rüstkammer der Lüge und Verläumdung gemacht hat? Hat sie nicht die Autorität herabgewürdigt und nicht nur gegenüber dem Joche des menschlichen Gesetzes den Nacken des Pöbels für souverain erklärt, sondern das Menschengeschlecht überhaupt von der Vormundschaft des göttlichen Gesetzes emancipirt? Und erst, was hat sie aus der Kirche gemacht? Aus ihren Institutionen? Aus ihren segensreichen Gnadenmitteln? Aus ihrem völkererziehenden Wirken seit zwei Jahrtausenden? Es gibt keine Schmach, welche die Presse der großen Erzieherin der Nationen nicht angetan. [...] So ist der verhängnißvolle Sieg, welchen die Tagespresse davon getragen, ein Triumph des Unrechts und der Unwahrheit wie noch kein zweiter in der Weltgeschichte errungen wurde. [...] Man trat für das Recht ein, die Wahrheit sagen zu müssen; man dehnte diese Berechtigung so weit aus, daß Lüge und Verläumdung darin bequeme Unterkunft und sichern Schutz gefunden haben [...] Und nun finden wir die Presse organisirt, um Parteiansichten, falsche Anschauungen, alarmirende und wohl berechnete Gerüchte, kurz um alles Mögliche zu verbreiten, nur die *Wahrheit* nicht. Um jedem politischen Gelüste zu dienen, nur den ewigen Principien des *Rechtes* nicht". (Molitor 1866, 8–11)

Noch aus einer anderen politischen Richtung wurden solche Anschuldigungen gegenüber der Presse erhoben, und zwar von der Arbeiterbewegung. Ihr pronconciertester Vertreter, Ferdinand Lassalle, deklarierte in seiner berühmten Rede *Die Feste, die Presse und der Frankfurter Abgeordnetentag* (1863) die Presse zum „Hauptfeind aller gesunden Entwickelung des deutschen Geistes und des deutschen Volkstums" (Lassalle 1899, 114), ein Feind, der umso gefährlicher sei, als er verkappt auftrete: „Ihre Lügenhaftigkeit, ihre Verkommenheit, ihre Unsittlichkeit werden von nichts Anderem überboten, als vielleicht von ihrer Unwissenheit." (1899, 115) Und Lassalle fährt fort: „Täglich Lügen, Lügen in reinen puren Thatsachen, Thatsachen erfunden, Thatsachen in ihr Gegenteil entstellt, – *das* waren die Waffen, mit denen man uns bekämpfte! Und was der Schamlosigkeit die Krone aufsetzte, war, daß man sich in den allermeisten Fällen weigerte, auch nur eine Berichtigung zu bringen." (1899, 115.) Die Ursache dieser Missstände sah der Arbeiterführer – wie schon erwähnt – darin, dass Zeitungen „statt Soldaten und Vorkämpfer der Freiheit zu sein, nichts sind, *als eine industrielle Kapitalanlage und Geldspekulation!*" (1899, 116) Und er fügte als pessimistische Aussicht auf die Zukunft hinzu: „wenn nicht eine *totale* Umwandlung unserer Presse eintritt, wenn diese Zeitungspest noch fünfzig Jahre so fortwütet, so muß dann unser Volksgeist verderbt und zu Grunde gerichtet sein bis in seine *Tiefen.*" (1899, 121)

2.7 Triebfeder der Lügenpresse: Die Öffentliche Meinung

Dass die Presse seiner Zeit die von ihm postulierten Ansprüche nicht erfüllte, lag für Wuttke nicht nur an den Journalisten, sondern auch an der Gesellschaft. Das Volk sei stumpf und ihm fehle Einsicht und selbständiges Urteil (1875b, 37). Die Folge sei, dass die besseren Stimmen übertäubt würden. Wuttke kannte die Macht der öffentlichen Meinung, also den Druck, den Mehrheiten auf die Meinungsbildung ausüben: Er diagnostizierte gewissermaßen schon den erst viel später mit dem Ausdruck „Schweigespirale" bezeichneten sozialpsychologischen Effekt (Noelle-Neumann 1980):

> „Die vergebens ein sachgemäß Urtheil Abgebenden werden, so wie sie gewahren, daß sie in den Wind sprechen, muthlos und außerdem gerathen sie noch in Schaden, denn die verdorbene Gesellschaft, der sie gefährlich oder unbequem sind, verschreit sie als Störenfriede und untergräbt ihr Ansehen; sie aber haben keinen Gewinn selbst in dem Falle zu gewärtigen, daß die Lesewelt auf ihre bezüglichen Aussprüche hörte." (Wuttke 1875b, 38)

Anpassung an den Zeitgeist deklarierte Wuttke zur Voraussetzung für publizistischen Erfolg. Die Tagespresse sei „Widerhall [...] der herrschenden Meinungen" (1875b, 47):

> „In demjenigen Maße, in welchem ein Blatt der Denkart und Stimmung des Augenblicks besser entspricht und deren Abdruck ist, erweitert sich sein Verkehrskreis, sein Gewicht. Eine Zeitschrift, in der die Schriftsteller in grellem Widerspruch mit den Richtungen des Tages wirken, besitzt keine Aussicht auf langen Bestand; dem Geschmacke, der an der Tagesordnung ist, erliegt sie gewiß." (Wuttke 1875b, 47)

Den Weg zur kleindeutschen Reichsgründung beschrieb Heinrich Wuttke als Meinungskampf, in dem „die herrschende Presse sich die Mundtotmachung und Knechtung der besiegten Minderheit mit allem erdenklichem Eifer angelegen sein" (1875a, 320) ließ. „Das Herunterreißen, Schmähen, und Verlästern aller hervortretenden Gegner kam an die Tagesordnung und machte deutlich wahrnehmbar, daß die Männer von selbständigem Urteil eingeschüchtert, zum Verstummen gebracht werden sollten." (1875a, 315)

3 Mittel der Remedur?

Angesichts der grassierenden Kritik an der „entfesselten" Zeitungspresse in der zweiten Hälfte des 19. Jahrhunderts fragt sich, ob und was gegen die behaupteten Mängel und Defizite unternommen wurde, ob gewissermaßen Mittel der Remedur empfohlen und geschaffen wurden. Allein von der Beseitigung noch vorhandener

Reglementierungen und „Beschwerlichkeiten" (Wuttke 1875a, 106) dürfe man sich, so Wuttke, nicht allzu viel versprechen. „Ihre Besserung hängt jedoch noch an ganz anderen Voraussetzungen." (1875a, 106) Selbstverständlich beließen es die Kritiker nicht bei Beanstandungen, sondern machten auch Vorschläge und unternahmen Versuche, diese zu beheben. Um die Abhängigkeit von den Anzeigen zu beseitigen und die Zeitungen vom „Geld-Interesse" abzukoppeln, plädierte Ferdinand Lassalle dafür, dass Annoncen nur noch den Amtsblättern vorbehalten sein sollten (Lassalle 1899). Das hätte gleichsam eine Rückkehr zur Intelligenzpresse des 18. Jahrhunderts bedeutet. Daraus wurde allerdings nichts. Es widersprach den Interessen der Verleger und einer liberalen Handhabung der Pressefreiheit und es hätte gewiss die Expansion der Tagespresse gebremst. Doch setzte in Deutschland immerhin eine Debatte über Pressereformen ein, in welcher der Gedanke der Trennung des „Kuppelprodukts" Zeitung und der Sozialisierung des Anzeigenwesens immer wieder auftauchte, und zwar noch bis hinein in das Postulat der Werbefreiheit des öffentlich-rechtlichen Rundfunks (vgl. Roegele 1965).

Paradoxerweise resultierten aus dem Anzeigenwesen auch Antriebe gegen die Politisierung der Tagespresse. Seit den 1870er Jahren bildete sich ja bekanntlich ein ganz neuer Zeitungstyp in Deutschland heraus, der General-Anzeiger, der zumindest seiner Grundintention nach unpolitisch sein und niemanden aus religiösen und standpunktbedingten Gründen als Leser ausschließen wollte (vgl. Koszyk 1966, 267–275). Dies geschah durch eine möglichst extensive Annoncenfinanzierung, die niedrige Bezugspreise mit hohen Auflagen möglich machte. Kein Wunder, dass auch dieser Zeitungstyp rasch seine Kritiker fand. Es ging alsbald das Schlagwort von der „farblosen Presse" um, die keine Position beziehe und Neutralität nur vortäusche. Tatsächlich blieben die in der Regel lokalen General-Anzeiger, deren Zahl sich vermehrte und der zum ökonomisch beherrschenden Zeitungstyp um die Jahrhundertwende wurde, keineswegs immer neutral und parteilos. Das lässt sich beispielsweise für den *Berliner Lokal-Anzeiger* des Scherl-Verlags sagen, der immer mehr ins Rechtsnationale abdriftete.

Andere Kritiker drangen darauf, „dem Verderben der schlechten Presse müsse durch Hebung der ‚guten Presse' abgeholfen werden." (Hammer 1868, V) Diese kamen vor allem aus dem katholischen Milieu. Der Autor, der hier zitiert wird, musste 1868 allerdings noch zugestehen, dass Letztere allenfalls als ein „David" neben dem ersteren „Goliath" stehe. Zehn Jahre später sah das schon anders aus. Inzwischen hatten Vertreter der katholischen Kirche, und zwar in erheblichem Umfang Geistliche, die Initiative ergriffen, Zeitungen ins Leben zu rufen, die den eigenen weltanschaulichen Überzeugungen gerecht werden sollten. Schmolke hat vom „raschen Wachstum" der „Kaplanspresse" gesprochen, die sich schließlich bis zu General-Anzeigern auswuchs (1971, 179–200). Damit wollte man nicht nur der politisch liberalen Presse und ihren Angriffen entgegentreten. Man wandte sich vielmehr auch gegen die scheinbar standpunktlose, „farblose" Presse, ein Etikett, das schon früher aufgekommen war, dann aber jahrzehntelang als Kampfbegriff gebraucht wurde (Frizenschaf 1912). Ausgerechnet in dem Jahrzehnt des Kulturkampfs entstanden im Kaiserreich auf katholischer Seite 90 Zeitungsneugründungen, neben mehrheitlich kleinen Blättern auch einige größere. Im Zuge dieses Aufschwungs wurde jedoch eher die moralische Unbedenklichkeit als die journalistische Qualität verbessert.

Immer wieder war das Wolff'sche Telegraphische Bureau wegen seiner Monopolstellung und seiner finanziellen und nachrichtlichen Abhängigkeit von der Reichsregierung kritisiert worden. Zwar gab es kleinere, eher lokale und regionale Nachrichtenbüros, die aber unbedeutend waren und z. T. vom WTB selbst übernommen wurden (Wunderlich 1991). Erst am 1. Juli 1913 entstand mit der Telegraphen-Union (TU) ein zweites großes deutsches Nachrichtenbüro, jetzt aber unter dem Einfluss der Schwerindustrie (Neitemeier 1991). Statt der staatlichen Abhängigkeit bestand hier eine ebensolche von wirtschaftlicher und politischer Art. Eine Nachrichtenagentur als kooperatives Unternehmen der Zeitungspresse, das war damals offenbar noch undenkbar oder nicht zu realisieren.

Nicht einfach zu ändern war auch die Regel der Anonymität in der deutschen Zeitungspresse. Und dies obwohl eine Reihe weiterer Autoren in den Jahren vor und nach der Jahrhundertwende gegen sie anschrieben. Zu ihnen gehörte 1916/17 noch Karl Bücher, der „Vater" der deutschen Zeitungswissenschaft. Er widmete der Anonymität eine umfangreiche Abhandlung, in welcher er ihre Geschichte und ihre Praxis in verschiedenen Ländern darstellte (Bücher 1926a). Bücher hob nochmals die Nachteile der Anonymität hervor und plädierte für eine Reform, ohne aber eine gesetzliche Regelung ins Auge zu fassen. Und noch in der Weimarer Republik sprach der Presserechtler Kurt Häntzschel vom „Recht der Anonymität der Presse" (Häntzschel 1927, 47), trat andererseits aber entschieden für das Institut des „verantwortlichen Redakteurs" ein (Häntzschel 1925). Immerhin hatte Bücher selbst schon festgestellt, dass Zeitungen von sich aus bereits mehr und mehr vom Prinzip der Namenlosigkeit abgingen, was nur im Interesse der Journalisten sei, weil dadurch der persönliche Wettbewerb (auch um höhere Löhne) gefördert werde (Bücher 1926a).

Gegen die von Heinrich Wuttke bemängelten Defizite in der journalistischen Profession richteten sich die um die Jahrhundertwende einsetzenden Bemühungen um eine bessere Journalistenausbildung. Diese gingen einesteils aus Privatinitiativen hervor wie bei dem Journalisten Richard Wrede, der 1899 in Berlin eine Journalistenhochschule gründete (Müller 2005). Andererseits wurden erste akademische Kurse organisiert, so 1897 an der Universität Heidelberg. In institutionell dauerhafter Form wurde die wissenschaftlich fundierte Journalistenausbildung dann bekanntlich von Karl Bücher 1916 mit der Gründung des Instituts für Zeitungskunde an der Universität Leipzig etabliert (vgl. Kutsch 2016).

All diese Maßnahmen und Initiativen brachten den Vorwurf der „Lügenpresse" allerdings nicht zum Verstummen.

4 Erster Weltkrieg

Die Gründung des Leipziger Instituts für Zeitungskunde mitten im Ersten Weltkrieg, obschon seit einiger Zeit vorbereitet, war jedenfalls auch eine Reaktion auf die unter den Kriegsverhältnissen auffällig gewordenen Mängel der deutschen Presse. Karl Bücher selbst hat sich dazu in einem Vortrag im Februar 1915 an der Universität Leipzig geäußert (Bücher 1926b).[3] Bei dieser Gelegenheit hatte er der englischen und französischen Presse einen „langjährigen Lügenfeldzug" (1926b, 303) gegen Deutschland vorgeworfen. Er stand damit im Fahrwasser einer ganzen Welle von Schriften, die ähnliche Anschuldigungen erhoben hatten (vgl. Romberg 1915; Anton 1915/1916; Pacher 1915; Loeb 1918; Schiemann 1919). Mit dem Ausdruck „Lügenfeldzug" wurde dabei erst einmal ausschließlich die ausländische Presse angeklagt. Martin Romberg, ein Pastor in Schwerin, ließ sich 1915 beispielsweise wie folgt vernehmen:

> „In einem schwarzen Meer von Druckerschwärze und Lügen wollte man Deutschlands Siege, seine innere und äußere Macht, seinen guten Namen und jede Liebe, jedes Vertrauen, jedes Wohlwollen zu ihm ersäufen. *Der äußere Verlauf des Krieges ward entstellt, Deutschlands innere Zustände als unhaltbare geschildert, über die Art seiner Kriegführung die empörendsten Verleumdungen verbreitet und ihm die eigentliche Schuld am Kriege zugeschoben.*" (Romberg 1915, 8)

Büchers Vorwürfe waren angesichts der antideutschen Propaganda bei den Ententemächten gewiss nicht unberechtigt. Doch sah er die Leistungen der eigenen Tagespresse „turmartig emporragen über die des feindlichen Blätterwaldes" (1926b, 298). Im Unterschied zu dem zitierten Pastor (und anderen Autoren) sah er aber auch „*Entgleisungen*, die uns hin und wieder auch in der [eigenen] Presse begegnen und die uns oft mehr schaden als ein verlorenes Gefecht." (1926b, 299)

---

3 Obschon Bücher, wie er später sagte, nur „einen leisen Tadel" über die deutsche Tagespresse ausgesprochen hatte, war ihm „die militärische Zensur erschrocken in den Arm gefallen; meine Aeußerungen durften nur mit erheblichen Lücken erscheinen, und es ergoß sich aus den Reihen der Presse eine Flut von Schmähungen und Verunglimpfungen über meine Person, die diese unter die bestverleumdeten Zeitgenossen einzureihen geeignet schien." (1926c, 393) Auch an einer zweiten Ausgabe wurde er gehindert.

Bücher zählte auf, was sich durch den Krieg in den deutschen Zeitungen geändert hatte, wovon er übrigens manches sogar begrüßte: so das Zusammenschmelzen des Annoncenteils, der Schwund an Unglücks- und Verbrechensmeldungen, auch die Abnahme des Sports! Für die Zeit nach der Wiederkehr des Friedens wünschte er sich eine Reform der Presse. Sie sollte auch die Pflicht einschließen, „für die Erziehung eines Journalistenstandes mit öffentlichen Mitteln zu sorgen". (1926b, 306) Auch verlangte er eine andere Haltung im Parteienkampf: „Wir wollen nicht mehr zurückkehren zu dem eiteln Wortgezänk einer Presse, in welcher die Einen die Andern als Vaterlandslose und diese jene als eine einzige reaktionäre Masse beschimpfen." (1926b, 306)

Doch erst als der Erste Weltkrieg zu Ende war, wurde vollends offenbar, wie sehr die deutsche Öffentlichkeit über den Kriegsverlauf getäuscht worden war. Jetzt kehrte sich der Vorwurf der „Lügenpresse" gegen die eigene Tagespresse. Bei Kriegsausbruch war ja die Pressefreiheit suspendiert und die (Militär-)Zensur eingeführt worden. Das hatte auch Karl Bücher für unvermeidlich gehalten. Darüber hinaus hatte das Kriegspresseamt aber eine Lenkung durch Presseanweisungen ausgeübt, die den Journalisten auf Pressekonferenzen erteilt wurden und an die sie sich zu halten hatten (Wilke 2007, 16 – 107).

Wie dies geschah, wurde aber erst nach Kriegsende offengelegt. Ein amtlicher Kriegsberichterstatter namens H. Binder, der im Großen Hauptquartier gearbeitet hatte, offenbarte 1919: *Was wir als Kriegsberichterstatter nicht sagen durften!* (Binder 1919) Und Kurt Mühsam, der in der gleichen Funktion an der Westfront gewesen war, schrieb bereits 1918 ein ganzes Buch *Wie wir belogen wurden. Die amtliche Irreführung des deutschen Volkes.* Er belegte detailliert, „von welchem unheilbringenden Einfluß die gewaltsame Unterdrückung der objektiven Wahrheit für uns alle war, und daß die *Methode des Umschreibens, Verschleierns und Verschweigens* mit daran schuld gewesen ist, das Kriegsende für uns so katastrophal werden zu lassen." (Mühsam 1918, 24) Mühsam verzeichnete zahlreiche Fälle aus dem amtlichen Zensurbuch und aus den amtlichen Presseanweisungen und kam zu dem Schluss:

> „Der Krieg hat für uns ein böses Ende genommen. Das deutsche Volk hätte sich mit dem Gedanken, daß unsere tapferen Soldaten nicht als Sieger heimkehren würden, viel leichter abfinden können, wenn die Zensurbehörde, die sich wie der eiskalte Tod auf Haupt *und* Glieder der öffentlichen Meinung gelegt hatte, nicht über den Wirkungskreis, der ihr kraft der bestehenden Gesetze gezogen war, so weit hinausgegangen wäre. Sie sah, wie ihre Maßnahmen deutlich erkennen lassen, ihre Aufgabe viel weniger darin, den Feind unsere Absichten nicht erkennen zu lassen, als uns selbst zu täuschen." (Mühsam 1918, 184)

5 Ausblick

Mit dem Ende des Ersten Weltkriegs endeten zwar die (Militär-)Zensur und (zunächst) auch das System der amtlichen Presseanweisungen. Aber die Aussichten, dass die Presse in Deutschland eine bessere werden würde, standen schlecht. Das hatte allgemeine und besondere wirtschaftliche Gründe. Wenngleich die Zahl der Zeitungen immer noch groß war und Ende der 1920er Jahre sogar wieder anwuchs (ohne die Vorkriegszahlen zu erreichen), handelte es sich doch großenteils um finanzschwache Blätter, die in Abhängigkeiten unterschiedlicher Art gerieten. Zwar gab es einige Qualitätsblätter, die demokratisch gesinnt waren und der Republik beisprangen, wie das *Berliner Tageblatt* und die *Frankfurter Zeitung*. Aber ein Ende des Parteienkampfs in der Presse, wie Bücher ihn erhofft hatte, trat nicht ein. Im Gegenteil dienten Zeitungen jetzt gerade den extremen Kräften von rechts und links dazu, politische Gegner mit allen möglichen unlauteren Mitteln zu bekämpfen (*Völkischer Beobachter, Rote Fahne*). Dabei lebte auch das Schimpfwort der „Lügenpresse" wieder auf. Der Nazi-Ideologe Alfred Rosenberg gebrauchte es, und Adolf Hitler selbst, der in seiner Schrift *Mein Kampf* der liberalen Presse „Totengräberarbeit am deutschen Volke" vorwarf , sprach von „marxistischen Lügenblättern" (Hitler 2016-I, 643). In diesem Klima konnte der Slogan „Lügenpresse" in München in den 1920er Jahren sogar zum Motiv eines Plakats werden, das hier am Ende dieses Beitrags stehen soll.

Abb. 2: Plakat „Die Lüge" aus der Graphischen Werkstätte Reinhard Schumann (1920er Jahre)

Literatur

Anton, Reinhold: Der Lügenfeldzug unserer Feinde, 5 Bde., Leipzig 1915/16

Basse, Dieter: Wolff's Telegraphisches Bureau 1849–1933. Agenturpublizistik zwischen Politik und Wirtschaft, München u. a. 1991

Binder, H.: Was wir als Kriegsberichterstatter nicht sagen durften! München 1919

Brunöhler, Karl: Die Redakteure der mittleren und größeren Zeitungen im heutigen Reichsgebiet von 1800 bis 1848. Diss. Leipzig 1933

Bücher, Karl: Die Anonymität in den Zeitungen, in: Karl Bücher: Gesammelte Aufsätze zur Zeitungskunde, Tübingen 1926a, S. 107–172

Bücher, Karl: Der Krieg und die Presse, in: Karl Bücher: Gesammelte Aufsätze zur Zeitungskunde, Tübingen 1926b, S. 269–306

Bücher, Karl: Zur Frage der Preßreform, in: Karl Bücher: Gesammelte Aufsätze zur Zeitungskunde, Tübingen 1926c, S. 391–429

Frizenschaf, Johannes: Die Wahrheit über die farblose Presse, Bochum 1912

Groth, Otto: Die Geschichte der deutschen Zeitungswissenschaft. Probleme und Methoden, München 1948

Häntzschel, Kurt: Reichspreßgesetz und die wichtigsten preßrechtlichen Vorschriften des Reichs und der Länder. Kommentar, Berlin 1927

Häntzschel, Kurt: Der verantwortliche Redakteur und die Reform des deutschen Preßrechts, in: Deutsche Presse 15 (1925) Nr. 7, S. 2–4; Nr. 14, S. 1–3; Nr. 19, S. 1–2

Hammer, Philipp: Die Presse, eine Großmacht, oder ein Stück moderner Versimpelung? Würzburg 1868

Henkel, Martin/Taubert, Rolf: Die deutsche Presse 1848–1850. Eine Bibliographie, München u. a. 1986

Hitler, Adolf: Mein Kampf. Eine kritische Edition, hg. v. Christian Hartmann/Thomas Vordermayer/Othmar Plöckinger/Roman Töppel, 2 Bde., München, Berlin 2016

Koszyk, Kurt: Deutsche Presse im 19. Jahrhundert, Berlin 1966 (Geschichte der deutschen Presse II)

Kutsch, Arnulf: Professionalisierung durch akademische Ausbildung: Zu Karl Büchers Konzeption für eine akademische Journalistenausbildung, in: Erik Koenen (Hg.): Die Entdeckung der Kommunikationswissenschaft. 100 Jahre kommunikationswissenschaftliche Fachtradition in Leipzig: Von der Zeitungskunde zur Kommunikations- und Medienwissenschaft, Köln 2016, S. 82–123

Kutsch, Arnulf/Sterling, Friederike/Fröhlich, Robert: Korrespondenzen im Deutschen Kaiserreich und in der Weimarer Republik: Rekonstruktion und sekundärstatistische Analyse eines medialen Sektors, in: Jahrbuch für Kommunikationsgeschichte 13 (2011), S. 154–176

Lassalle, Ferdinand: Die Feste, die Presse und der Frankfurter Abgeordnetentag. Drei Symptome des öffentlichen Geistes, in: Erich Blum (Hg.): Ferdinand Lassalle's politische Reden und Schriften, Erster Band, Leipzig 1899, S. 107–155

Loeb, Moritz: Der papierene Feind. Die Weltpresse als Schürer des Deutschenhasses, Augsburg 1918

[Molitor, Wilhelm]: Die Großmacht der Presse. Ein Wort für unsere Tage aus der mitteleuropäischen Staatengruppe, Regensburg, New York 1866

Mühsam, Kurt: Wie wir belogen wurden. Die amtliche Irreführung des deutschen Volkes, München 1918

Müller, Daniel: Richard Wredes Schule – das ausgeschlagene Erbe. Wissenschaftliche Journalistenausbildung vor 1900, in: Journalistik-Journal 2005, Heft 2 (http://journalistik-journal.lookingintomedia.com/?p=33, 13.11.2017)

[Naumann, Georg]: A. F. Bauer. 1783–1860, Würzburg 1960

Naumann, Georg: Und hundert Jahre gingen ins Land, Würzburg o. J.

Neitemeier, Martin: Die Telegraphen-Union, in: Jürgen Wilke (Hg.): Telegraphenbüros und Nachrichtenagenturen in Deutschland. Untersuchungen zu ihrer Geschichte bis 1949, München, New York, London, Paris 1991, S. 87–134

Noelle-Neumann, Elisabeth: Die Schweigespirale. Öffentliche Meinung – unsere soziale Haut, München, Zürich 1980

Overesch, Manfred: Presse zwischen Lenkung und Freiheit. Preußen und seine offiziöse Zeitung von der Revolution bis zur Reichsgründung (1848 bis 1871/72), Pullach b. München 1974

Pacher, Gustav von: Die Dreiverbandspresse. Ihr Anteil an der Kriegsentfaltung und ein Weg zu ihrer Bekämpfung, Leipzig 1915

Pankratz, Manfred: Retrospektive Pressestatistik für die deutschen Länder vom 17. bis zum 20. Jahrhundert – Eine Übersicht, in: Sozialwissenschaftlicher Fachinformationsdienst (soFid) 2004, Heft 1, S. 7–41

Petersdorff, H. von: Der Einfluß der Presse, in: Lic. L. Weber (Hg.): Geschichte der sittlich-religiösen und socialen Entwicklung Deutschlands in den letzten 35 Jahren, Gütersloh 1895, S. 147–170

Reinemann, Carsten/Fawzi, Nayla: Eine vergebliche Suche nach der Lügenpresse, in: Der Tagesspiegel vom 24.1.2016 (http://www.tagesspiegel.de/politik/analyse-von-langzeitdaten-eine-vergebliche-suche-nach-der-luegenpresse/12870672.html, 25.11.2017)

Requate, Jörg: Gescheiterte Existenzen? Zur Geschichte des Journalistenberufs im 19. Jahrhundert, in: Martin Welke/Jürgen Wilke (Hg.): 400 Jahre Zeitung. Die Entwicklung der Tagespresse im internationalen Vergleich, Bremen 2008, S. 335–354

Requate, Jörg: Journalismus als Beruf. Entstehung und Entwicklung des Journalistenberufs im 19. Jahrhundert. Deutschland im internationalen Vergleich, Göttingen 1995

Roegele, Otto B.: Presse-Reform und Fernseh-Streit. Texte zur Kommunikationspolitik 1832 bis heute, Gütersloh 1965

Romberg, Martin: Der Lügenfeldzug gegen die deutsche Presse, Schwerin 1915

Roscher, Karl: Unsere Zeitungen. Ein politischer Versuch, Zittau und Löbau 1873

Schiemann, Theodor: Wie die Presse unserer Feinde den Krieg vorbereitet und erzwungen hat, Berlin 1919

Schmolke, Michael: Die schlechte Presse. Katholiken und Publizistik zwischen „Katholik" und „Publik", Münster 1971

Schultz, Tanjev/Jackob, Nikolaus/Ziegele, Marc/Quiring, Oliver/Schemer, Christian: Erosion des Vertrauens zwischen Medien und Publikum? Ergebnisse einer repräsentativen Bevölkerungsumfrage, in: Media Perspektiven 2017, Heft 5, S. 246–259

Stegers, Wolfgang: Der Leipziger Literatenverein von 1840, die erste deutsche berufsständische Schriftstellerorganisation, in: Archiv f. Geschichte des Buchwesens 19 (1978), Sp. 225–364

Todte, Mario: Studien zum Geschichtswerk von Heinrich Wuttke (1818–1876), München 2010

Voigt, Isabell: Korrespondenzbüros als Hilfsgewerbe der Presse. Entstehung, Aufgaben und Entwicklung, in: Jürgen Wilke (Hg.): Unter Druck gesetzt. Vier Kapitel deutscher Pressegeschichte, Köln, Weimar, Wien 2002, S. 69–128

Wilke, Jürgen: Grundzüge der Medien- und Kommunikationsgeschichte. Von den Anfängen bis zum 20. Jahrhundert, 2., durchges. u. erg. Aufl., Köln, Weimar, Wien 2008

Wilke, Jürgen: Presseanweisungen im zwanzigsten Jahrhundert. Erster Weltkrieg – Drittes Reich – DDR, Köln, Weimar, Wien 2007

Wilke, Jürgen: Auf dem Wege zur „Großmacht": Die Presse im 19. Jahrhundert, in: Rainer Wimmer (Hg.): Das 19. Jahrhundert. Sprachgeschichtliche Wurzeln des heutigen Deutsch, Berlin, New York 1991, S. 73–94

Wunderlich, Christine: Telegraphische Nachrichtenbüros in Deutschland bis zum Ersten Weltkrieg, in: Jürgen Wilke (Hg.): Telegraphenbüros und Nachrichtenagenturen in Deutschland. Untersuchungen zu ihrer Geschichte bis 1949, München, New York, London, Paris 1991, S. 23–85

Wuttke, Heinrich: Die deutschen Zeitschriften und die Entstehung der öffentlichen Meinung. Ein Beitrag zur Geschichte des Zeitungswesens. 2., bis auf die Gegenwart fortgeführte Aufl., Leipzig 1875a. – 3., mit einem Nachwort versehene Aufl., Leipzig 1875b

Michael Meyen
Die Erfindung der Glaubwürdigkeit

Umfragen zur Medienbewertung in Deutschland seit 1945

In diesem Beitrag geht es um die Meinungsumfragen zum Thema Glaubwürdigkeit der Medien, die nach 1945 von den westlichen Besatzungsmächten (vor allem: von den USA und von Großbritannien) nach Deutschland gebracht und später dann von den öffentlich-rechtlichen Rundfunkanstalten der Bundesrepublik in der Langzeitstudie Massenkommunikation adaptiert wurden. In beiden Verwertungskontexten hatten diese Umfragen das gleiche Ziel: Sie sollten bestimmte Medienstrukturen legitimieren. Zugespitzt formuliert: Es ging in diesen Umfragen nicht darum, die Leistungen des Journalismus oder der Medieneinrichtungen insgesamt zu bewerten und dann möglicherweise zu verbessern. Zielgruppe für die Ergebnisberichte waren vielmehr politische Entscheidungsträger, die einen Nachweis benötigten, dass Demokratisierung und Re-Education bzw. die Rundfunkordnung in Westdeutschland auf einem guten Weg sind. Die ‚Erfindung' des Indikators ‚Glaubwürdigkeit der Medien' hat Folgen bis heute. Die entsprechende Studientradition wird fortgeschrieben, ohne ihre Geschichte zu kennen oder gar zu reflektieren. Dies erklärt die Aufregung (von dem Entsetzen bei niedrigen Werten bis zur Erleichterung bei Trendwenden), die die Ergebnisveröffentlichung verlässlich begleitet.

Dieser Beitrag beleuchtet den Entstehungshintergrund der entsprechenden Forschung in Westdeutschland und zeigt dabei erstens, dass Glaubwürdigkeit kein geeignetes Kriterium ist, um die Leistungen des Journalismus zu bewerten. Er widerspricht damit sowohl den Unkenrufen, die aus Umfragen zu diesem Thema eine Medienkrise ableiten, als auch den Freudenschreien, die regelmäßig zu hören sind, wenn Studien behaupten, dass die Glaubwürdigkeit der Medien (oder einzelner Angebote) angeblich gestiegen oder wenigstens nicht weiter gefallen sei. Wenn eine Glaubwürdigkeitskrise der Medien festgestellt wird, dann ist damit (das ist die zweite These dieses Beitrags) eine Krise des gesellschaftlichen Systems insgesamt gemeint. Journalismus sollte sich deshalb drittens von den Normen Objektivität, Neutralität, Ausgewogenheit und Vollständigkeit lösen und stattdessen den Auftrag Öffentlichkeit akzeptieren. Das heißt: Publizieren, was alle (oder viele) angeht, sowie sagen, woher man das Material hat, wem es nützt und wie man selbst dazu steht (Transparenz).

Um diese Argumentation nachvollziehbar zu machen, skizziert der Beitrag zunächst die Probleme bei der Messung von Urteilen über Medienangebote (Abschnitt 1) sowie das Konzept Glaubwürdigkeit (Abschnitt 2), bevor anschließend

https://doi.org/10.1515/9783110590470-004

die Meinungsumfragen vorgestellt werden, die von den westlichen Besatzungsmächten und den öffentlich-rechtlichen Rundfunkanstalten in Auftrag gegeben
wurden (Abschnitte 4 bis 6). Um die Ergebnisse dieser Umfragen einordnen zu
können, wird außerdem der Kontext beschrieben, in dem diese Art der Sozialforschung in Westdeutschland implementiert wurde (Abschnitt 3).

Um nicht falsch verstanden zu werden: Wenn im Schlussabschnitt dazu geraten wird, auf Umfragen zur Glaubwürdigkeit von Medienangeboten zu ver-
zichten und die Qualität von journalistischer Arbeit auf andere Weise zu bestimmen, dann heißt dies nicht, dass Journalisten einfach nacherzählen sollen,
was sie in Politik und Wirtschaft hören, und auch nicht, dass egal ist, was berichtet wird. Kritik und Kontrolle, öffentlich machen, was alle wissen müssen,
Transparenz: Qualität ist messbar, auch im Journalismus – allerdings nicht über
Umfragen, in denen es um Glaubwürdigkeit geht. Was solche Studien messen, ist
ein Artefakt. Wer die Menschen fragt, ob sie den Medien glauben oder ihnen gar
vertrauen, bekommt das, was er verdient: eine Antwort, die allenfalls die Zufriedenheit mit dem gesellschaftlichen System insgesamt ausdrückt und im Zweifel
vor allem denen hilft, die die Studie bezahlen.

1 Urteile über Medienangebote

Glaubwürdigkeit ist keine Eigenschaft, die Texte, Personen oder Institutionen von
vornherein haben, sondern das Ergebnis einer Zuschreibung. Glaubwürdigkeit
entsteht während eines Prozesses, bei dem der Rezipient oder die Rezipientin eine
Person oder einen Inhalt, eine Quelle oder einen anderen Sachverhalt überprüft
und einschätzt (Meyen 2004, 234). Wie bei allen entsprechenden Bewertungen
handelt es sich um ein Urteil darüber, wie angenehm oder unangenehm, nützlich
oder schädlich, wertvoll oder wertlos etwas ist (Herkner 1992, 217–218). Solche
Urteile sind persönlich und subjektiv. Ein Objekt, das für den einen Menschen
sehr angenehm ist, kann für einen anderen vollkommen uninteressant sein. Wie
die meisten Objekte haben Nachrichtensendungen wie etwa das *heute journal*
verschiedene Eigenschaften: Sie sind zu kurz oder zu lang, hektisch oder lang-
weilig, ästhetisch ansprechend oder old fashioned – eine Liste, die jeder nach
Belieben ergänzen und korrigieren kann. Ein Urteil über Personen, Sachverhalte
und Gegenstände setzt sich aus mindestens zwei Komponenten zusammen: aus
den Kriterien, nach denen das Objekt wahrgenommen wird, und aus den Bezugspunkten – aus jenen Aspekten und Bestandteilen, auf die die Kriterien an-
gewendet werden (Scheufele 1999, 70).

Bewertungen schwanken und sind schon deshalb nicht konstant, weil sie
vom Kontext abhängen und weil nicht immer alle Eigenschaften eines Objekts

gleichzeitig bedacht werden. Wer gerade mit seinem Partner zufrieden ist, wird gnädiger sein, und wenn mir Claus Kleber gestern ein Autogramm gegeben hat, freue ich mich heute auf sein Gesicht. Außerdem besteht zwischen Bewertungen und Entscheidungen kein starrer Zusammenhang, sondern lediglich eine Wahrscheinlichkeitsbeziehung. Normalerweise wählen wir zwar unsere Lieblingssendung, manchmal aber darf es auch etwas Abwechslung sein (Herkner 1992, 223–227). Gerade im Alltag sind die Entscheidungen außerdem oft längst gefallen: Man macht das, was man immer macht. Vielleicht gibt es inzwischen bessere Sendungen als das *heute journal*, aber lohnt der Unterschied wirklich das Umschalten?

Wie werden Medien wahrgenommen? Und vor allem: Was wird überhaupt bewertet? Werner Wirth (1999, 55–56) hat eine Typologie der Bezugsobjekte vorgeschlagen:

- Personen: Moderatoren, Sprecher, Reporter, Redakteure, Kommentatoren auf der einen Seite (Personen, die für den Inhalt verantwortlich sind), Experten, Politiker, Amtspersonen und Augenzeugen auf der anderen (Personen, die in den Medien auftreten oder erwähnt werden);
- Medieninhalte: Genres (Nachrichten und Magazinsendungen, Pressekommentare und Vermischtes), Sendereihen (Tagesschau, Tatort, ran), Einzelsendungen und einzelne Beiträge;
- Mediensysteme: Medienunternehmen (Burda, Springer, Kirch), einzelne Medienprodukte (Sat.1, ZDF, Frankfurter Allgemeine, Bild-Zeitung, Stern) und Organisationsformen (öffentlich-rechtliche Fernsehsender);
- Mediengattungen: Fernsehen, Hörfunk, Tageszeitung, Zeitschrift, Internet.

Woran denken Mediennutzer, wenn sie um eine Meinung über ‚die Presse' gebeten werden? An ihren Lieblingsschreiber oder an den Sportteil, an die Heimatzeitung, an *Bild* oder an die Blätter, die sie vom Frisör kennen, an die Gewinne einiger Verlagshäuser, an den ‚Zusatznutzen' (Packpapier) oder an die Probleme, die sie vielleicht mit dem Lesen im Allgemeinen haben? Auch wenn es der Quadratur des Kreises gleicht, die Bewertung von Mediengattungen zu messen, konzentriert sich die Forschung gerade auf diesen Bereich.

Fast noch schwieriger als die Frage nach den Bezugspunkten scheint die nach den Bewertungskriterien. Die Verarbeitung neuer Eindrücke wird vom kognitiven System des Menschen mitbestimmt. Die Umwelt ist viel zu komplex, um komplett wahrgenommen zu werden (Brosius 1991; Lippmann 2018). Deshalb aktiviert der Mensch bestimmte Interpretationsmuster, so genannte Schemata oder Frames – das, was an Wissen und Erfahrungen bereits gespeichert ist. Diese Informationen stehen nicht unverbunden nebeneinander, sondern sind miteinander vernetzt und eingebettet in eine „kognitive Landkarte". Schemata steuern die Aufmerksamkeit, werten die Umweltsignale aus, verbinden sie mit dem Speicher und verändern diesen möglicherweise (Schulz 2000, 155).

Für die Bewertung von Umfragen zur Glaubwürdigkeit der Medien hat das vier Konsequenzen. Das Urteil hängt erstens vom Bezugsrahmen ab. Wer an Fehler oder Einseitigkeiten in der Russland-Berichterstattung denkt (vgl. Gordeeva 2017), bewertet das Fernsehen anders als jemand, der der jüngsten Preisträgerin für kritischen TV-Journalismus gegenübersteht. Menschen urteilen zweitens in der Regel unvollständig: Sie ziehen das heran, was im Moment der Urteilsbildung verfügbar, besonders auffällig oder gewissermaßen noch ‚frisch‘ ist. Ein Urteil über ‚das Fernsehen‘ wird vermutlich überdurchschnittlich stark von der Sendung beeinflusst, die man zuletzt gesehen hat. Einzelne Bewertungskriterien (wie etwa Glaubwürdigkeit) lassen sich drittens nicht von anderen Image-Schemata trennen. Der Image-Begriff hat vor allem in der Wirtschaftswissenschaft Karriere gemacht und steht dort als Kürzel für die psychologischen Einflüsse auf den Markt. Image soll hier verstanden werden als das „abstrahierende, teils unbewusste und nicht immer in Worte zu fassende Bild“, das Menschen von einem Objekt haben und das sie für wahr halten. Ein Urteil über die RTL-Nachrichten wird stets von Faktoren mitbestimmt, die mit Glaubwürdigkeit wenig zu tun haben (vgl. Scheufele 1999, 71–73). Und viertens beeinflussen Images die Erwartungen und werden außerdem auf die Bereiche übertragen, die man nicht aus eigener Erfahrung kennt (Wirth 1999, 56). Selbst wer die RTL-Nachrichten nie sieht, hat in der Regel ein ‚Bild‘ von dieser Sendung, das sich entweder aus seinem Wissen über RTL oder das Fernsehen überhaupt speist oder aus anderen Quellen (Medien, soziale Netzwerke).

Was alles zum Image von Medienpersonen und Medieninhalten, Mediensystemen und Mediengattungen gehört, ist unklar. In entsprechenden Studien werden oft einfach die Indikatoren abgefragt, die die Forscher in der Literatur oder beim Brainstorming gefunden haben und manchmal auch die, die ihren Interessen am besten entsprechen (vgl. Meyen 2004, 224). Ergebnis sind die Bewertungen, die in den Fragebogen hineingeschrieben wurden und die den Mediennutzern (den Befragten) akzeptabel erscheinen.

2 Das Konzept Glaubwürdigkeit

Die Definitionen von Glaubwürdigkeit, die die Medienforscher nutzen, stammen aus der Psychologie – aus einer akademischen Disziplin, in der es um unser Erleben und Verhalten geht, um unsere Persönlichkeitsmerkmale und um die Situationen, in denen wir uns bewegen. Von wem lasse ich mich überzeugen? Wem kaufe ich ein Auto ab? Wie müssen diese Menschen aussehen, was sollten sie anhaben, wie sprechen? Die frühe Propagandaforschung hat das getestet und mit dieser Idee ihre Nachfolger an den Universitäten infiziert.

Der Psychologe Günter Köhnken (1990, 1) etwa meinte, dass sich die Frage nach der Glaubwürdigkeit immer dann stelle, wenn eine Information entscheidungs- oder handlungsrelevant werde, die uns nicht aus eigener Wahrnehmung bekannt sei. Damit ist das Legitimationsproblem der Massendemokratien angesprochen. Um seine Aufgabe im politischen Prozess erfüllen zu können, ist der Wahl-Bürger auf Informationen angewiesen, die meisten Informationen aber stammen aus ,zweiter Hand', aus den Medien. Günter Bentele (1988, 408) hat Glaubwürdigkeit als „eine Art Filter im Prozess des Wissenserwerbs" gesehen und zwei Bedingungen dafür genannt, dass Personen oder Institutionen für glaubwürdig gehalten werden können: Der Kommunikationspartner müsse erstens darauf vertrauen können, dass die Aussagen wahr sind und die jeweiligen Ereignisse adäquat beschreiben. Dieses Vertrauen werde durch Status, Sachverstand und Interessenunabhängigkeit unterstützt. Zweitens habe das kommunikative Verhalten „stimmig" zu sein. Da sich Glaubwürdigkeit erst im Zeitverlauf einstelle und leicht verspielt werden könne, gelte es, Widersprüche innerhalb einzelner Texte, zwischen verschiedenen Texten im Zeitverlauf sowie zwischen nonverbalem und verbalem Bereich zu vermeiden. Bentele hat vermutet, dass die Glaubwürdigkeit eine wichtige Rolle bei der Entscheidung spielt, welchen Medien und welchen Bereichen der Berichterstattung man sich zuwendet und wie man Medien überhaupt nutzt.

Nur: Bei öffentlicher Kommunikation über Massenmedien geht es keineswegs immer darum, Botschaften „als zutreffend zu akzeptieren und bis zu einem gewissen Grad in das eigene Meinungs- und Einstellungsspektrum zu übernehmen" (Wirth 1999, 55). Ich muss Claus Kleber kein Auto abkaufen. Ich muss nicht einmal entscheiden, ob ich mit ihm ein Bier trinken möchte.

Um dies nachvollziehen zu können, sei ein Blick in die Systemtheorie erlaubt. Bei Niklas Luhmann (1996) besteht Kommunikation aus drei Selektionen. Etwas wird ausgewählt und anderes nicht (Information). Was ausgewählt wurde, kann so dargestellt werden oder anders (Mitteilung). Und der Empfänger weiß beides: Mir wird nicht alles mitgeteilt und das hätte auch ganz anders aussehen können (Verstehen). Information, Mitteilung, Verstehen: Immer steht die Frage nach der Glaubwürdigkeit.

Bei den Massenmedien allerdings schließt Luhmann Interaktionen unter Anwesenden per Definition aus. Dieses System füllt bei ihm das Gedächtnis der Gesellschaft. Massenmedien liefern das, was ich bei jedem Gespräch als bekannt voraussetzen kann, woran ich anknüpfen kann, weil ich weiß, dass der andere den Inhalt auch kennt oder nicht ohne Reputationsverlust zugeben kann, dass er ihn nicht kennt. Wenn wir Zeitung lesen oder fernsehen, beobachten wir, welche

Informationen die anderen haben, weil wir annehmen, dass diese Informationen ihr Handeln bestimmen, ihre Einstellungen, ihre Gefühle.

Mediennutzung ist Beobachtung. Wer die *Süddeutsche Zeitung* liest, die *Frankfurter Allgemeine* oder die *Bild*-Zeitung, der will nicht nur wissen, „was Präsidenten und Professoren wissen, denen er unterstellt, dass sie dieselbe Zeitung lesen" (Schulz 2016, 43 – 44). Man will nicht nur mitreden können und die Blamage vermeiden, irgendwas nicht mitbekommen zu haben (vgl. Luhmann 1996). Wer Zeitung liest, die *Tagesschau* sieht oder gar das *heute journal*, der will auch wissen, was die Mächtigen uns gerade wissen lassen wollen und wie wir das zu deuten haben, was dort behandelt wird. Medien liefern Orientierung – in allen Gesellschaften. Nachrichtenmedien erlauben uns zu beobachten, was einflussreiche Gruppen für wichtig halten, und reproduzieren so die Ordnung, Tag für Tag. Ob wir das, was wir dort zu lesen, zu hören oder zu sehen bekommen, für ‚glaubwürdig' halten, spielt dabei keine Rolle. Die Medienrealität ist eine Realität erster Ordnung (genau wie das Gerät vor mir und der Baum da draußen). Diese Realität muss man kennen, um handeln zu können, um ernst genommen zu werden, um reagieren zu können, wenn etwas passiert, was einen wirklich betrifft. Günter Bentele hätte das schon in den 1980er Jahren wissen können. Die Menschen, die er damals befragte, haben weder die *Bild*-Zeitung für glaubwürdig gehalten noch die Berliner *B.Z.* Gekauft wurden diese Blätter trotzdem (Bentele 1988, 407 und 420 – 421).

3 Umfragen zur Medienbewertung in der Nachkriegszeit

Die Idee, die Glaubwürdigkeit von Medienangeboten zu untersuchen, ist ein Geschenk der US-Amerikaner. Nach dem Zweiten Weltkrieg haben die Besatzer nirgendwo so stark eingegriffen wie bei den Medien: Rundfunk und Presse sollten neue Menschen aus den Westdeutschen machen. Demokraten statt Nationalsozialisten. Um den Erfolg zu beweisen, wurde mit einem (zumindest in Deutschland) neuen sozialwissenschaftlichen Instrument gearbeitet – mit Meinungsumfragen. Alle drei westlichen Besatzungsmächte richteten Dienstbereiche ein, die solche Umfragen veranstalteten (vgl. Meyen 2001, 51 – 55). Inhaltliche Schwerpunkte waren die Besatzungspolitik und ihre Folgen für die Lage der Bevölkerung, die internationale Entwicklung (Stichwort: Kalter Krieg) und die Demokratisierungspolitik. Dass hierbei die Nutzung und die Bewertung der Medien eine besondere Rolle spielten, liegt auf der Hand: Wer sonst sollte die Umorientierung vorantreiben, wenn nicht die von den Militärregierungen lizenzierten oder die von ihnen betriebenen publizistischen Mittel (vgl. Kutsch 1995)? Die erste US-Umfrage lief noch vor Kriegsende in Hessen. Thema: das Hören ausländischer Rundfunkstationen während des Krieges.

Bis 1949 veranstaltete die Opinion Surveys Section der US-Militärregierung dann 72 Umfragen (Merritt/Merritt 1970). Schon 1945 waren Deutsche als Interviewer eingestellt worden. Die britischen und französischen Behörden brauchten nicht nur länger (bis Ende 1946), um etwas Vergleichbares in Gang zu bringen, sondern beendeten die Umfragetätigkeit auch eher (Kutsch 1995, 419). Nach der Besatzungszeit forschten nur die US-Amerikaner weiter (vgl. Fischer/Bauske 1984). Die entsprechende Abteilung war zunächst dem Hohen Kommissar unterstellt und ab 1955 dann der Botschaft. Untersuchungsgegenstände waren nun vor allem der Ost-West-Konflikt sowie die eigene Öffentlichkeitsarbeit und damit weiterhin Mediennutzung und Medienbewertung.

Die US-Amerikaner haben ihren Einsatz für die Meinungsforschung in Deutschland stets auch ideologisch begründet: Man brauche ein Bollwerk gegen die Rückkehr des Totalitarismus. Wer seine Meinung äußern könne und andere Meinungen kenne, sei widerstandsfähiger gegen Diktaturen (Riegel 1950, 4). Die Umfragen waren also selbst Teil der Demokratisierungspolitik. Die US-Amerikaner schickten folgerichtig Experten in die deutschen Institute, förderten die Fachkommunikation und halfen bei der Gründung des Deutschen Instituts für Volksumfragen (DIVO). Dieses Institut verdankte seine Existenz der Angst vor dem sogenannten „sponsorship effect" (Crespi 1950). Die US-Amerikaner hatten 1950 getestet, ob die Menschen anders antworten, wenn kein US-Name im Kopf des Fragebogens stand, sondern ein deutscher. Zwar gab es nur bei wenigen Fragen Unterschiede, das reichte aber, um sechs deutsche Chef-Interviewer in die Selbständigkeit zu entlassen. DIVO übernahm fortan nicht nur bei allen US-Umfragen die Feldarbeit, sondern auch das Auswahlverfahren (Random) der US-Dienststelle. Die Stichprobe wurde aus den Lebensmittelkarteien gezogen, die in den Nachkriegsjahren schon wegen des Hungers vollständig war. 1953 wurde das Auswahlverfahren dann verfeinert. Basis war jetzt die Einwohnermeldekartei (Meyen 2001, 53).

4 Medienglaubwürdigkeit im ersten Nachkriegsjahrzehnt

Die US-Amerikaner haben das Image der Medien im Nachkriegsdeutschland mit einem sehr allgemeinen Indikator gemessen. Sie fragten regelmäßig, ob man den Nachrichten jetzt eher vertrauen könne als während des Krieges. Zwar ist es problematisch, die Befunde nebeneinanderzustellen (vgl. Tabelle 1), da die Ergebnisse bis 1949 nur für die US-Zone gelten und danach außerdem die Frage etwas anders formuliert wurde, die Zeitreihe liefert aber einen plausiblen Trend (vgl. Meyen 2001, 239): Die Glaubwürdigkeit der Medienangebote ist während der Besatzungszeit kontinuierlich gefallen. Der Ruf der Westmächte litt durch die katastrophale Ernährungslage und andere Versorgungsengpässe, von der Demütigung durch die militärische Niederlage und vom Einmarsch fremder Truppen ganz zu schweigen. Nach dem harten Winter 1946/47 sank die Stimmung auf einen Tiefpunkt.

Tabelle 1: Glaubwürdiger als im „Dritten Reich"?

	1/47	5/47	1/48	2/48	1/49	2/52	5/55
Mehr	74	57	47	42	53	55	56
Weniger	4	5	4	4	4	1	2
Genauso schlecht	–	–	–	31	25	17	9
Genauso gut	–	–	–	6	6	4	8
Keine Meinung	22	38	49	17	12	23	25
	100	100	100	100	100	100	100

OMGUS, 1947–1949, US-Zone: Does the news today appear to you more trustworthy, or less trustworthy, than the published during the war?
DIVO, 1952–1955, BRD: Do you believe that what the newspapers today report about important daily questions is more true to the facts or less true to the facts than during the Third Reich? Angaben jeweils in Prozent.
Details zu den Quellen: Meyen (2001, 239).

Alarmiert durch die hohe Zahl von Antwortverweigerern änderten die US-Amerikaner Anfang 1948 die Kategorienvorgabe für den Glaubwürdigkeitsvergleich mit den Nationalsozialisten. Nun zeigte sich das ganze Ausmaß des Misstrauens: Über ein Drittel der Befragten sah keinen Unterschied zur Hitlerzeit. Dass die Bewertung der Besatzungsmächte und der Medienangebote zusammenhängen, ist auch deshalb wahrscheinlich, weil Mitte 1947 sowohl in der US-Zone als auch in Niedersachsen (britische Zone) jeweils 60 Prozent der Bevölkerung von einer Pressezensur ausgingen (Meyen 2001, 239–240).

Die Zeitreihe in Tabelle 1 untertreibt den Glaubwürdigkeitsgewinn in den 1950er Jahren noch, da die Medienangebote in der britischen Zone weit schlechter beurteilt worden waren als in der US-amerikanischen (Meyen 2001, 240). Der Imageverlust der Inselmacht war besonders groß (vgl. Kutsch 1995, 427), ihre Wirtschaftsstruktur machte die britische Zone anfälliger für das Hauptproblem der Nachkriegsjahre, den Hunger, und außerdem hatten die Briten eine zentrale

Rundfunkstation für die gesamte Zone eingerichtet (in Hamburg) und zunächst nur Parteizeitungen lizensiert. Die Radiohörer aber wünschten Lokalstationen und die Zeitungsleser überparteiliche Blätter (Meyen 2001, 240). Das Mediensystem in der US-Zone (vier Hörfunksender, Gruppenzeitungen) kam dem entgegen.

Um dies noch einmal deutlich herauszustellen: Die Schwankungen im Urteil zur Glaubwürdigkeit der Medienangebote und vor allem der dramatische Verfall im Laufe des Jahres 1947 können nichts mit der Qualität des Journalismus zu tun haben. Die Ergebnisse spiegeln vor allem die Versorgungslage und das Urteil der Menschen über die Arbeit der Besatzungsmächte. Würde die Zeitreihe in Tabelle 1 nicht nur bis Mitte 1955 gehen, könnte man umgekehrt noch besser sehen, was Wirtschaftswunder und Glaubwürdigkeit der Medien miteinander zu tun haben. Der Soziologe Erwin K. Scheuch (1992) hat die ersten beiden Nachkriegsjahrzehnte nach einem Blick in die gleichen Umfrage-Berichte in drei Phasen eingeteilt. Bis 1949 beobachtete er einen Zerfall in Lokalwelten und danach einige Jahre des Wiederaufbaus bei mäßiger Zustimmung. Erst nach 1953 sei die Akzeptanz gewachsen und 1963 schließlich perfekt gewesen. „Wohlstand macht freundlich" (Scheuch 1992, 23, 25). Die Umfragen der US-Amerikaner zur Glaubwürdigkeit der Medien lassen diesen Wandel ahnen. Der Anteil derer, die die Presse „genauso schlecht" fanden wie im „Dritten Reich", sank kontinuierlich.

Der Blick in die Geschichte zeigt zweierlei: Zum einen messe ich eher die Zustimmung zu den Verhältnissen, wenn ich die Menschen nach der Glaubwürdigkeit von Medien frage (vgl. Kutsch 1995). Und zum anderen steht dieser Indikator für das Gelingen der Demokratie – impliziert durch den Vergleich mit dem Nationalsozialismus. Dieser Link wirkt bis heute und erklärt die Unruhe, die immer dann ausbricht, wenn Umfragen einen Glaubwürdigkeitsverlust der Medien feststellen.

5 Umfragen zur relativen Glaubwürdigkeit von Medienangeboten

Um das bisher Gesagte zusammenzufassen: Wer in repräsentativen Bevölkerungsumfragen nach der Glaubwürdigkeit von Medienangeboten fragt (egal ob auf Gattungsebene oder für einzelne Zeitungen oder Rundfunkanstalten), misst erstens lediglich die Zufriedenheit im Allgemeinen. Glaubwürdigkeit lässt sich nicht von anderen Imagedimensionen trennen. Zweitens bringt der Entstehungskontext dieser Art von Forschung mit sich, dass die Befunde zu einem Maßstab für die (jeweils gegenwärtige) Qualität der Demokratie gemacht werden.

Die US-Amerikaner haben den Westdeutschen aber noch ein drittes Problem vererbt: die Frage nach der relativen Glaubwürdigkeit – konstruiert für den mehr als unwahrscheinlichen Fall, dass das Fernsehen anders berichtet als die Zeitung (Tabelle 2; vgl. Meyen 2001, 242).

Vielleicht wären die Befunde zur Glaubwürdigkeit der Medien im Vergleich mit dem „Dritten Reich" (Tabelle 1) etwas freundlicher ausgefallen, wenn 1952 und 1955 nicht ausdrücklich nach Zeitungsberichten gefragt worden wäre. Die Untersuchungen zur relativen Glaubwürdigkeit von Medienangeboten aus dem gleichen Zeitraum deuten darauf hin, dass die Westdeutschen den Rundfunk (und später dann das Fernsehen) weit besser bewerteten als die Presse. Gefragt wurde jeweils, welchem Medium man bei widersprüchlichen Berichten vertrauen würde (Tabelle 2).

Tabelle 2: Glaubwürdigkeit im Zweifelsfall

	1946	1955	1962	1964	1968
Hörfunk	43	57	30	26	13
Zeitung	27	10	17	14	14
Illustrierte	–	–	1	1	1
Fernsehen	–	–	23	43	50
Keine Meinung	30	33	29	20	22
	100	100	100	104	100

Opinion Surveys (1946), DIVO (1955), Emnid. US-Zone (1946), BRD (1962: mit Westberlin). Bevölkerung über 18 Jahre (Emnid: 16). Angaben in Prozent.
Fragen: Which presents the news more accurately (1946)?
If the radio news differ from what your newspaper reports, which would you be more apt to believe (1955)?
Wenn Sie einander widersprechende Nachrichten oder Berichte über dieselben Ereignisse aus diesen vier Quellen erhalten, wem würden Sie am ehesten Glauben schenken?
Details zu den Quellen: Meyen (2001, 242).

Allerdings sind die entsprechenden Ergebnisse auch hier mit Vorsicht aufzunehmen. Zum einen deutet der hohe Anteil an Antwortverweigerern darauf hin, dass viele Befragte mit dem Thema nichts anfangen konnten und die Frage möglicherweise zu schwierig war. Zum anderen ist unklar, was die Menschen zum Beispiel unter ‚Zeitung' verstanden haben: die jeweilige Regionalzeitung, die *Frankfurter Allgemeine*, *Bild* oder das Kirchenblatt? Ähnliches gilt für die Zeitschriften. Dass jemand den *Stern* mit der gleichen Erwartung liest wie die *Neue Post*, ist jedenfalls nicht anzunehmen. Die Begriffe ‚Zeitung' und ‚Illustrierte' sind auch deshalb problematisch, weil sich die Gattungsbegriffe der Wissenschaft nicht mit dem Alltagsverständnis decken. Gefragt wurde außerdem ganz allgemein nach ‚Nachrichten'. Hat die Zeitungsleserin dabei auch an den Lokalteil, an die örtlichen Geschäftsinserate und die Todesanzeigen gedacht – an das, was sie von ihrem Blatt in erster Linie erwartet? Da der Glaubwürdigkeitsgewinn des Fernsehens parallel zur steigenden Teilnehmerzahl verläuft, ist anzunehmen, dass der Indikator „Glaubwürdigkeit im Zweifelsfall" lediglich ein allgemeines Urteil über die Unterhaltungsqualität der Medien spiegelt.

Zusammengefasst: Das Medium, das die Bedürfnisse der großen Mehrheit, Unterhaltung und Überblickswissen (vgl. Meyen 2004), am besten erfüllt, steht an der Spitze der Rangreihe, sobald es genügend Menschen erreicht. Das Radio und die Zeitung sind nicht plötzlich unglaubwürdiger geworden und die Journalistinnen und Journalisten in Print- und Hörfunkredaktionen plötzlich schlechter. Die Menschen können mit der Frage nichts anfangen und urteilen mit ganz anderen Kriterien als Glaubwürdigkeit. Der öffentlich-rechtliche Rundfunk hat dieses Prinzip (Vergleich auf der Ebene Mediengattung) trotzdem übernommen, um die Überlegenheit des gebührenfinanzierten Fernsehens erst gegenüber der Verlegerpresse und dann gegenüber der kommerziellen Konkurrenz ‚beweisen' zu können (vgl. Tabelle 3).

Tabelle 3: Beliebtestes Medium

	1974	1985	1995	2000
Fernsehen	57	47	54	45
Hörfunk	25	31	27	32
Tageszeitung	17	20	17	16
Internet	–	–	–	6
Keine Meinung	1	2	2	1
	100	100	100	100

Langzeitstudie Massenkommunikation. Bevölkerung ab 14 Jahren. Befragte, die mehr als ein Medium mindestens mehrmals im Monat nutzen. Angaben in Prozent.
Frage (2000): Angenommen, Sie könnten nur noch eines haben – ich meine, entweder Fernsehen, Radio, Zeitung oder Internet. Was würden Sie am liebsten behalten? In den anderen Wellen: leicht abweichende Formulierungen.
Quellen: Berg/Ridder (2002, 192); Meyen (2004, 228).

Was wurde in jener Zeit nicht alles an Gründen genannt für die Dominanz des Fernsehens in solchen Umfragen: die Visualität des Mediums und Parallelen zur menschlichen Wahrnehmung (Fernsehen als „natural way of seeing the world"), ein Grundbedürfnis nach „Fern-Sehen", nach dem Erspähen von Bedrohungen am Horizont, und der quasi-offiziöse Charakter öffentlich-rechtlicher Nachrichten

(Bentele 1988, 414; Halff 1998, 129). Die Befunde in Deutschland unterscheiden sich jedoch kaum von denen aus den USA (Meyen 2004, 237). Auch hier gilt: Vergleiche auf der Gattungsebene produzieren ebenso wie die Beschränkung auf einzelne Imagedimensionen lediglich ein allgemeines Urteil über die (Unterhaltungs-)Qualität der jeweiligen Angebote.

6 Absolute Glaubwürdigkeit

Glaubwürdigkeitsforschung ist Legitimationsforschung. Das war bei den Besatzern aus den USA so (Lizenzmedien) und in der Zeit des öffentlich-rechtlichen Monopols (Rundfunk) und hat sich seitdem nicht geändert. Gut studieren lässt sich das bei einem Blick in die Geschichte der kommerziellen Medienforschung im Westen Deutschlands (vgl. Meyen 2001, 43 – 86). Untersucht wurde nur, was auf dem Werbemarkt helfen konnte oder bei den Entscheidungsträgern in der Politik. In den ersten beiden Nachkriegsjahrzehnten gab es jenseits der Besatzer-Interessen keinen Markt für Intermedia-Vergleiche. Hörfunk, Tagespresse und Zeitschriften waren nur indirekt Konkurrenten und profitierten außerdem durch die Bank vom Wirtschaftswunder, das Anzeigenaufkommen und Gebühreneinnahmen in die Höhe schnellen ließ.

Erst das Fernsehen veränderte die Wettbewerbslage. Steigende Reichweite, ein zweites Programm und die Ausweitung der Werbezeit auf 20 Minuten am Tag im Jahr 1962 (vgl. Bausch 1980, 529 und 534) brachten das Thema Medienkonkurrenz Anfang der 1960er Jahre auf die Tagesordnung und führten nicht nur zu den Emnid-Studien, die in Tabelle 2 dokumentiert sind, sondern auch zur ersten Ausgabe der Studie Massenkommunikation der ARD im Jahr 1964 – ein medienpolitisches Instrument, das seitdem etwa alle fünf Jahre neu aufgelegt (jetzt als Langzeitstudie Massenkommunikation) und inzwischen von ARD und ZDF finanziert wird. Entstehungshintergrund war eine öffentliche Debatte über den Werbemarkt. Die Verleger fürchteten, dass das Fernsehen die Zeitung verdrängen oder ihr zumindest Marktanteile streitig machen könnte, und forderten Wettbewerbsbeschränkungen – die Geburtsstunde der Langzeitstudie Massenkommunikation. Dem Stand der Kommunikationsforschung entsprechend, stand die Vermittlung politischer Nachrichten im Zentrum dieser Untersuchung. Um die Einstellungen zu den tagesaktuellen Medien zu messen, wurden den Befragten vierzehn Statements vorgelegt. Zwölf davon bezogen sich auf den Informationsbereich und lediglich zwei auf die Unterhaltung (Meyen 2001, 31). Ab der zweiten Auflage hat diese Studie auch versucht, die „absolute Glaubwürdigkeit" von Medienangeboten zu messen. Hierfür standen bis 1995 zwei Indikatoren:

- ein Statement („berichtet wahrheitsgetreu und gibt die Dinge immer so wieder, wie sie wirklich sind") mit einer dreistufigen Skala (trifft zu, trifft teilweise zu, trifft überhaupt nicht zu; Tabelle 4) und
- eine zehnteilige Objektivitätsskala, auf der die Mediengattungen zwischen 1 („überhaupt nicht objektiv") und 10 („vollkommen objektiv") verortet werden sollten (Tabelle 5).

Tabelle 4: Wahrheitstreue

	1970	1985	1995
Fernsehen	47	27	20
Hörfunk	45	25	19
Tageszeitung	32	18	20

ARD/ZDF: Langzeitstudie Massenkommunikation. Basis: Weitestes Publikum.
Frage (Beispiel): Ich habe hier Kärtchen mit verschiedenen Sätzen über Tageszeitungen. Bitte sagen Sie mir zu jedem Satz, ob er Ihrer Meinung nach für die Tageszeitungen zutrifft, nur teilweise zutrifft oder überhaupt nicht zutrifft. Hier: „berichtet wahrheitsgetreu und gibt die Dinge immer so wieder, wie sie wirklich sind" – trifft zu. Angaben in Prozent.
Quelle: Berg/Kiefer (1996, 252).

Tabelle 5: Objektivität

	1970	1985	1995
Fernsehen	51	33	20
Hörfunk	41	24	15
Tageszeitung	31	17	15

ARD/ZDF: Langzeitstudie Massenkommunikation. Basis: Weitestes Publikum.
Frage: Bitte sagen Sie mir jetzt zu jeder dieser Informationsquellen, für wie objektiv Sie sie halten. Benutzen Sie dazu bitte die auf der Liste eingezeichnete Skala von 1 bis 10. Dabei bedeutet 10 „Ich halte diese Informationsquelle für vollkommen objektiv". 1 bedeutet „Ich halte diese Informationsquelle für überhaupt nicht objektiv". Hier: Skalenpunkte 9 und 10. Angaben in Prozent.
Quelle: Berg/Kiefer (1996, 252).

Beide Indikatoren zeigen einen dramatischen Glaubwürdigkeitsverlust der Funkmedien (schon damals, lange vor Facebook, Twitter, Verschwörungstheorien und den Debatten um Lügenpresse, Fake News oder Hate Speech) – vor allem beim Fernsehen (Tabellen 4 und 5). Und beide Indikatoren lassen Zweifel an der Funktionsfähigkeit der Medien in Sachen Politikvermittlung aufkommen. Was ist das für eine Mediendemokratie, in der nicht einmal jeder fünfte Bürger Fernsehen, Hörfunk und Tagespresse Objektivität zubilligt?

Medienschelte war allerdings schon damals nicht angebracht (Meyen 2004, 240). Die Indikatoren der Langzeitstudie Massenkommunikation zeichnen fast zwangsläufig ein düsteres Bild. Dass der Bezugspunkt Mediengattung ebenso problematisch ist wie die Konzentration auf eine einzige Image-Dimension wie Glaubwürdigkeit, wurde bereits mehrfach erwähnt. Dazu kommt die Formulierung des Statements. Welcher aufgeklärte Bürger mag sagen, dass Funk und Presse die Dinge „immer" so wiedergeben, „wie sie wirklich sind"? Ist es nicht eher umgekehrt erstaunlich, dass hier bei drei vorgegebenen Kategorien (trifft zu, teilweise, überhaupt nicht) fast jeder fünfte Befragte die Maximalnote vergibt? Und wäre auf der Zehner-Skala nicht schon eine 7 Auszeichnung genug?

Wie schwierig es ist, die Bewertung von Medienangeboten zu messen, zeigen auch die entsprechenden Versuche der öffentlich-rechtlichen Rundfunkanstalten auf dem Gebiet der Fernseh-Nachrichten. Welcher Sender hat „die besten Nachrichten", welcher Sendung würden die Zuschauer bei widersprüchlichen Meldungen „am ehesten glauben" (Darschin/Horn 1997; Darschin/Zubayr 2003)? Es soll gar nicht bestritten werden, dass sich solche Befragungen medienpolitisch verwerten lassen, die Ergebnisse aber sagen nicht mehr als die Reichweiten. Warum sollten die Zuschauer die *Tagesschau* einschalten, wenn sie annehmen würden, dass eine andere Sendung ihnen eher das Gefühl vermitteln könnte, informiert zu sein, und die Sicherheit, dass die Welt noch steht?

Einen öffentlichen Aufschrei gab es Mitte der 1990er Jahre jedenfalls nicht. ARD und ZDF haben den Fragebogen damals stillschweigend geändert und in ihrer Langzeitstudie fortan die relative Glaubwürdigkeit auf Gattungsebene untersucht (Fernsehen, Radio, Zeitung, Zeitschrift, Internet; vgl. Tabelle 2). Auf Nummer sicher gehen, sozusagen. Irgendwas im Netz ist ja immer unglaubwürdig.

7 Fazit

Eigentlich waren die Studien zu Vertrauen und Glaubwürdigkeit, zu Wahrheitstreue und Objektivität der Medien Mitte der 1990er Jahre ein Auslaufmodell – kein Wunder nach den desaströsen Ergebnissen (Tabellen 4 und 5; vgl. Meyen 2004, 238). Alle genannten Indikatoren waren nicht mehr geeignet, den öffentlich-rechtlichen Rundfunk oder die Medienordnung insgesamt zu legitimieren und wurden deshalb nicht mehr verwendet (zumindest nicht in der Langzeitstudie Massenkommunikation). Ein Blick auf die Schwierigkeiten, Urteile über Medienangebote oder gar über ihre Glaubwürdigkeit zu messen (Abschnitte 1 und

2), lässt die Gesellschaft diesen Verzicht verkraften. Bei entsprechenden Umfragen wird ohnehin etwas anderes gemessen als gemessen werden soll.

Die öffentlichen Debatten über die Qualität der Medien und hier vor allem über die Qualität des öffentlich-rechtlichen Rundfunks, die spätestens nach dem Beginn des Ukraine-Konflikts nicht mehr auszusitzen waren (vgl. Krüger 2016) und zu denen auch der Vorwurf gehört, dass vor allem leitende Journalisten Teil von transatlantischen Elite-Netzwerken und mithin in einem bestimmten politischen Interesse unterwegs seien (vgl. Krüger 2013; Wernicke 2017), haben zu einer neuen Konjunktur der Glaubwürdigkeitsforschung geführt. Die Entstehungsgeschichte dieser Forschungstradition (der Vergleich mit dem „Dritten Reich") wird dabei mittransportiert: Die Ergebnisse werden in der Öffentlichkeit zu einem Maßstab für die Qualität der Demokratie gemacht. Das wissen auch die Menschen, die sich an solchen Umfragen beteiligen. Sie wissen, was auf dem Spiel steht. Also (zum Beispiel) ein Ja zum öffentlich-rechtlichen Rundfunk, damit das System als Ganzes nicht ins Wanken gerät.

Journalisten könnte diese Argumentation dazu verleiten, Michael Born übertreffen zu wollen (vgl. Pritzl 2006). Ist doch egal, ob die Geschichte stimmt. Hauptsache, es ist etwas drin im „Gedächtnis der Gesellschaft" (vgl. Luhmann 1996). Ob die Menschen das glauben oder nicht, spielt dabei keine Rolle, zumal die Umfragen ja ohnehin irgendetwas anderes messen (im Zweifel das, was die Auftraggeber hören wollen) und die traditionellen Kriterien für guten Journalismus (Objektivität, Neutralität, Ausgewogenheit, Vollständigkeit) schon deshalb obsolet sind, weil heute jeder weiß, dass es alternative Realitätskonstruktionen gibt. Was den Systemtheoretiker nicht interessiert (die Qualität der Medien), ist für Demokratie und Gesellschaft essentiell. Horst Pöttker (2001, 27) hat „Öffentlichkeit" als „gesellschaftlichen Auftrag" des Journalismus vorgeschlagen und diesen Vorschlag immer wieder bekräftigt. Er nennt das „professionelle Grundpflicht zum Publizieren". Öffentlichkeit als Auftrag heißt demnach: publizieren, was alle (oder viele) angeht, sowie sagen, woher man das Material hat, wem es nützt und wie man selbst dazu steht (Transparenz). Das würde die Aufregung im Publikum dämpfen und verhindern, dass es gleich aufschreit und dunkle Mächte am Werk vermutet, wenn ein Foto alt ist und falsch beschriftet, wenn der Redakteur aus lauter Not von *Wikipedia* abgeschrieben hat oder gar von einer Pressemeldung. Öffentlichkeit als Auftrag und Transparenz: Dann ebbt vielleicht auch die Flut an Umfragen zur Glaubwürdigkeit wieder ab.

Literatur

Bausch, Hans: Rundfunkpolitik nach 1945. Zweiter Teil: 1963–1980, München 1980

Bentele, Günter: Der Faktor Glaubwürdigkeit. Forschungsergebnisse und Fragen für die Sozialisationsperspektive, in: Publizistik 33 (1988), S. 406–426

Berg, Klaus/Kiefer, Marie Luise: Massenkommunikation V. Eine Langzeitstudie zur Mediennutzung und Medienbewertung 1964–1995, Baden-Baden 1996

Berg, Klaus/Ridder, Christa-Maria: Massenkommunikation VI. Eine Langzeitstudie zur Mediennutzung und Medienbewertung 1964–2000, Baden-Baden 2002

Brosius, Hans-Bernd: Schema-Theorie – Ein brauchbarer Ansatz in der Wirkungsforschung?, in: Publizistik 36 (1991), S. 285–297

Crespi, Leo P.: The Influence of Military Government Sponsorship in German Opinion Polling, in: International Journal of Opinion and Attitude Research 4 (1950), S. 151–178

Darschin, Wolfgang/Horn, Imme: Die Informationsqualität der Fernsehnachrichten aus Zuschauersicht. Ausgewählte Ergebnisse einer Repräsentativbefragung zur Bewertung der Fernsehprogramme, in: Media Perspektiven 1997, Heft 5, S. 269–275

Darschin, Wolfgang/Zubayr, Camille: Was leisten die Fernsehsender? Publikumsurteile über die Fernsehprogramme in den Jahren 1993 bis 2002, in: Media Perspektiven 2003, Heft 5, S. 206–215

Fischer, Heinz H./Bauske, Franz: Die Anfänge der empirischen Sozialforschung in Deutschland nach dem Krieg. Die OMGUS-, HICOG- und Embassy-Studien, in: ZA-Information 14 (Mai 1984), S. 28–32

Gordeeva, Daria: Russlandbild in den deutschen Medien – Deutschlandbild in den russischen Medien. Konstruktion der außenpolitischen Realität in den TV-Hauptnachrichtensendungen, München 2017 (https://medienblog.hypotheses.org/files/2017/12/Masterarbeit-Daria-Gordeeva.pdf, 5.11.2018)

Halff, Gregor: Wa(h)re Bilder? Zur Glaubwürdigkeit von Fernsehnachrichten, in: Klaus Kamps/Miriam Meckel (Hg.): Fernsehnachrichten. Prozesse, Strukturen, Funktionen, Opladen 1998, S. 127–134

Herkner, Werner: Psychologie, 2. Aufl., Wien, New York 1992

Köhnken, Günter: Glaubwürdigkeit. Untersuchungen zu einem psychologischen Konstrukt, München 1990

Krüger, Uwe: Mainstream. Warum wir den Medien nicht mehr trauen, München 2016

Krüger, Uwe: Meinungsmacht. Der Einfluss von Eliten auf Leitmedien und Alpha-Journalisten. Eine kritische Netzwerkanalyse, Köln 2013

Kutsch, Arnulf: Einstellungen zum Nationalsozialismus in der Nachkriegszeit. Ein Beitrag zu den Anfängen der Meinungsforschung in den westlichen Besatzungszonen, in: Publizistik 40 (1995), S. 415–447

Lippmann, Walter: Die öffentliche Meinung. Wie sie entsteht und manipuliert wird, hg. von Walter Otto Ötsch und Silja Graupe, Frankfurt am Main 2018

Luhmann, Niklas: Die Realität der Massenmedien, 2. Aufl., Opladen 1996

Merritt, Anna J./Merritt, Richard L. (Hg.): Public Opinion in Occupied Germany. The OMGUS Surveys, 1945–1949, Urbana, Illinois 1970

Meyen, Michael: Mediennutzung. Mediaforschung, Medienfunktionen, Nutzungsmuster. Erweiterte und vollständig überarbeitete Neuauflage, Konstanz 2004

Meyen, Michael: Hauptsache Unterhaltung. Mediennutzung und Medienbewertung in Deutschland in den 50er Jahren, Münster 2001

Pöttker, Horst (Hg.): Öffentlichkeit als gesellschaftlicher Auftrag. Klassiker der Sozialwissenschaft über Journalismus und Medien, Konstanz 2001

Pritzl, Thomas: Der Fake-Faktor. Spurensuche im größten Betrugsfall des deutschen Fernsehens, München 2006

Riegel, Oscar Wetherhold: Report on a Survey of Public Opinion Research and Training in West Germany, June–September 1950. 30. Oktober 1950, in: Archiv des Instituts für Kommunikations- und Medienwissenschaft der Universität Leipzig. Nicht nummeriert

Scheuch, Erwin K.: Der Umbruch nach 1945 im Spiegel der Umfragen, in: Ute Gerhardt/Ekkhard Mochmann (Hg.): Gesellschaftlicher Umbruch 1945 – 1990. Re-Demokratisierung und Lebensverhältnisse, München 1992, S. 9 – 25

Scheufele, Bertram: Mediendiskurs, Medienpräsenz und World Wide Web, in: Patrick Rössler/Werner Wirth (Hg.): Glaubwürdigkeit im Internet: Fragestellungen, Modelle, empirische Befunde, München 1999, S. 69 – 88

Schulz, Winfried: Kommunikationsprozess, in: Elisabeth Noelle-Neumann/Winfried Schulz/Jürgen Wilke (Hg.): Das Fischer Lexikon Publizistik Massenkommunikation, Frankfurt am Main 2000, S. 140 – 171

Wernicke, Jens (Hg.): Lügen die Medien? Propaganda, Rudeljournalismus und der Kampf um die öffentliche Meinung, Frankfurt am Main 2017

Wirth, Werner: Methodologische und konzeptionelle Aspekte der Glaubwürdigkeitsforschung, in: Patrick Rössler/Werner Wirth (Hg.): Glaubwürdigkeit im Internet: Fragestellungen, Modelle, empirische Befunde, München 1999, S. 47 – 66

Bernd Blöbaum
Medienvertrauen und Medienskepsis
Theoretische Grundlagen und empirische Evidenzen

1 Einleitung

Medienkritik ist der ständige Begleiter der Medien. Wie ein Schatten verfolgen Kritiker und Skeptiker Medien seit ihrer Entstehung. Von der Schrift über das Buch, von der Zeitung und Zeitschrift über das Radio, vom Comic über das Fernsehen bis zum Internet und den sozialen Medien heute: Zu jeder Zeit fanden sich Personen, die mehr oder weniger lautstark vor den Gefahren der jeweils neuen, unbekannten Medien warnten, die geistigen und sozialen Verfall anprangerten und den Medienmachern genüsslich Fehler und Falschmeldungen unter die Nase rieben. Insbesondere das Aufkommen neuer Verbreitungsmedien wie Zeitungen, Hörfunk, Fernsehen und – in diesen Zeiten – Internet mit den sozialen Medien ist historisch immer begleitet von warnenden Stimmen. Sittenverfall, Kulturkritik, Rückzug in das Private, Öffentlichkeit für das Verborgene – die sozialen, politischen und wirtschaftlichen Folgen der jeweils neuen Medien wurden von Zeitgenossen immer wieder in düsteren Farben gemalt. Was heute unter der Überschrift „Lügenpresse" diskutiert wird, ist historisch kein einmaliger Sonderfall, sondern fügt sich ein in eine lange Reihe kritischer Auseinandersetzungen mit Medien in ihren vielfältigen Erscheinungsformen.

Auch in der jüngeren deutschen Geschichte ist eine kritische Perspektive auf Medien etabliert. Die Kritik von Studenten und Intellektuellen an der *Bild*-Zeitung in den 1960er Jahren, die Gründung von Alternativmedien wie der *tageszeitung (taz)* 1978, alternative kommunale Wochenzeitungen, Piratensender und alternative Radios bis hin zur Institutionalisierung von Medienkritik auf Medienseiten von Zeitungen und Zeitschriften: Mit dem zunehmenden Wachstum des Mediensektors mit dem Bedeutungsgewinn von Medien hat sich auch eine Reflexion über den gesellschaftlichen Stellenwert und die Leistungen der Medienangebote etabliert (vgl. zur Medienkritik Altmeppen u. a. 2015). So wie es eine kritische Begleitung von Wirtschaft, Sport und Politik – nicht zuletzt durch aktuelle Massenmedien – gibt, so wie es Kritik an Wissenschaft und Religion, an Erziehung und am Gesundheitssystem gibt, gehört auch ein skeptischer Blick auf Medien zum Diskurs moderner demokratischer Gesellschaften.

Die Kommunikationswissenschaft in Deutschland ist ein kritischer Begleiter von Medien der öffentlichen Kommunikation. Nicht nur aus der Perspektive der

https://doi.org/10.1515/9783110590470-005

Kritischen Theorie, die die vermachteten Kommunikationsweisen anprangert, in denen die Geltungsansprüche eines an Verständigung orientierten Bürgertums durch wirtschaftliche Imperative überlagert werden, kommt Kritik (vgl. Habermas 1990). Zahlreiche Dissertationen, Diplom-, Master- und Bachelorarbeiten weisen empirisch nach, wo Defizite in der Berichterstattung liegen, wie abhängig Journalisten sind und welche negativen Folgen Medienkonsum haben könnte. Die Entwicklung einer kritischen Haltung gegenüber Medien ist manchmal explizit, immer jedoch implizit in den Curricula der Journalistik-, Medien- und Kommunikationswissenschaft-Studiengänge eingeschrieben. Medienkritik und Medienskepsis sind nicht negativ, sind nicht zu bekämpfen. Medienskepsis ist eine legitime, vielleicht sogar wünschenswerte Haltung in liberalen demokratischen Gesellschaften, in denen Bürger die Freiheit und das Recht genießen, etablierten Institutionen auch reserviert oder ablehnend gegenüber zu stehen.

In den vergangenen Jahren hat sich die Medienforschung intensiver mit Defiziten von Medien und Kritik an aktuellen Massenmedien auseinandergesetzt. Zwei Entwicklungen haben die Verlagerung der wissenschaftlichen Aufmerksamkeit vorangetrieben: Insbesondere durch die Digitalisierung sind Medien und Publikum einander näher gekommen (vgl. Grosser 2016). Die Wünsche und Interessen der Mediennutzer, ihr Rezeptionsverhalten und ihre Bindung an Medienangebote sind für Medienorganisationen und Journalisten bei redaktionellen Entscheidungen wichtiger geworden (vgl. Loosen/Schmidt 2012). Dazu sehen sich Medien in vielen autokratischen und demokratischen Gesellschaften in eine Debatte hineingezogen, in der es um den Kern ihres gesellschaftlichen Auftrags geht sowie um ihre Arbeitsweise und Existenzgrundlage. Kritik an etablierten Medien gehört zum Standardrepertoire populistischer Strömungen. Die wissenschaftliche Diskussion unterscheidet zwischen Populismus als politischer Strategie, Ideologie, Einstellung und Kommunikationsform (vgl. Rensmann 2006; Priester 2011). Neben dem Gegenüber von Volk und Elite sowie der Abgrenzung gegenüber einem Außen zählt die Kritik an etablierten Institutionen zu den Merkmalen des Populismus und seiner Kommunikationsstrategie. Wissenschaft und Öffentlichkeit greifen seit einiger Zeit Aussagen der populistisch geprägten Gesellschaftskritik auf. Der Vorwurf an etablierte Medien, Teil der „Lügenpresse" zu sein, der bei Pegida-Demonstrationen und von AfD-Anhängern geäußert wurde und wird, die Debatte über die Flüchtlingsberichterstattung 2015, die Kritik an Medienbeiträgen zur Ukraine-Krise sowie anderen Ereignissen und Themen haben eine durchaus selbstkritische Diskussion im Journalismus ausgelöst. Ein Aspekt der akademischen und öffentlichen Debatte ist dabei das Medienvertrauen. Dieser Beitrag analysiert Vertrauen in Medien und diskutiert Gründe für Medienskepsis.

Nie zuvor wussten Redaktionen so viel über ihre Leser, Hörer, Zuschauer und Nutzer. Die kommerzielle und akademische Mediennutzungsforschung liefert beständig neue Daten. Die Digitalisierung erleichtert die zeitnahe Erfassung der Rezeption. Verfahren wie Readerscan liefern aktuelle Informationen darüber, wer welchen Artikel bis zu welcher Zeile gelesen hat. Kommentare unter Beiträgen im Onlinejournalismus geben Aufschluss über die emotionalen Befindlichkeiten und sachlichen Argumente der Mediennutzer (vgl. Ferrer-Conill/Tandoc 2018; Newman u. a. 2017).

Die Pressefreiheit, immerhin eine Errungenschaft moderner demokratischer Gesellschaften in der Tradition der Aufklärung, ist zuletzt auch in Staaten unter Druck geraten, die man als liberale Demokratien kennt. In Ungarn und Polen werden unabhängige Medien und Journalisten von politischen Regimen gegängelt (vgl. RSF 2018). Auch in Ländern wie Deutschland und den USA sind Vorwürfe gegenüber dem Journalismus Teil des öffentlichen Diskurses. „„Trust' in the news media is under assault", schreibt Usher (2018, 564) mit Blick auf die USA. Und in Deutschland hat der Begriff der „Lügenpresse" seit 2014 Karriere gemacht. Im Kern geht es bei diesen Auseinandersetzungen um die Frage, inwieweit das Publikum den Medien (noch) vertraut. Vertrauen in Medien ist aus normativer Perspektive deshalb essentiell für demokratische Gesellschaften, weil Journalismus durch die Vermittlung von Informationen über relevante und aktuelle Themen zur Verständigung über gesellschaftliche Fragen wesentlich beiträgt. Zwar hat sich die Medienforschung schon seit Jahrzehnten mit der Frage der Glaubwürdigkeit einzelner Formate und Medien beschäftigt. Das Konstrukt „Vertrauen" steht jedoch erst seit einiger Zeit auf der Agenda der Journalismusforschung (vgl. Kohring/Matthes 2007; Blöbaum 2014; Blöbaum 2016).

Empirische Daten belegen, dass Vertrauen in Medien keine anthropologische Konstante ist, sondern offenbar von zahlreichen kulturellen, politischen, wirtschaftlichen und sozialen Faktoren abhängt (vgl. Hanitzsch u. a. 2018). Zwei umfangreiche Studien, die in mehreren Ländern mit der gleichen Fragestellung Vertrauen in Medien messen, zeigen große Unterschiede.

Die Erhebung vom Reuters Institute for the Study of Journalism (Abb. 1) dokumentiert, dass Medienvertrauen in den USA vergleichsweise schwach ausgeprägt ist, während skandinavische Länder hier deutlich besser abschneiden. Wie Hanitzsch u. a. (2018) anhand von Langzeitdaten nachweisen, ist insbesondere in den USA das Vertrauen in Printmedien in den vergangenen Jahrzehnten stark gesunken. Westeuropäische Staaten weisen dagegen ein relativ stabiles Vertrauen in Zeitungen auf.

Die empirischen Studien belegen den Einfluss des politischen Systems und der kulturellen Einstellungen auf Medienvertrauen (vgl. Müller 2013; Tsfati/Ariely 2014). Auf der Basis von Daten aus dem World Value Survey und der European Value Studie kommen Hanitzsch, van Dalen und Steindl (2018, 13–14) zu dem Ergebnis: „Despite the impression one might get from the literature, the story of a

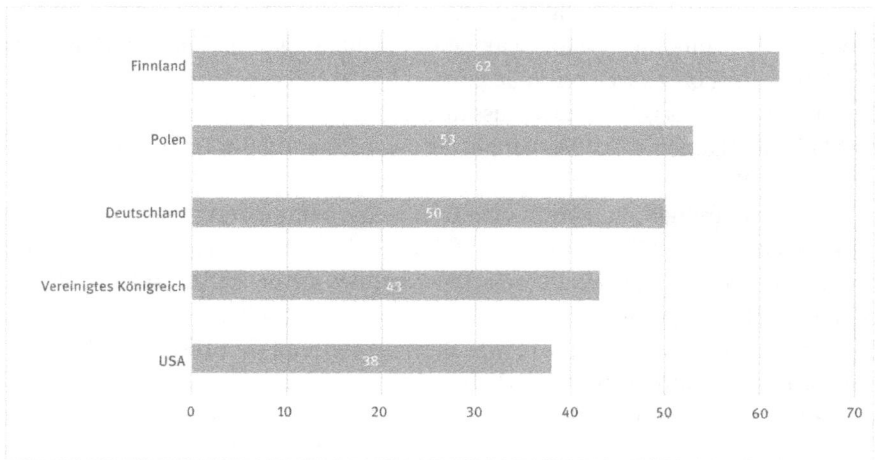

Abb. 1: Vertrauen in Nachrichten in % (Quelle: Reuters Digital News Report 2017, 21)
Frage: Inwieweit stimmen Sie der folgenden Aussage zu: Ich vertraue den Nachrichten in weiten Teilen?

dramatic loss of public faith in the media is not a universal story." Die Langzeitanalyse zeigt einen sehr hohen Vertrauensverlust für Zeitungen in den USA, gefolgt von Australien und Neuseeland. In Ländern mit einer demokratisch-kooperativen Grundhaltung wie Deutschland und den skandinavischen Ländern hat sich das Vertrauensniveau in den letzten Jahrzehnten kaum verändert. „Confidence in the media has substantially eroded in countries that went through political transition, regime change, and massive political uncertainty." (Hanitzsch u. a. 2018, 15) Die Forscher finden einen starken Zusammenhang zwischen Politikvertrauen und Medienvertrauen und sehen Indizien dafür, dass eine wachsende ablehnende Haltung gegenüber Eliten negative Effekte auf Vertrauen in Journalismus hat.

Die Daten aus den weltweiten und europaweiten Befragungen zeigen aber auch sehr deutlich, dass es in allen Ländern große Gruppen von Personen gibt, die Medien und Journalismus nicht vertrauen. Und hier sind es vor allem die etablierten Medien, die mit Vertrauensproblemen zu kämpfen haben. „Our research suggests that the vast majority of news people consume still comes from mainstream media and that most of the reasons for distrust also relate to mainstream media." (Newman u. a. 2017, 20)

Teile der Bevölkerung sehen in vielen Ländern Leistungen von Journalisten sehr skeptisch. Medien stehen in der Kritik. Was wird an Medien kritisiert? Antworten auf diese Frage liefert ein Forschungsprojekt, das seit einigen Jahren am

DFG-Graduiertenkolleg „Vertrauen und Kommunikation in einer digitalisierten Welt" am Institut für Kommunikationswissenschaft der Universität Münster verfolgt wird. Dieser Beitrag beschreibt zunächst die grundlegenden analytischen Konzepte Medienvertrauen und Medienskepsis, skizziert das Untersuchungsprogramm und präsentiert einige ausgewählte Erkenntnisse zu Vertrauen und Skepsis gegenüber Medien.

2 Medienvertrauen und Medienskepsis

Vertrauen ist ein komplexes Konstrukt. Öffentliche Aufmerksamkeit erlangt dieser Begriff vor allem in negativen Konnotationen, wenn Vertrauen erodiert oder missbraucht wird. Die Vertrauensforschung unterscheidet zwischen der Funktion von Vertrauen für soziale Gemeinschaften und Vertrauen als Beziehungskonstrukt zwischen zwei Einheiten, einem Vertrauensgeber und einem Vertrauensnehmer. Nach Luhmann (1968) benötigen moderne Gesellschaften Vertrauen als einen Mechanismus zur Reduktion von Komplexität. Weil Individuen immer mehr Entscheidungen treffen müssen, bei denen sie nicht auf eigene Erfahrungen zurückgreifen können, entwickelt sich mit Vertrauen ein Mechanismus, mit dem unter Inkaufnahme von Risiko Handlungen ermöglicht werden. Während die soziologische Forschung die Leistung von Vertrauen für soziale Gemeinschaften (Gesellschaften, Organisationen, Gruppen, Beziehungen) fokussiert, befasst sich die psychologische Forschung mehr mit der Frage, welche Faktoren das Zustandekommen von Vertrauen beeinflussen. Aus der Literatur zu Vertrauen (vgl. Bachmann/Zaheer 2013; Bachmann/Zaheer 2006; Corritore u. a. 2003; Fulmer/ Gelfand 2012; Schoorman u. a. 2015) lassen sich u. a. folgende Merkmale identifizieren (vgl. auch Blöbaum 2016, 5 – 6): Vertrauen ...

- entsteht zwischen zwei Einheiten, dem Vertrauensgeber und dem Vertrauensnehmer,
- gründet auf einer freien Entscheidung,
- basiert auf Wahrnehmungen und Erfahrungen mit dem Vertrauensnehmer/ Vertrauensobjekt,
- hat immer einen Bezug, eine Referenz (eine Situation, ein Objekt, ein Problem, eine Haltung, eine Entscheidung usw.),
- ist leichter zu zerstören als aufzubauen.

Viele quantitative Studien befassen sich sehr allgemein mit der Frage von Vertrauen in Medien. Aus den Daten wird jedoch nicht klar, worauf sich die Antworten beziehen, wenn nach Medienvertrauen gefragt wird. Meinen die Befragten das Mediensystem als Ganzes, bewerten sie ein einzelnes Medium, bestimmte

Journalisten, die Berichterstattung über ein Thema oder einen spezifischen Beitrag? Oder drückt sich, wie Meyen (in diesem Band) argumentiert, darin eher die allgemeine Zufriedenheit mit den aktuellen gesellschaftlichen Verhältnissen aus?

Das Problem der Referenz von Vertrauen stellt sich auch im Fall von Misstrauen. Wenn Individuen Medien gegenüber misstrauisch eingestellt sind, ist zu untersuchen, worauf sich das Misstrauen bezieht und worin es letztlich begründet ist: Ist es ein Beitrag, der Medieninhalt insgesamt, sind es die Medienorganisationen oder der Journalismus allgemein oder bezieht sich ihr Misstrauen auf das Mediensystem oder einzelne Journalisten?

Misstrauen ist in der Forschung – im Vergleich zu Vertrauen – wenig behandelt. In der wissenschaftlichen Literatur gibt es grob verallgemeinert zwei Positionen: Modelle, die auf der Basis von Rational Choice-Theorien arbeiten, verstehen Vertrauen und Misstrauen als zwei Pole auf einer Skala. Misstrauen ist der Gegenpol zu Vertrauen, und an einer Stelle schlägt Vertrauen in Misstrauen um (vgl. Schoorman u. a. 2007; Barber 1983). Misstrauen kann aber auch als ein funktionales Äquivalent zu Vertrauen aufgefasst werden (Luhmann 1968), was bedeutet, dass Vertrauen und Misstrauen gemeinsam auftreten können. Damit liegen beide nicht mehr auf einem Kontinuum. Lewicki u. a. (1998) argumentieren, dass Vertrauen und Misstrauen miteinander verbundene Dimensionen sind. „The conditions of low trust and high distrust do not converge – they are characterized as conceptually distinct conditions." (Lewicki u. a. 1998, 445) Misstrauen stellt sich dann ein, wenn sich eine einmalige negative Erfahrung wiederholt. In Bezug auf Medien ist zudem festzuhalten, dass Misstrauen keineswegs negativ ist. In liberalen Demokratien ist es gerade eine zentrale Aufgabe von Medien, misstrauisch gegenüber Politik und Wirtschaft zu sein. Mit dieser Watchdog-Leistung erfüllen Medien die wichtige Kritik- und Kontrollfunktion durch die Aufdeckung von Normverletzungen. Endreß (2002, 78) bezeichnet dies als „Paradoxon einer Institutionalisierung von Misstrauen als vertrauensbildende Maßnahme." Während Misstrauen allgemein in demokratischen Gesellschaften funktional ist, bleibt evident, dass konkrete Institutionen wie Medien und Journalismus Vertrauen benötigen, um ihre Leistung erbringen zu können.

Gerade weil Vertrauen und Misstrauen sich analytisch nicht ausschließen, wäre es falsch, jeden, der angibt, Medien nicht zu vertrauen, automatisch als Misstrauenden zu charakterisieren. Deshalb wird hier der Begriff „Medienskepsis" benutzt. Damit wird eine kritische Sicht auf Journalismus und seine Akteure bezeichnet, die aber nicht zwangsläufig Misstrauen bedeutet. Bei Tsfati (2003) steht der Begriff der Medienskepsis für eine Haltung gegenüber Medien, die auf negativen Bewertungen beruht. Wie Vertrauen und Misstrauen hat auch Medienskepsis immer eine Referenz, ein Bezugsobjekt, das beurteilt wird. Die Bewertung hat einen inhaltlichen Fokus, an dem sich Kritik entzündet. Dies können im

Fall von Medien zum Beispiel ein Beitrag, die Haltung eines Mediums, ein Journalist etc. sein. Tsfati definiert Medienskepsis als „subjective feeling of alienation and mistrust toward the mainstream media" (2003, 67). Bezugsobjekt sind dabei die etablierten Medien. Als Gründe für Medienskepsis werden angeführt: „the perception that journalists are not fair and objective in their reports, that they do not always tell the whole story, and that they would sacrifice accuracy and precision for personal and commercial gains" (Tsfati/Cappella 2003, 506). Medienskepsis entzündet sich nach Tsfati damit vor allem an einer Haltung von (etablierten) Medien und Qualitätsdefiziten (handwerklichen Mängeln). Wie im weiteren Verlauf dieses Beitrags deutlich wird, deckt diese Sichtweise auf Skepsis nur einen Teil der Einstellungen eines medienskeptischen Publikums ab.

Die Skepsis wird in der Forschung meist erhoben, indem die Glaubwürdigkeit oder Vertrauenswürdigkeit der Medien allgemein bewertet wird. Eine Schwäche besteht darin, dass konkrete Medieninhalte, bestimmte Medienorganisationen und Journalisten als Referenzpunkte einer kritischen Haltung oft nicht berücksichtigt werden. Ebenso unklar bleibt, was genau kritisiert wird und womit die Kritik an Medien begründet wird.

Im Folgenden werden Daten zu Vertrauen und Misstrauen gegenüber Medien vorgestellt und Gründe für Medienskepsis diskutiert.

3 Methode

Die Komplexität der Konstrukte „Vertrauen", „Misstrauen" und „Medienskepsis" und die unterschiedlichen Sichtweisen darauf erschweren die empirische Forschung in diesem Feld. Die konzeptionellen Probleme der Forschung werden in der Literatur immer wieder thematisiert (vgl. Fisher 2018; Usher 2018). Die Vielfalt der methodischen Zugänge (Lyon u. a. 2015; McEvily/Tortoriello 2011) lässt sich aber auch als Stärke der Vertrauensforschung interpretieren. Der Großteil der Forschung zu Vertrauen und Misstrauen im Medienbereich bedient sich quantitativer Zugänge. Nur vereinzelt werden auch qualitative Methoden eingesetzt, um Vertrauen und Misstrauen in Journalismus zu analysieren (Newman u. a. 2017). Quantitative Befragungen erlauben, je größer sie angelegt sind desto besser, den Vergleich zwischen Individuen bezüglich ihrer sozialen Merkmale (z. B. Alter, Geschlecht, Bildung, Werte, politische Orientierung). Diese Studien geben aber kaum Aufschluss darüber, was ein Befragter unter Vertrauen oder Misstrauen versteht, was für ihn Medien sind und was er für Journalismus hält. Insgesamt mögen beispielsweise Aktualität und Vielfalt positiv konnotierte Merkmale von Medien aus Sicht der Rezipienten sein. Im Einzelfall können Schnelligkeit der

Berichterstattung und Vielfalt der Stimmen jedoch auch als das Misstrauen fördernd angesehen werden.

Qualitative Befragungen haben das Problem, dass die Antworten nicht verallgemeinerbar sind. Dem Gewinn an Tiefe steht ein Verlust an Breite gegenüber. Die Vorteile und Limitationen von quantitativen und qualitativen Untersuchungen können in keinem Untersuchungsdesign kompensiert werden. Vielversprechend erscheint jedoch, die beiden Feldzugänge zu kombinieren. Deshalb wurde zur Beantwortung der oben genannten Forschungsfragen ein Mehrmethoden-Design entwickelt, in dem quantitative und qualitative Erhebungsmethoden zur Untersuchung von Medienskepsis miteinander verknüpft werden (vgl. zum Mehrmethoden-Design Tashakkori/Teddlie 2010).

Der Forschungsprozess umfasst die folgenden Schritte und ist auf Deutschland bezogen:

Erste Stufe

1. Qualitative Interviews mit kritischen Mediennutzern mit einem Leitfaden, um mehr über die Gründe und Ausprägungen der Medienkritik zu erfahren (Winter 2016/Frühjahr 2017). Die aus der Befragung generierten Gründe für Medienskepsis wurden zu Items für den zweiten Schritt umgewandelt:

2. Repräsentative Bevölkerungsbefragung (n=1034) zu Vertrauen und Misstrauen in Medien (Frühjahr 2017). Diese Befragung – im Folgenden als *IfK-Trendstudie 2017* bezeichnet – wurde vom Forschungsinstitut „Mindline Media" im Auftrag des Graduiertenkollegs „Vertrauen und Kommunikation in einer digitalisierten Welt" und des „Zentrums zur Erforschung digitalisierter Öffentlichkeiten" am Münsteraner Institut für Kommunikationswissenschaft durchgeführt. Die standardisierte Online-Befragung richtet sich an die deutschsprachige Bevölkerung im Alter zwischen 14 und 64 Jahren in Privathaushalten mit Internetanschluss. Die Erkenntnisse dieser Befragung dienten wiederum als Grundlage für eine weitere Welle von Intensivinterviews mit Medienskeptikern.

Zweite Stufe

3. Zur Identifikation von Medienskeptikern wurde ein Screening-Bogen entwickelt, der über medienkritische Netzwerke und soziale Medien verbreitet wurde (Herbst/Winter 2017/2018). Unter den 103 Teilnehmern dieser quantitativen Befragung wurden schließlich 26 Medienskeptiker identifiziert, die zu einem längeren Interview bereit waren. Diese Personen hatten bei dem Item „im Allgemeinen kann man den Medien vertrauen" mit „überhaupt nicht" oder „eher nicht" geantwortet; oder sie hatten den Items „die Medienberichterstattung ist oft einseitig" und „die Journalisten und die politische Elite ziehen am gleichen Strang" mit „voll und ganz" oder „eher" zugestimmt. Die

durch einen Leitfaden gesteuerten Gespräche mit diesen Personen dauerten zwischen 45 und 100 Minuten (im Folgenden zitiert als *IfK-Medienskeptiker-Studie 2018*).

4 Vertrauen, Misstrauen, Skepsis – das Problem der Referenz in der Medienvertrauensforschung

Die repräsentative Befragung unterstreicht, wie wichtig die Fragestellung und die Benennung der Bezugsobjekte in der Forschung zu Vertrauen und Misstrauen in Medien sind. Dem Statement „im Allgemeinen kann man den Medien vertrauen" stimmen bei der Umfrage 2017 5 Prozent „voll und ganz" zu und weitere 20 Prozent stimmen hier „eher" zu. 11 Prozent stimmen „überhaupt nicht" zu und 24 Prozent stimmen „eher nicht" zu. 38 Prozent antworten mit „teils/teils", 3 Prozent mit „weiß nicht". Bei der Befragung 2018 wurde die Skala geändert: Statt fünf Optionen wurden den Befragten nur noch vier Antwortmöglichkeiten angeboten („stimme voll und ganz zu", „stimme eher zu", „stimme eher nicht zu" und „stimme überhaupt nicht zu"), es gab also nicht mehr die Möglichkeit mit „teils/teils" zu antworten. Während der Anteil derjenigen, die „voll und ganz" vertrauen, fast gleich bleibt (2018: 4 Prozent), steigt der Anteil der „eher" Zustimmenden auf 29 Prozent. Ohne die differenzierende Option („teils/teils") vergrößert sich die Gruppe der Distanzierten erheblich: 2018 stimmen 24 Prozent dem Statement „im Allgemeinen kann man den Medien vertrauen" überhaupt nicht zu und 41 Prozent stimmen hier „eher" zu. Damit liegen fast zwei Drittel im Bereich von Medienskepsis, während es 2017 nur gut ein Drittel war.

Dies ist ein starkes Indiz dafür, dass die Antworten auf die Frage nach dem allgemeinen Vertrauen in Medien nur eine begrenzte Aussagekraft haben. Dass fast zwei Fünftel bei der Vertrauensfrage für „teils/teils" optieren, ist ein Beleg für differenzierte Haltungen gegenüber Medien bei den Nutzern. Die Notwendigkeit zu differenzierten Fragestellungen in der Medienskepsis-Forschung unterstreicht auch das Bild, das sich ergibt, wenn die Antwortoptionen weiter differenziert und qualifiziert werden. Werden Abstufungen von Vertrauen (großes, mittleres, geringes Vertrauen) und Misstrauen (großes, mittleres, geringes Misstrauen) sowie als neutrale Position „weder Vertrauen noch Misstrauen" als Antwortoptionen angeboten, ist der Anteil im Vertrauensbereich deutlich größer (Abb. 2).

44 Prozent der Befragten charakterisieren 2017 ihre Haltung gegenüber Medien als großes bzw. mittleres Vertrauen. Weitere 13 Prozent stufen sich bei „geringem Vertrauen" ein. Weit über die Hälfte vertraut damit, in Abstufungen, Medien. Die Werte im Misstrauensbereich addieren sich auf 20 Prozent und liegen

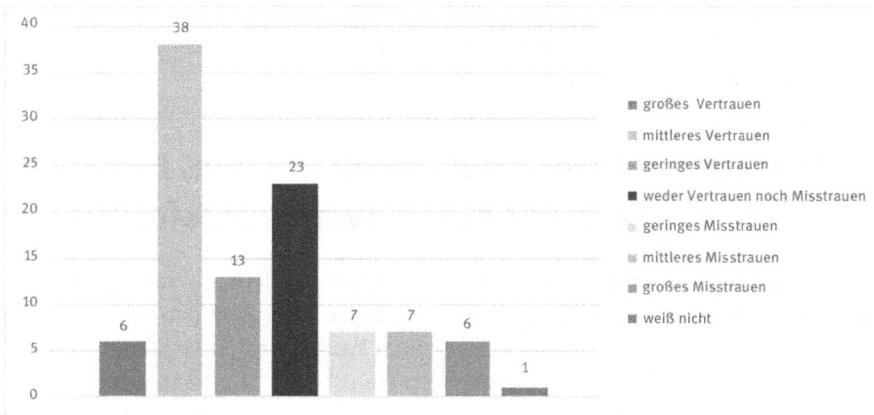

Abb. 2: Vertrauen und Misstrauen gegenüber Medien in % (Quelle: IfK-Trendstudie 2017)
Frage: Wie würden Sie allgemein Ihre Haltung gegenüber Medien einordnen?

damit erheblich unter denen auf die Frage nach dem allgemeinen Medienvertrauen.

Vertrauen als Grundlage einer Handlung, Entscheidung oder Einstellung benötigt immer ein Bezugsobjekt. Wie gezeigt, ist die sehr allgemeine Referenz „Medien" wenig geeignet, ein angemessenes Bild von Vertrauen, Misstrauen oder Skepsis gegenüber Medien zu entwerfen. Deshalb hat die repräsentative Befragung auch in Bezug auf das Vertrauensobjekt „Journalisten" differenzierte Vorgaben gemacht. Als professionelle Akteure vermitteln journalistische Rollenträger Informationen. In der Studie von 2017 wurden den Teilnehmern drei auf Journalisten bezogene Fragen gestellt. Anzugeben war, inwieweit die Befragten „Journalisten" im Allgemeinen sowie den Moderatoren Claus Kleber (*heute journal*, ZDF) und Gerhard Delling (*Sportschau*, ARD) vertrauen.

Der Aussage „Im Allgemeinen vertraue ich Journalisten" stimmen 7 Prozent „voll und ganz" zu. Der Anchorman der deutschen öffentlich-rechtlichen Nachrichtensendung *heute journal* (Claus Kleber) bekommt bei 18 Prozent der Befragten den Bestwert, der Moderator der Sportsendung (Gerhard Delling) erreicht hier sogar einen Wert von 21 Prozent. Je konkreter das Bezugsobjekt benannt ist, desto besser stellen sich die entsprechenden Vertrauenswerte dar. Diese Daten legen es nahe, die schlechten Werte, die in diversen Studien zu Vertrauen und Misstrauen in Medien und Journalismus gemessen wurden, zu relativieren. Je konkreter etwas im Journalismus benannt ist, desto besser fallen – grob gesagt – die Vertrauenswerte aus.

Dennoch gibt es bei allgemeinen (den Medien, der Presse etc.) wie den spezifischen (der Sendung, dem Journalist etc.) Bezugsobjekten immer einen mehr

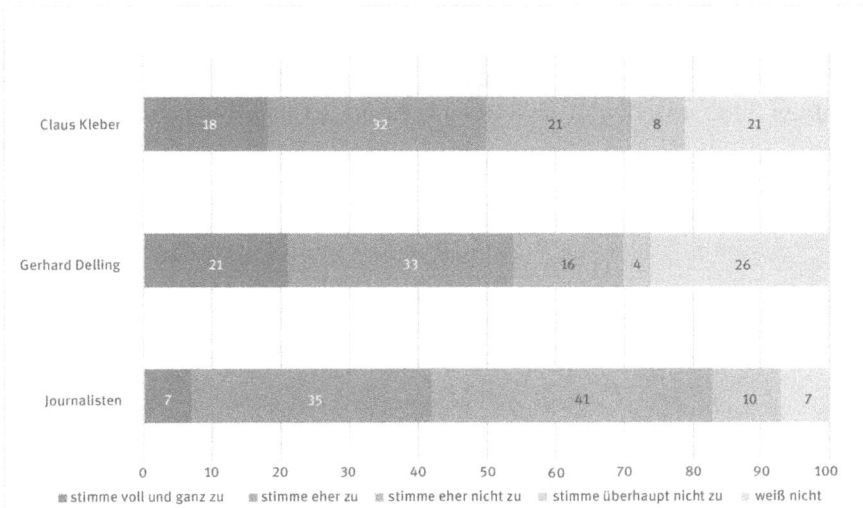

Abb. 3: Vertrauen in Journalisten/Moderatoren (n=1034) in % (Quelle: IfK-Trendstudie 2017) Frage: Die folgenden Fragen beziehen sich auf Ihre Haltung gegenüber Medien. Gemeint sind hier Medien, die Sie üblicherweise nutzen, um sich über das aktuelle Geschehen zu informieren.

oder weniger großen Anteil von Befragten, die überhaupt nicht oder eher nicht vertrauen. Blickt man auf das politische Profil der Medienskeptiker, dann zeigt sich, dass diese vor allem an den Rändern des politischen Spektrums zu finden sind. Unter denjenigen, die angeben bei einer Wahl zum deutschen Parlament die rechte Partei AfD (Alternative für Deutschland) wählen zu wollen, ist der Anteil der Befragten, die den Medien nicht oder kaum vertrauen, am höchsten. Unter den potentiellen Wählern der Linken finden sich ebenfalls viele Kritiker, dicht gefolgt von den Anhängern der konservativen CSU (Christlich-Soziale Union). Unsere Befragung bestätigt damit die Ergebnisse anderer Studien, die unterstreichen, dass der Vertrauensverlust gegenüber Medien insbesondere am rechten Rand des politischen Spektrums groß ist (vgl. Decker u. a. 2016; Schultz u. a. 2017). Eine skeptische Haltung Medien gegenüber ist jedoch keine exklusive Domäne rechter Populisten. Auch unter Anhängern der Linken finden sich viele mit einer reservierten Haltung zu Medien.

5 Gründe für Medienskepsis

Aus leitfadengesteuerten Intensivinterviews mit Medienskeptikern und aus der Forschungsliteratur wurden Items destilliert, die spezifische Gründe für eine skeptische Einstellung zu Medien repräsentieren. Diese wurden in der repräsentativen Bevölkerungsumfrage abgefragt. Dabei zeigt sich: Die reservierte Haltung gegenüber Medien basiert im Wesentlichen auf zwei Motivbündeln: Medien stehen unter Eliteverdacht und sie werden kritisiert, weil sie Themen vernachlässigen.

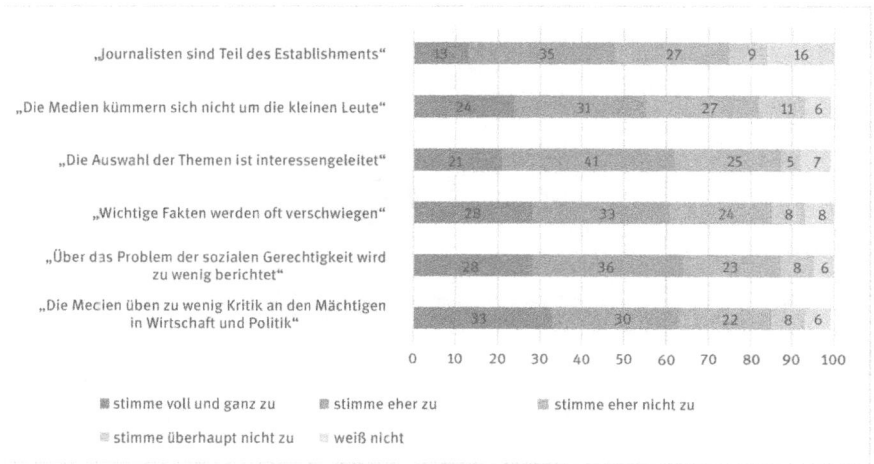

Abb. 4: Gründe für Medienskepsis in % (Quelle: IfK-Trendstudie 2017)
Frage: Im Folgenden sind einige mögliche Gründe für ein geringes Vertrauen in die Medien aufgeführt. Bitte geben Sie jeweils an, inwieweit Sie der Aussage zustimmen.

Die Kritik- und Kontrollfunktion von Medien ist in Deutschland gesellschaftlich etabliert und rechtlich abgesichert. Insofern ist es bemerkenswert, dass fast zwei Drittel der Bevölkerung der Ansicht sind, die Medien vernachlässigten die Aufgabe, Kritik an den Mächtigen in Wirtschaft und Politik zu üben. In den Augen vieler Rezipienten weisen Medien offenbar Defizite bei einer ihrer journalistischen Kernleistungen auf. Über 60 Prozent halten die journalistische Themenauswahl für interessengeleitet. Und fast die Hälfte der Teilnehmer der Bevölkerungsumfrage stuft Journalisten mehr oder weniger als Teil des Establishments ein. Diese Ergebnisse legen die Deutung nahe, dass die Medien als gesellschaftliche Institutionen kritisch wahrgenommen werden, weil sie aus der Perspektive vieler ihre Kernaufgabe nicht zufriedenstellend erfüllen. Medien und Journalisten gelten vielen als Teil einer gesellschaftlichen Elite. Die Vielfalt von Themen und Sichtweisen kommt in der Berichterstattung für viele Mediennutzer offenbar nicht mehr hinreichend zum Ausdruck.

Unterstützt wird dieses Argument durch die Antworten bezüglich der Vernachlässigung von Themen. In Teilen der Bevölkerung gibt es eine andere Wahrnehmung der gesellschaftlichen Realität als die von Medien vermittelte. Zwei Drittel stimmen der Aussage „voll und ganz" oder „eher" zu, nach der über das Problem der sozialen Gerechtigkeit zu wenig berichtet wird. 55 Prozent meinen, die Medien kümmerten sich zu wenig um die kleinen Leute und gut die Hälfte denkt, wichtige Fakten würden oft verschwiegen.

Von diesen Daten lässt sich nicht automatisch auf Medienmisstrauen schließen. Wer Journalisten für einen Teil des Establishments hält und/oder Themen in der Medienberichterstattung für unterrepräsentiert hält, hat damit Medien und Journalisten noch nicht das Vertrauen entzogen. Die Antworten geben jedoch Hinweise darauf, was Nutzern in der Medienberichterstattung fehlt und missfällt – und was damit eine Grundlage für eine medienskeptische Haltung ist.

Unsere quantitative Befragung von 103 Medienkritikern verstärkt den Befund der Repräsentativbefragung. Hier geben 93 Prozent an, die Medienberichterstattung sei einseitig. 81 Prozent halten die Themenauswahl von Medien für interessengeleitet. Die Medienkritiker hegen auch einen deutlich stärkeren Establishment-Verdacht gegenüber Journalisten und Medien als die Gesamtheit der Bevölkerung.

Sowohl bei der Bevölkerung insgesamt wie auch in der Teilgruppe der Medienskeptiker werden handwerkliche journalistische Fehler im Verhältnis zu den bisher genannten Punkten eher wenig kritisiert. Weniger als ein Drittel der repräsentativ Befragten bemängeln die journalistische Qualität.

Um die Gründe genauer zu spezifizieren, die zur Medienskepsis führen, wurden Interviews mit Kritikern geführt. Die Gespräche erlauben auch, die Bezugsobjekte der Medienkritik genauer zu benennen. Die Befragten adressieren ihre Kritik auf vier Ebenen: Sie äußern Kritik auf der Systemebene an „den Medien", „dem Journalismus" oder „den Journalisten". Dies entspricht am ehesten dem allgemeinen Medienvertrauen, das in quantitativen Erhebungen abgefragt wird. Etwas weniger häufig werden bestimmte Medienunternehmen als kritikwürdig eingestuft. Auch konkrete Personen (namentlich genannte Journalisten oder Rollenträger wie „Chefredakteure", „Verleger", „Intendanten") erwähnen die Skeptiker in den Gesprächen, weniger häufig sind es konkrete journalistische Angebote wie eine bestimmte Zeitung oder Sendung, die Unmut hervorrufen.

Systematisiert man die von den Medienkritikern vorgebrachten Gründe, dann ergibt sich folgendes Bild:

Tab. 1: Kritikpunkte von Medienskeptikern, aufgelistet nach absteigender Bedeutung in Bezug auf Medienskepsis (Quelle: IfK-Medienskeptiker-Studie 2018)

Kritikpunkt	Beispiele
Tendenz	Verfolgen einer politischen Agenda, deutliche Interpretation von Fakten
Einseitigkeit	keine Ausgewogenheit und Vielfalt in der Darstellung verschiedener Positionen
Lücken	Verschweigen von Informationen, Vernachlässigung wichtiger Ereignisse
Faktenfehler	Wiedergabe von Unwahrheiten, berichten falscher Tatsachen
Mangelhafte Recherche	Keine Verifizierung von Informationen, keine Überprüfung von Quellen
Boulevardisierung	Sensationsberichterstattung, Skandalisierung, Dramatisierung
Erziehungsjournalismus	Bevormundung, „Elfenbeinturmjournalismus", politische Manipulation
Mangelnde Repräsentation	Versäumnis, die Bedürfnisse und Sorgen des Publikums zu thematisieren
Intransparenz	Nachlässigkeiten bei der Offenlegung von Quellen

Alle 26 befragten Medienkritiker argumentieren, die Medien berichteten tendenziös und einseitig. Sie vermissen Ausgewogenheit in der Berichterstattung und unterstellen Medien, eine politische Agenda zu verfolgen. Während die Interviews in den meisten Punkten die Erkenntnisse der Repräsentativbefragung konkretisieren, taucht mit dem Vorwurf des „Erziehungsjournalismus" hier ein neues Argument auf. Ein Befragter bringt es so auf den Punkt: „Es dominiert in Deutschland ein sogenannter Erziehungsjournalismus. [...] Das ist ein Journalismus, der mir als mündigem Bürger die Meinung aufprägen, aufdrängen möchte."

Systematisiert man die Aussagen, mit denen die Befragten ihre kritische Einstellung gegenüber Medien begründen, dann lassen sich drei Ebenen destillieren. Sehr viele Befragte monieren politische Einflüsse und werfen den Medien vor, Sprachrohr der Politik zu sein. Diese Medienkritik bewegt sich damit auf der Ebene von Institutionenkritik, die auch andere gesellschaftliche Bereiche wie „die Politik" oder „die Wirtschaft" betrifft. Ebenfalls aufgeführt werden wirtschaftliche Argumente. Interviewpartner verweisen auf den Stellenabbau in Redaktionen und auf Medienkonzentration. Befragte offenbaren damit ein einschlägiges Hintergrundwissen über die ökonomischen Rahmenbedingungen journalistischer Arbeit. Eher auf einer Organisationsebene liegt das von Interviewpartnern vorgetragene Argument, Journalisten hätten den Vorgaben von Blattlinien zu folgen. Kritik an mangelnder Kompetenz und eine unterstellte schlechte Ausbildung von Journalisten siedeln als Gründe für Medienkritik eher auf der individuellen Ebene.

Wie entwickelt sich Medienskepsis? In der überwiegenden Mehrzahl der Gespräche wird deutlich: Eine kritische Haltung gegenüber Medien baut sich in einem längeren Prozess auf. Rund ein Drittel der Befragten nennen konkrete Themen als Auslöser für Medienskepsis. Hier werden insbesondere die Berichterstattung über die Flüchtlingskrise in Deutschland 2015 und über den Ukraine-Konflikt 2014 erwähnt. In einzelnen Fällen beruht die skeptische Einstellung zu Medien auf persönlichen Erfahrungen, wenn zum Beispiel jemand an einer Veranstaltung teilgenommen hat und die Berichterstattung darüber als einseitig oder defizitär empfindet.

Unsere Untersuchung zeigt auch: Wer medienskeptisch eingestellt ist, zieht sich nicht aus der Medienrezeption zurück, sondern sucht alternative Wege, um sich zu informieren. Dies ist ein weiterer Hinweis darauf, dass Medienmisstrauen keine grundsätzliche Abwendung von Medien zur Folge hat. Medienskeptiker reagieren häufig damit, dass sie das Bezugsobjekt, dem sie Vertrauen schenken, wechseln. Sie lesen dann ausländische Zeitungen oder Angebote, die ihre politische Haltung spiegeln.

6 Diskussion

Die hier referierten Ergebnisse zeigen, wie fruchtbar die Kombination quantitativer und qualitativer Erhebungsverfahren bei der Analyse von Medienskepsis sein kann. Medienskeptiker finden sich in allen sozialen Gruppen der Bevölkerung. Menschen mit sehr ausgeprägten politischen Einstellungen, insbesondere auf der rechten, aber auch auf der linken Seite des politischen Spektrums, sind medienkritischer eingestellt als Anhänger anderer Parteien. Hanitzsch u. a. (2018) finden Hinweise darauf, dass eine Haltung, die sich allgemein gegen Eliten richtet, zu Misstrauen in Medien führt. Unsere Studien können dieses Argument mit zahlreichen Daten unterfüttern. Die repräsentative Befragung ergibt: Journalisten stehen unter Eliteverdacht und sie werden von harten Skeptikern als Teil des Establishments wahrgenommen. Ihnen wird vorgeworfen, zu wenig Kritik an Mächtigen in Politik und Wirtschaft zu üben. Die Gespräche mit Medienskeptikern unterstreichen dies. Sie halten Medien vor, sich von der Politik steuern oder bevormunden zu lassen. Gerade die vehementen Medienkritiker bringen grundsätzliche Kritik an Politik und Gesellschaft vor. Sie stehen nicht nur Medien sehr reserviert gegenüber.

Medienskeptiker bemängeln weniger konkrete handwerkliche journalistische Fehler individueller Journalisten als Defizite auf der Organisationsebene der Medien. Die Nachrichtenauswahl wird von vielen als einseitig wahrgenommen, Hintergrundinformationen werden vermisst und ganze Themengebiete wie soziale Gerechtigkeit bleiben aus Sicht von vielen Kritikern unterbelichtet.

Medienskepsis hat viele Facetten. Viele Skeptiker sind in ihrer Haltung ambivalent und äußern sich sehr differenziert und zum Teil mit Verständnis für institutionelle Zwänge im Journalismus. Das Vertrauen in Medien ist bei einem Großteil der Skeptiker (noch) nicht verloren, was sich auch in der fortwährenden Nutzung von Medien ausdrückt. Eine Implikation der Untersuchungen ist, dass Medien sich deutlich stärker gegenüber ihrem Publikum öffnen sollten. Mehr Transparenz über das, was in Medien geleistet wird, wie dort gearbeitet wird und mehr Kontakte zwischen Medium und Rezipienten können helfen, Distanzen abzubauen. Die ganz harten Medienkritiker, diejenigen, die Vertrauen in Medien gänzlich verloren haben, stellen nur eine kleine Gruppe. Bei diesen Hardlinern muss man davon ausgehen, dass Medien hier keine Chance haben, diese Personen in Zukunft wieder zu vertrauensvollen Rezipienten zu machen.

Die qualitativen Studien decken einen Mechanismus auf, der bisher in der Forschung nur wenig berücksichtigt ist: Vertrauen und Misstrauen treten bei Medienskeptikern parallel auf. Skepsis gegenüber einzelnen Beiträgen und Inhalten korrespondiert nicht zwangsläufig mit einem mangelnden Vertrauen in Medien allgemein. Dies bestätigt im weiteren Sinne die Sichtweise von Luhmann (1968), nach der Vertrauen und Misstrauen nebeneinander bestehen können.

Die Kombination der Studien dokumentiert die Notwendigkeit, bei der Forschung zu Medienmisstrauen sehr sorgfältig auf die Referenzen zu achten. Eine skeptische oder misstrauische Haltung gegenüber Medien lässt sich auch als Ausdruck einer kritischen Haltung gegenüber gesellschaftlichen Institutionen interpretieren – etwas, was in liberalen Demokratien von Staatsbürgern durchaus erwartet wird. Dass es um Vertrauen in Medien nicht so schlecht bestellt ist, wie es die Daten zu allgemeinem Medienvertrauen nahelegen, zeigen die Antworten, die sich auf konkrete Vertrauensaspekte beziehen. Namentlich genannten Journalisten wird mehr vertraut als den Journalisten allgemein. Spezifische Berichterstattungsfelder und konkrete Sendungen schneiden besser ab als „die Medien", wenn es um Vertrauen geht.

Literatur

Altmeppen, Klaus-Dieter/Büsch, Andreas/Filipović, Alexander (Hg.): Communicatio Socialis 48, 2 (2015)

Bachmann, Reinhard/Zaheer, Akbar (Hg.): Handbook of Advances in Trust Research, Cheltenham, Northampton 2013

Bachmann, Reinhard/Zaheer, Akbar (Hg.): Handbook of Trust Research, Cheltenham, Northampton 2006

Barber, Bernard: The Logic and Limits of Trust, New Brunswick 1983

Blöbaum, Bernd: Key factors in the process of trust. On the analysis of trust under digital conditions, in: Bernd Blöbaum (Hg.): Trust and Communication in a Digitized World, Cham 2016, S. 3–25

Blöbaum, Bernd: Trust and Journalism in a Digital Environment, Oxford 2014

Blöbaum, Bernd/Badura, Laura/Engelke, Katherine/Schmidt, Malte G.: IfK-Trendstudie Vertrauen, Münster 2018 (unveröff.)

Blöbaum, Bernd/Badura, Laura/Engelke, Katherine/Schmidt, Malte G.: IfK-Trendstudie Vertrauen, Münster 2017 (unveröff.)

Corritore, Cynthia L./Kracher, Beverly/Wiedenbeck, Susan: On-line trust: Concepts, evolving themes, a model, in: International Journal of Human-Computer Studies 58, 6 (2003), S. 737–758

Decker, Oliver/Kiess, Johannes/Brähler, Elmar: Die enthemmte Mitte. Autoritäre und rechtsextreme Einstellung in Deutschland. Die Leipziger Mitte-Studie, Gießen 2016, S. 49–58

Endreß, Martin: Vertrauen, Bielefeld 2002

Ferrer-Conill, Raul/Tandoc Jr., Edson C.: The Audience-Oriented Editor: Making sense of the audience in the newsroom, in: Digital Journalism 6, 4 (2018), S. 436–453

Fisher, Caroline: What Is Meant By 'Trust' In News Media?, in: Kim Otto/Andreas Köhler (Hg.): Trust in Media and Journalism. Empirical Perspectives on Ethics, Norms, Impacts and Populism in Europe, Wiesbaden 2018, S. 19–38

Fulmer, C. Ashley/Gelfand, Michele J.: At What Level (and in Whom) We Trust: Trust Across Multiple Organizational Levels, in: Journal of Management 38, 4 (2012), S. 1167–1230

Grosser, Katherine M.: Trust in Online Journalism: A conceptual model of risk-based trust in the online context, in: Digital Journalism 4, 8 (2016), S. 1036–1057

Habermas, Jürgen: Strukturwandel der Öffentlichkeit, Frankfurt am Main 1990

Hanitzsch, Thomas/van Dalen, Arjen/Steindl, Nina: Caught in the Nexus: A Comparative and Longitudinal Analysis of Public Trust in the Press, in: The International Journal of Press/Politics 23, 1 (2018), S. 3–23

Kohring, Matthias/Matthes, Jörg: Trust in News Media: Development and Validation of a Multidimensional Scale, in: Communication Research 34, 2 (2007), S. 231–252

Lewicki, Roy J./McAllister, Daniel J./Bies, Robert J.: Trust and Distrust: New Relationships and Realities, in: Academy of Management Review 23, 3 (1998), S. 438–458

Loosen, Wiebke/Schmidt, Jan-Hinrik: (Re-)discovering the audience: The relationship between journalism and audience in networked digital media, in: Information, Communication & Society 15, 6 (2012), S. 867–887

Luhmann, Niklas: Vertrauen. Ein Mechanismus der Reduktion sozialer Komplexität, Stuttgart 1968

Lyon, Fergus/Möllering, Guido/Saunders, Mark N. K.: Introduction: Researching Trust: The Ongoing Challenges of Matching Objectives and Methods, in: Fergus Lyon/Guido Möllering/Mark N. K. Saunders (Hg.): Handbook of Research Methods on Trust.,Second Edition, Cheltenham 2015, S. 1–22

McEvily, Bill/Tortoriello, Marco: Measuring trust in organisational research: Review and recommendations, in: Journal of Trust Research 1, 1 (2011), S. 23–63

Müller, Jan: Mechanisms of Trust: News Media in Democratic and Authoritarian Regimes, Frankfurt am Main 2013

Newman, Nic/Fletcher, Richard/Kalogeropoulos, Antonis/Levy, David A. L./Nielsen, Rasmus Kleis: Reuters Institute Digital News Report 2017, Oxford 2017

Priester, Karin: Definition und Typologie des Populismus, in: Soziale Welt 62, 2 (2011), S. 185–198

Rensmann, Lars: Populismus und Ideologie, in Frank Decker (Hg.): Populismus. Gefahr für die Demokratie oder nützliches Korrektiv?, Wiesbaden 2006, S. 59–80

RSF (Reporters without borders): Ranking 2018. 2018 World Press Freedom Index, 2018 (https://rsf.org/en/ranking/2018, 28.08.2018)

Schoorman, F. David/Mayer, Roger C./Davis, James H.: An Integrative Model of Organizational Trust: Past, Present, and Future, in: Academy of Management Review 32, 2 (2007), S. 344–354

Schoorman, F. David/Wood, Mallory M./Breuer, Christina: Would Trust by Any Other Name Smell as Sweet? Reflections on the Meanings and Uses of Trust Across Disciplines and Context, in: Brian H. Bornstein/Alan J. Tomkins (Hg.): Motivating Cooperation and Compliance with Authority. The Role of Institutional Trust, New York 2015, S. 13–35

Schultz, Tanjev/Jackob, Nikolaus/Ziegele, Marc/Quiring, Oliver/Schemer, Christian: Erosion des Vertrauens zwischen Medien und Publikum, in: Media Perspektiven2017, Heft 5, S. 246–259

Tashakkori, Abbas/Teddlie, Charles (Hg.): SAGE Handbook of Mixed Methods in Social & Behavioral Research, Second Edition, Thousand Oaks u. a. 2010

Tsfati, Yariv: Media Scepticism and Climate of Opinion Perception, in: International Journal of Public Opinion Research 15, 1 (2003), S. 65–82

Tsfati, Yariv/Ariely, Gal: Individual and Contextual Correlates of Trust in Media Across 44 Countries, in: Communication Research 41, 6 (2014), S. 760–782

Tsfati, Yariv/Cappella, Joseph N.: Do People Watch what they Do Not Trust? Exploring the Association between News Media Skepticism and Exposure, in: Communication Research 30, 5 (2003), S. 504–529

Usher, Nikki: Re-Thinking Trust in the News: A material approach through „Objects of Journalism", in: Journalism Studies 19, 4 (2018), S. 564–578

Viola Granow, Nikolaus Jackob, Marc Ziegele, Oliver Quiring,
Christian Schemer, Tanjev Schultz

Interpersonales Vertrauen als Prädiktor für Medienvertrauen

Befunde der Mainzer Langzeitstudie

1 Einleitung

Seit dem (Wieder-)Aufkommen der Lügenpresse-Vorwürfe im Jahr 2014 ist das Vertrauen in die Medien zu einem der zentralen Themen des öffentlichen Diskurses geworden (Jackob u. a. 2017a). Demokratische Gesellschaften sind auf informierte Bürger angewiesen, welche die für ihre Meinungsbildung und Entscheidungsfindung notwendigen Informationen größtenteils den Medien entnehmen: „Was wir über unsere Gesellschaft, ja über die Welt, in der wir leben, wissen, wissen wir durch die Massenmedien" (Luhmann 2009, 9). Das Vertrauen in die Medien ist folglich nicht nur für die Medien selbst, sondern ebenso für die Gesellschaft als Ganzes relevant.

Dies ist mit der Rolle der Medien im gesellschaftlichen System zu begründen, denn sie haben innerhalb einer modernen, demokratischen Gesellschaft grundlegende politische und soziale Aufgaben zu erfüllen: Auf politischer Ebene sollen sie Öffentlichkeit herstellen, politische Sozialisation ermöglichen, kritisieren und kontrollieren sowie zur politischen Bildung beitragen, während Medien auf sozialer Ebene zur Sozialisation beitragen, Wissen vermitteln und soziale Orientierung bieten (Weischenberg u. a. 2006, 30; Kepplinger 2011, 9; Mast 2012, 26).

Im Idealfall erfüllt der Journalismus damit entscheidende Funktionen für eine intakte Demokratie, denn auf Grundlage der in journalistischen Inhalten verbreiteten Informationen kann eine (politische) Meinungs- und Willensbildung der Bürger stattfinden (Weischenberg u. a. 2006, 30; Mast 2012, 26). Diese Verantwortung können Medien allerdings nur dann erfüllen, wenn ihre Inhalte auch rezipiert und für individuelle Meinungsbildungsprozesse und Entscheidungen von Bürgern herangezogen und akzeptiert werden. Voraussetzung dafür ist wiederum das Vertrauen, das ihnen die Bürger entgegenbringen. Und um dieses Vertrauen kreist der Diskurs innerhalb und außerhalb des Faches seit geraumer Zeit – vor allem darum, was mit der Gesellschaft geschieht, wenn es erodiert oder verloren geht (Schultz u. a. 2017; Ziegele u. a. 2018). Was dagegen nicht ver-

https://doi.org/10.1515/9783110590470-006

gleichbar intensiv erforscht wird, ist die Frage nach den Ursachen für Vertrauen in die Medien (vgl. auch den Beitrag von Michael Meyen in diesem Band).

Viele der einleitend vorgetragenen Gedanken sind sicherlich grundlegend für die Kommunikationswissenschaft und haben – trotz der Aktualität der Debatte selbst – keinen Neuigkeitswert. Über die Rolle des Medienvertrauens für die Funktionserfüllung des Journalismus und seine gesellschaftlichen Wirkungen wird im nationalen und internationalen Fachdiskurs seit Langem lebhaft geforscht. Spätestens seit der Jahrtausendwende ist mit den einschlägigen Arbeiten von Tsfati und Kollegen (z. B. Tsfati/Cappella 2003 und Tsfati/Peri 2006) sowie Kohring (2004) Grundlagenarbeit geleistet worden. Hier stand zumeist die Definition und Messung des Phänomens an sich im Mittelpunkt (Kohring 2004; Kohring/Matthes 2007) sowie seine Beziehungen zu anderen Konstrukten – etwa als abhängige oder unabhängige Variable von Mediennutzung (Tsfati/Cappella 2003) oder als Mediatorvariable im Medienwirkungsprozess (Tsfati 2003a; Tsfati 2003b). Weniger umfassend erforscht sind jedoch bis dato die Ursachen des Medienvertrauens: *Welche individuellen Faktoren beeinflussen, ob Menschen Vertrauen in die Medien haben?*

Bisherige empirische Studien (z. B. Jackob 2012b; Jackob u. a. 2017a; und überblicksartige Analysen z. B. Tsfati/Ariely 2014) legen den Schluss nahe, dass die individuelle Ausprägung des Medienvertrauens unter anderem von persönlichen Prädispositionen abhängt, etwa politischen und gesellschaftsbezogenen Einstellungsmustern und psychologischen Charakteristika von Personen. Auch das individuelle Mediennutzungsverhalten steht in einem Zusammenhang zu verschiedenen Niveaus von Medienvertrauen, wobei die Kausalitätsrichtung diskutabel ist.

Die soziologische und psychologische Vertrauensforschung legt den Schluss nahe, dass eine wesentliche Einflussgröße auf die Entstehung und die Ausprägung einer Vielzahl von Vertrauensbezügen – darunter Institutionenvertrauen und das hier relevante Medienvertrauen – das in Kindheit und Jugend erworbene interpersonale Basisvertrauen ist. Die zentrale Annahme des vorliegenden Beitrages lautet, dass Individuen sich hinsichtlich ihrer persönlichen Vertrauenstendenz unterscheiden und sich diese individuellen Niveaus an interpersonalem Vertrauen auch auf andere Vertrauensbezüge in ihrem Leben auswirken. Je nachdem, ob sie viel Zutrauen in ihre Mitmenschen und ihre Umwelt hegen oder nicht, sollten sie, der Annahme entsprechend, auch unterschiedliche Niveaus an Medienvertrauen aufweisen. Dieser Zusammenhang wurde in Theoriearbeiten plausibilisiert und in singulären Querschnittsstudien auch vereinzelt aufgezeigt (Jackob 2012a, 100; Jackob 2012b; Tsfati/Ariely 2014) – es fehlt jedoch eine systematische Analyse auf Basis eines im Großen und Ganzen einheitlichen Erhebungsmodells, die mehrere Erhebungszeiträume umfasst, um die insgesamt sehr plausiblen, aber selten erforschten Zusammenhänge auf soliderer Basis betrachten zu können. Ziel des vorliegenden Beitrages ist es daher zu untersuchen, *inwiefern die individuelle interpersonale Vertrauenstendenz eines Menschen als Prädiktor für Medienvertrauen herangezogen werden kann*. Auf diese Weise soll der einschlägigen Vertrauensforschung auch aufgezeigt werden, dass Kausalmodelle, die solche individuellen Traits unbeachtet lassen, Blindstellen bei der Erklärung von Medienvertrauen aufweisen.

Hierfür definiert der Beitrag zunächst die Konzepte Vertrauen, interpersonales Vertrauen sowie Medienvertrauen, um darauf aufbauend Hypothesen über den Zusammenhang zwischen interpersonalem Vertrauen und Medienvertrauen abzuleiten. Im Methodenteil werden daraufhin die Stichproben der einzelnen Erhebungswellen der *Mainzer Langzeitstudie Medienvertrauen* aus den Jahren 2008, 2015, 2016 und 2017 vorgestellt und die Operationalisierung der relevanten Variablen erklärt. Anschließend werden die formulierten Annahmen empirisch überprüft. Im abschließenden Fazit werden die Ergebnisse zusammengefasst und ihre Implikationen für weitere Forschung und die Gesellschaft diskutiert.

2 Vertrauen

Verschiedene Wissenschaftsdisziplinen definieren Vertrauen auf unterschiedliche Weise.[1] Eine sinnvolle begriffliche Annäherung bietet Simmel, der Vertrauen als „Hypothese künftigen Verhaltens" (Simmel 1968, 263) definiert, die zuverlässig genug ist, um daraus praktische Maßnahmen abzuleiten. Für Simmel stellt Vertrauen damit einen Zustand zwischen Wissen und Nichtwissen dar. Der Wissende braucht aus seiner Sicht nicht zu vertrauen, während der Nichtwissende vernünftigerweise nicht vertrauen kann (Simmel 1968, 263). Vertrauen ist ein zweiseitiges Phänomen, das eine Beziehung zwischen zwei Akteuren, dem Vertrauensgeber und dem Vertrauensnehmer, beschreibt (Coleman 1990, 96; Gambetta 2001). Vertraut man, bezieht man sich in seiner eigenen Handlung auf die antizipierte Handlung eines anderen Menschen und nimmt die Zukunft damit vorweg (Gambetta 2001, 211; Luhmann 2014, 19).

In vielen Fällen ist die Beziehung durch eine gewisse Asymmetrie gekennzeichnet: Während der Vertrauensnehmer über eine Ressource wie Wissen oder spezifische Fähigkeiten verfügt, fehlen diese spezifischen Ressourcen dem Vertrauensgeber, der deswegen vom Vertrauensnehmer abhängig ist und sich frei-

---

1 Einen breiten Überblick über die Definitionen des Begriffs „Vertrauen" in verschiedenen Disziplinen liefern die Arbeiten von Jackob 2012a und Jakobs 2018 (Kapitel 2).

willig auf diesen verlässt (Lewis/Weigert 1985, 969; Dernbach/Meyer 2005, 15). Bei Vertrauen handelt es sich um einen Zustand der „Unwissenheit und Unsicherheit" (Gambetta 2001, 212), der mit einem gewissen Risiko verbunden ist, da der Vertrauensgeber sich seiner Einschätzung nie ganz sicher sein kann, trotzdem aber die Kontrolle über eine Situation abgibt (Luhmann 2014, 27; Offe 2001, 250 – 252). Stabile Vertrauensbeziehungen reduzieren Komplexität (Luhmann 2014, 19). Damit ist Vertrauen auch als soziales Kapital zu betrachten (Rusche 2011, 50), das die Voraussetzung für den Aufbau arbeitsteiliger Gesellschaften darstellt (Luhmann 2014, 126). Insbesondere in modernen komplexen und vernetzten Gesellschaftssystemen dient Vertrauen dazu, die Handlungsfähigkeit von Individuen und Institutionen aufrechtzuerhalten (Schweer/Thies 2005, 60). Denn für die Stabilität des gesellschaftlichen Ganzen ist es essenziell, dass die Individuen einander sowie ihren Institutionen vertrauen – oder zumindest nicht fundamental misstrauen. Forschung zum Vertrauen in Individuen und Institutionen ist Gegenstand verschiedener Wissenschaftsdisziplinen, beispielsweise der Psychologie, der Politikwissenschaft und der Soziologie, weshalb im Folgenden einige Konkretisierungen erfolgen.

2.1 Interpersonales Vertrauen

Interpersonales Vertrauen beschreibt die Erwartung eines Individuums oder einer Gruppe, dass den Aussagen, Handlungsabsichten oder Handlungen eines anderen Individuums oder einer anderen Gruppe vertraut werden kann (Rotter 1967, 651). Nach Rotter unterscheiden sich Individuen „in a *generalized expectancy* that the oral or written statement of other people can be relied upon. The development of such generalized attitude may be learned directly from the behavior of parents, teachers, peers, etc." (Rotter 1967, 653; Hervorhebung im Original). Bei der Entstehung dieses Vertrauens spielen folglich individuell identifizierbare Sozialisationsinstanzen eine Rolle, das Konstrukt selbst ist hingegen generalisiert: Interpersonales Vertrauen in diesem Sinne ist, ähnlich wie Institutionen- oder Medienvertrauen, nicht konkretes Vertrauen in einzelne, persönlich bekannte Akteure – vielmehr handelt es sich um eine verallgemeinerte Haltung, ein abstraktes, generalisiertes Vertrauen im Sinne einer stabilen, langfristig erworbenen Charaktereigenschaft. Diese verallgemeinerte Haltung wird im Laufe des Lebens erlernt und aus dem Verhalten von Eltern, Gleichaltrigen oder anderen Bezugspersonen abgeleitet: Personen, die in ihrer Sozialisation vorwiegend positive Erfahrungen in zwischenmenschlichen Beziehungen gemacht haben, tendieren deswegen eher dazu, auch anderen Menschen zu vertrauen (Rotter 1967, 653).

Auch Erikson (1968) geht davon aus, dass diese individuelle Vertrauensdisposition als Persönlichkeitseigenschaft Einfluss auf das Verhalten hat.

Eng verbunden mit diesem Verständnis von zwischenmenschlichem Vertrauen ist „moralistic trust": Der Begriff beschreibt eine allgemeine, generalisierte und in der individuellen Sozialisation erworbene Überzeugung, dass den meisten Menschen vertraut werden kann (Uslaner 2002, 21). Diese Art generalisiertes Vertrauen stellt ein Persönlichkeitsmerkmal dar, das mit – je nach gesammelten Erfahrungen – einer optimistischen Einstellung anderen Menschen gegenüber einhergeht, die nicht an Einzelpersonen oder Gruppen gebunden ist. Moralisches Vertrauen ist so verstanden ein Synonym für jene *allgemeine, übergreifende Vertrauenstendenz*, die von persönlichen und sozialen Erfahrungen der ersten Lebensjahre abhängt (Putnam 2000, 139). Vor diesem Hintergrund wird interpersonales Vertrauen im vorliegenden Beitrag als erworbene Prädisposition von Individuen verstanden, ein Trait, der sich generell darauf auswirkt, inwieweit man anderen Menschen – aber auch Dingen – vertraut (Hartmann/Offe 2001, 27).[2] Personen, die hohes interpersonales Vertrauen aufweisen, das zeigt die bisherige Forschung (Jackob 2012a; Jackob 2012b; Fuchs u. a. 2002, 445; Liu/Stolle 2017), haben gelernt, dass sie sich auf Vertrauen als hilfreichen sozialen Mechanismus verlassen können (Gambetta 2001). Sie sind bei der individuellen Komplexitätsreduktion leistungsfähiger, haben einen größeren Handlungsspielraum, mehr soziale Freiheitsgrade und zum Teil auch soziale beziehungsweise ökonomische Ressourcen sowie ein weiter gespanntes soziales Netz. Damit geht oft ein insgesamt benevolentes Weltbild einher, das es ihnen auch ermöglicht, Ambiguität und einzelne kognitive Erschütterungen zu ertragen – etwa im Vertrauen gegenüber Institutionen und sozialen Systemen, beispielsweise aus Wirtschaft und Politik (Uslaner 2002, 14 – 50). Schlussendlich haben sie auch ein höheres Zutrauen in die Leistungs- und Funktionsfähigkeit des Staats beziehungsweise der Demokratie. Neuere Analysen der *Mainzer Langzeitstudie Medienvertrauen* zeigen auch, dass sie fundamental höheres Medienvertrauen aufweisen (Ziegele u. a. 2018).

2.2 Medienvertrauen

Der Begriff *Medienvertrauen* beschreibt das Vertrauen der Bürger in die Institution der Mainstreammedien (Tsfati/Cappella 2003, 506). Unter medialem Mainstream versteht man die Nachrichtenmedien, „die am weitesten verbreitet, am leichtesten verfügbar und strukturell wie inhaltlich am ähnlichsten gestaltet sind" (Jac-

---

2 Einen fundierten Überblick zu diesem Themenkomplex gibt Jackob 2012b.

kob u. a. 2017a, 229) und von einer Mehrheit der Menschen rezipiert werden (Tsfati/Peri 2006, 167–168; Jackob u. a. 2017a, 229).

Bei einer übergreifenden Betrachtung der bisherigen Vertrauensforschung lassen sich im Wesentlichen drei verschiedene theoretisch-konzeptionelle und methodische Herangehensweisen herausarbeiten (Schielicke u. a. 2014; Jackob u. a. 2017): Ein erster Ansatz operationalisiert Medienvertrauen als Funktion der (wahrgenommenen) Qualität der vom Rezipienten jeweils am häufigsten genutzten Medien. Vor dem Hintergrund der individuellen Mediennutzung der jeweiligen Befragten sollen diese zum Beispiel die Selektionsleistung oder Faktizität von Medienberichten evaluieren. Im Mittelpunkt dieses Ansatzes stand vor allem eine systemtheoretisch fundierte Entwicklung und Anwendung einer differenzierten Skala zur Messung von Medienvertrauen (Kohring/Matthes 2007). Ein zweiter, unmittelbar aus der älteren Medienglaubwürdigkeitsforschung entstammender Ansatz generalisiert den Medienbegriff auf alle potenziell genutzten oder verfügbaren Medienangebote. Zur Messung werden klassische Skalen zur Glaubwürdigkeitsmessung verwendet (z. B. Gaziano/McGrath 1986; Meyer 1988): Glaubwürdigkeitsindikatoren in Form von Leistungswahrnehmungen (z. B. sachliche, ausgewogene Informationsversorgung) werden aggregiert und als Maße von Vertrauen interpretiert. Wo diese beiden erstgenannten Ansätze Leistungen beziehungsweise Leistungserwartungen von Medien als Indikatoren von Vertrauen zur Operationalisierung heranziehen, ähneln sie einander – ein wesentlicher Unterschied liegt im Bezugsobjekt: konkret und selbst genutzte Medienangebote vs. das Kollektivobjekt „Medien".

Ein dritter und im vorliegenden Beitrag vertretener Ansatz begreift Medien ebenfalls als abstrakten Kollektivbegriff für etablierte Medien beziehungsweise den medialen Mainstream, anstatt auf konkret genutzte oder verfügbare Einzelmedien und damit verbundene Nutzungserfahrungen zu setzen. Mit etablierten Medien sind beispielsweise Zeitungen und Rundfunksender gemeint, die als bekannte journalistische Marken schon länger existieren, eine bedeutsame Zahl an Menschen erreichen und für den öffentlichen Diskurs prägend sind. Medienvertrauen bedeutet hier das Vertrauen in die Institutionen der etablierten Nachrichtenmedien, wobei es sich um subjektive und persönliche Wahrnehmungen handelt, die eine vergleichsweise hohe Stabilität haben und unabhängig von den objektiven Qualitäten der Quelle sind (vgl. Tsfati/Cappella 2003, 506–507). Dieses generalisierte Konzept von Medienvertrauen ist anschlussfähig an die klassische Forschung zum Institutionenvertrauen, etwa zum Vertrauen in Banken, in die Justiz und politische Parteien (Fuchs u. a. 2002; als Überblick Jackob 2012a sowie Jackob 2012b).

Ganz unabhängig davon, welcher empirisch-konzeptionelle Ansatz gewählt wird, sind die Prämissen der Studien aller drei Ansätze der Vertrauensforschung in der Regel ähnlich, was unter anderem damit zusammenhängt, dass sie alle von denselben allgemein anerkannten Funktionen des Mediensystems und den korrespondierenden normativen Anforderungen ausgehen: Die Medien sollen Informationen aus der Welt bereitstellen, um der Gesellschaft Orientierung und Entscheidungshilfen zu bieten. Diese Informationen kann das auf sie angewiesene Publikum jedoch in der Regel kaum mithilfe medienunabhängiger Quellen überprüfen (Tsfati/Peri 2006, 171). Rezipienten müssen annehmen, dass Journalisten über geeignete Auswahl- und Bewertungskriterien sowie Kompetenzen verfügen, um die Bevölkerung über relevante Themen zu informieren und einen umfassenden und unabhängigen Blick auf die Realität zu liefern (Kohring 2004; Jackob 2012b). Da die Bürger selbst nicht ohne weiteres über ebendiese Kompetenzen verfügen, sind sie auf die Medien angewiesen. Das Vertrauen der Rezipienten basiert auf der Erwartung, dass sie und die Gesellschaft als Ganzes von den Leistungen der Medien profitieren (Tsfati/Cappella 2003, 506).

Medien werden also insbesondere in komplexen und arbeitsteiligen Gesellschaften benötigt, um Prozesse zu vereinfachen und (Transaktions-)Kosten zu senken. Rezipienten vertrauen aus mangelnder eigener Fähigkeit, die Welt in der dafür nötigen Tiefe informativ zu durchdringen, dem „Expertenrat" der Medien und sind darauf angewiesen, sich auf diesen verlassen zu können (Jackob 2012a, 99–100). Mit dieser Abhängigkeit geht auch eine Verantwortung der Medien einher, sorgfältig und gewissenhaft zu arbeiten und das Vertrauen nicht zu missbrauchen.

Vor diesem Hintergrund wird im Folgenden unter dem Begriff Medienvertrauen das generelle Vertrauen in den medialen Mainstream und die „Bejahung der allgemein akzeptierten gesellschaftlichen Rolle der Medien" (Jackob 2012a, 127) verstanden.

3 Die individuelle Vertrauenstendenz als Prädiktor von Medienvertrauen

Wie Medienvertrauen entsteht, kann eine Vielzahl von Ursachen haben; eine systematische Forschung hat bisher nur in Ansätzen stattgefunden. Grundsätzlich lässt sich zwischen medienbezogenen Ursachen und Ursachen außerhalb des Mediensystems unterscheiden (vgl. Jackob 2012a, 131; Kohring 2004): Führen erlebte Fehlleistungen von Medien etwa zu Vertrauensverlusten, läge eine binnenmediale Ursache vor. Weist ein Individuum niedriges interpersonales Vertrauen auf, das sich in niedrigeren Niveaus von Medienvertrauen niederschlägt, hätte man eine externe Ursache gefunden. Alternativ kann zwischen manifesten und latenten Gründen unterschieden werden (Jackob 2012b, 101–105): Bei manifesten Gründen handelt es sich um Faktoren, derer sich Menschen bewusst sind, wenn sie nach Ursachen für ihr Vertrauen in Medien gefragt werden (Jackob 2012b, 101–105).[3] Ein manifester Vertrauensgrund kann beispielsweise eine negative Erfahrung mit Medien – zum Beispiel ein Fehler in der Berichterstattung – sein (Jackob 2009, 199). Tsfati und Cappella (2003, 519) sprechen in diesem Kontext von der subjektiven Wahrnehmung der Genauigkeit, Glaubwürdigkeit und Objektivität der Medien als Kern der Vertrauensbeziehung. Des Weiteren könnten Menschen mit starken Überzeugungen solche Medien kritisch sehen, die der eigenen Meinung widersprechen (Newton 2017, S. 360). Darüber hinaus kann zum Beispiel auch die individuelle Mediennutzung einen medienspezifischen Grund für das Vertrauen in die Medien darstellen (Tsfati/Peri 2006; Tsfati/Ariely 2014).

Neben manifesten Gründen existieren diverse mögliche latente Gründe (Jackob 2012b, 103). Hierbei handelt es sich um jene Gründe, derer sich die Rezipienten nicht zwangsläufig bewusst sind, wenn sie nach ihrem Vertrauen in die Medien gefragt werden. Latente Gründe können in Zusammenhang mit der Mediensozialisation oder mit Persönlichkeitsmerkmalen der Rezipienten stehen (Tsfati 2003a, 69; Jackob 2012a, 136; Jackob 2012b, 103).

Die Mehrzahl der Studien zum Medienvertrauen fokussiert auf Einflussfaktoren wie politische Präferenzen, Alter, Ethnizität, Geschlecht und Bildung (Tsfati/Ariely 2014; siehe im Detail auch Beaudoin 2009; Jones 2004; Metzger u. a. 2010). Viele individuelle Prädispositionen werden jedoch vernachlässigt. Dies gilt insbesondere für die individuelle Tendenz, anderen Menschen zu vertrauen: Die Anzahl der Untersuchungen, die explizit den Einfluss individueller Prädispositionen bei der Entwicklung des Vertrauens in die Medien untersuchen, ist gering (Jackob 2012b, 108).

Die Persönlichkeitspsychologie schreibt individuellen Prädispositionen jedoch eine große Rolle zu (Asendorpf/van Aken 2003). Beispielsweise können diese Prädispositionen kurz- und mittelfristige Orientierungen und Verhaltensmuster beeinflussen (McCrae/Costa 1995, 238–248). Solche Eigenschaften werden in der psychologischen Forschung berücksichtigt, weil ihr Einbezug die Erklärungskraft der Modelle erhöht und so ein besseres Verständnis der zu untersuchenden Orientierungen und Verhaltensweisen ermöglicht. Im Mittelpunkt der vorliegenden Studie steht daher die individuelle Tendenz zum Vertrauen als

---

3 Für eine tiefergehende Definition der Begriffe „manifest" und „latent" siehe Merton 1957, 60–69.

möglicher latenter Faktor, der das Vertrauen in die Medien zumindest teilweise erklären könnte.

Bisherige Forschung zur Beziehung zwischen interpersonalem Vertrauen und Institutionenvertrauen konnte bereits einen positiven Zusammenhang zeigen, sodass davon ausgegangen werden kann, dass die individuelle interpersonale Vertrauenstendenz sich auf andere Vertrauensbeziehungen auswirken kann (z. B. Fuchs u. a. 2002; Liu/Stolle 2017). Dies gilt auch für das Vertrauen in die Medien: Menschen mit einem hohen Maß an generalisiertem interpersonalen Vertrauen verlassen sich tendenziell eher auf die Medien als misstrauische Menschen. Erste Studien im Bereich der Medienvertrauensforschung lieferten hierfür belastbare Hinweise (z. B. Jackob 2012b), jedoch handelt es sich zumeist um singuläre Querschnittserhebungen. Vor dem Hintergrund dieses Forschungsdefizits und angesichts der möglichen Bedeutung des interpersonalen Vertrauens für nahezu alle anderen Vertrauensbeziehungen widmet sich der vorliegende Beitrag deshalb der Frage, *inwiefern die individuelle interpersonale Vertrauenstendenz eines Menschen als Prädiktor für Medienvertrauen herangezogen werden kann.*

Auf Grundlage bisheriger Forschung (z. B. Fuchs u. a. 2002; Liu/Stolle 2017; Jackob 2012b) wird zunächst angenommen, dass *ein höheres Maß interpersonalen Vertrauens zu einem höheren Medienvertrauen führt* (Hypothese 1). Darüber hinaus wird angenommen, dass diese *sozialisierte, situationsübergreifende Persönlichkeitseigenschaft im Zeitverlauf einen strukturell stabilen Anteil der Varianz von Medienvertrauen erklärt* (Hypothese 2).

4 Methode

4.1 Durchführung und Stichprobe

Die vorliegende Arbeit greift auf die vier bisher erhobenen bevölkerungsrepräsentativen Wellen der *Mainzer Langzeitstudie Medienvertrauen* zurück, sodass ein Zeitreihenvergleich zur Beantwortung der Forschungsfrage herangezogen werden kann. Die Daten aller Wellen wurden im Rahmen computergestützter Befragungen (CATI) erhoben. Standardisiert befragt wurden Personen ab 16 beziehungsweise 18 Jahren.[4] Die befragten Privathaushalte wurden in allen Wellen durch verschiedene Telefonstichprobenverfahren zufällig ermittelt, innerhalb der ausgewählten Haushalte wurde anschließend mithilfe der Last-Birthday-Methode

---

4 Mit Ausnahme der Erhebungen in 2008 und 2015 (Befragte ab 16 Jahren) wurden Teilnehmer ab 18 Jahren telefonisch befragt.

(Möhring/Schlütz 2010) ein Gesprächspartner ausgewählt. Die Befragungen wurden jeweils in Interview-Centern des Instituts für Publizistik (Welle 2015) beziehungsweise verschiedener Meinungsforschungsinstitute (Wellen 2008, 2016 und 2017) von geschulten Interviewern durchgeführt und dauerten zwischen 15 und 30 Minuten.

Die Daten der ersten Welle wurden im Mai *2008* erhoben. Die Auswahl der Haushalte erfolgte mithilfe des Rösch-Verfahrens. Die Stichprobe von N = 850 setzte sich aus 52 Prozent weiblichen und 48 Prozent männlichen Befragten zusammen. Das Durchschnittsalter der Befragten der ersten Erhebung betrug 48 Jahre (SD = 18.45; SE = .64). 83 Prozent der Stichprobe stammte aus Westdeutschland.

Für die zweite Welle wurde im Juni *2015* eine Dual-Frame-Telefonstichprobe (Festnetz- und Mobilfunk-Nummern) mit N = 525 Befragten gezogen. Die Interviews wurden im CATI-Studio des Instituts für Publizistik an der Johannes Gutenberg-Universität Mainz geführt. Ähnlich wie in der ersten Welle lag der Anteil der weiblichen Befragten bei 52 Prozent der Stichprobe (M = 1.48, SD = .50; SE = .02). Befragt wurden Teilnehmer zwischen 16 und 93 Jahren (M = 47.20 Jahre; SD = 17.82; SE = .82). Der Wohnort der Befragten wurde hier nicht erfasst, sodass keine Auskunft über den Anteil der Ost- und Westdeutschen in der Stichprobe gegeben werden kann.

Im Oktober und November *2016* folgte eine dritte Erhebungswelle.[5] Die Zufallsstichprobe von N = 1.200 Personen wurde nach dem ADM-Telefonstichprobensystem generiert. 51 Prozent der Befragten waren weiblich, 49 Prozent männlich. Das Durchschnittsalter der Befragten betrug 50 Jahre (SD = 18.41; SE = .53), der älteste Befragte war 90 Jahre alt, die jüngsten Befragten dieser Stichprobe waren 18 Jahre alt. Der überwiegende Teil der Befragten (84 Prozent) stammte aus Westdeutschland.

In der vierten Welle, die im Oktober und November *2017* erhoben wurde, wurden insgesamt N = 1.202 gültige Fälle generiert. Die mithilfe des Schwedenschlüssels generierte Zufallsstichprobe bestand etwa zur Hälfte aus weiblichen Befragten (51 Prozent), 49 Prozent der Befragten waren männlich. Das Alter der Befragten variierte zwischen 18 und 93 Jahren (M = 50 Jahre; SD = 18.52; SE = .53). 84 Prozent der Befragten lebten in Westdeutschland, während die restlichen 16 Prozent angaben, in einem ostdeutschen Bundesland zu leben.

---

5 Die Wellen in den Jahren 2016 und 2017 wurden vom Impulsfonds des Landes Rheinland-Pfalz sowie dem Forschungsschwerpunkt Medienkonvergenz der Johannes Gutenberg-Universität unterstützt.

4.2 Messinstrumente und relevante Variablen

Da die in den vier Wellen verwendeten Fragebögen sich teilweise voneinander unterscheiden, werden im Folgenden die für die vorliegende Untersuchung zentralen Variablen eingeführt. Alle Fragebögen beinhalteten neben diesen Variablen eine Reihe an Fragen zu politischen und gesellschaftlichen Themen (z. B. Politikinteresse, Politikverdrossenheit, Demokratiezufriedenheit, Parteipräferenz) sowie eine umfassende Erfassung des Mediennutzungsverhaltens. Ebenfalls wurden grundlegende soziodemografische Abfragen durchgeführt: So wurden in den Befragungen jeweils Merkmale wie Geschlecht, Alter, Bildung und Wohnort der Befragten erfasst. Im Jahr 2017 wurden zudem erstmals neu entwickelte Fragen zur gefühlten Entfremdung von den Medien sowie zum Wissen über den Journalismus gestellt. Die Antworten der Befragten wurden – soweit nicht anders vermerkt – mithilfe fünfstufiger Likert-Skalen (1 = niedrige Ausprägung bzw. hohe Ablehnung bis 5 = hohe Ausprägung bzw. hohe Zustimmung) erfasst.

Medienvertrauen: Die abhängige Variable Medienvertrauen wurde in allen vier Wellen mithilfe einer Batterie von Items abgefragt, von dem das wichtigste in allen Wellen identisch vorgetragen wurde. Zentraler Indikator für das Niveau des individuellen Medienvertrauens sind die Antworten der Befragten auf die Frage, ob man den Medien vertrauen kann, „wenn es um wirklich wichtige Dinge geht – etwa Umweltprobleme, Gesundheitsgefahren, politische Skandale". Diese Frage hat sich mittlerweile auch in anderen Studien als ein Maß für Medienvertrauen etabliert (vgl. z. B. die Studien der Stiftung Neue Verantwortung[6]).

Interpersonales Vertrauen: In allen vier Wellen wurden drei etablierte Items zur Operationalisierung interpersonalen Vertrauens herangezogen (z. B. „Im Allgemeinen/Grunde kann man den (Mit-)Menschen vertrauen"; Rotter 1967; Beierlein 2014). Während in den Wellen 2008 (α = .56) und 2015 (α = .67) jeweils die Items „Man kann sich nur auf wenige Menschen verlassen" und „In der Regel begegne ich Menschen mit großer Vorsicht" verwendet wurden, waren es in den Wellen 2016 (α = .58) und 2017 (α = .65) die beiden inhaltlich ähnlichen Items „Ich bin davon überzeugt, dass die meisten Menschen gute Absichten haben" und „Heutzutage kann man sich auf niemanden mehr verlassen". Leichte Unterschiede bestehen in der Antworterfassung. So wurde im Jahr 2008 allein nach der Zustimmung (trifft zu/trifft nicht zu) zu den Aussagen gefragt, ab dem Jahr 2015 wurden die Antworten der Items zum interpersonalen Vertrauen auf einer fünfstufigen Likert-Skala erfasst. Für die zentralen Analysen dieser Studie sind die Unterschiede jedoch, wie im Folgenden gezeigt wird, statistisch unerheblich.

---

6 https://www.stiftung-nv.de/de.

Mediennutzung: Ebenfalls erfasst wurde in allen vier Wellen die Mediennutzung der Befragten, die neben den soziodemografischen Angaben als Kontrollvariable mit in die multiple Regression einfließt. Erfasst wurde im Jahr 2008 neben der Internet- und Fernsehnutzung (1 = täglich, 5 = gar nicht; 1 = etwa drei Stunden, 5 = ich sehe nie fern), die Regelmäßigkeit, mit der die *Bild*-Zeitung sowie *Spiegel* und *Focus* rezipiert wurden. Im Jahr 2015 wurde die Mediennutzungsabfrage erweitert: Abgefragt wurden Fernseh-, Zeitungs-, Radio-, Zeitschriften- und Internetnutzung (1 = mehrmals täglich, 6 = nie). In den Jahren 2016 und 2017 wurde auf fünfstufigen Skalen (1 = nie bis 5 = (fast) täglich) noch detaillierter abgefragt. So wurde erfasst, wie häufig die Befragten öffentlich-rechtliches Fernsehen (z. B. ARD oder ZDF), privates Fernsehen (z. B. RTL oder Pro7), Tageszeitungen (überregional sowie regional), Boulevardzeitungen (z. B. *Bild, Berliner Morgenpost*, Kölner *Express*) und das Internet nutzen.

5 Ergebnisse: Daten im Zeitverlauf

Um die Hypothesen zu überprüfen, werden die Daten der vier oben beschriebenen Befragungswellen herangezogen. Zunächst wird ein genereller Überblick über die Entwicklung des Vertrauens in Medien in Bezug auf „wichtige" Dinge gegeben. Anschließend wird dann die Rolle von interpersonalem Vertrauen als Prädiktor für die Tendenz, den Medien zu vertrauen, betrachtet.

In allen vier Wellen wurde das Vertrauen in Medien bezogen auf „wirklich wichtige Dinge" mithilfe eines Globalindikators erfasst. Während 2008 nur 9 Prozent der Befragten angaben, den Medien bei wichtigen Themen nicht zu vertrauen, wuchs der Anteil der „Misstrauischen" 2015 auf 19 Prozent an. 2016 gaben sogar 22 Prozent der Befragten an, den Medien eher/überhaupt nicht zu vertrauen, 2017 sank dieser Anteil auf weniger als ein Fünftel der Befragten (17 Prozent). Gleichzeitig ist in den vergangenen Jahren innerhalb der deutschen Bevölkerung die Zahl von Menschen mit eher hohem Medienvertrauen gestiegen: So waren in der zuletzt erhobenen Welle 2017 42 Prozent der Befragten der Ansicht, man könne den Medien „eher/voll und ganz" vertrauen. Die Daten legen demnach keinen drastischen Vertrauensverlust in die Medien nahe: Dies könnte darauf hindeuten, dass die Hysterie, die durch die in den vergangenen Jahren geführte hitzige „Lügenpressedebatte" entstanden ist, langsam abebbt (Ziegele u. a. 2018). Indiz dafür ist der wachsende Teil derer, die angeben, den Medien

„teils, teils" zu vertrauen.[7] Dies unterstützt die Aussage von Jackob und Kollegen aus dem Jahr 2017, dass ein „dramatischer, die Bevölkerung insgesamt ergreifender Vertrauensschwund" nicht zu erkennen ist (Jackob u. a. 2017b).

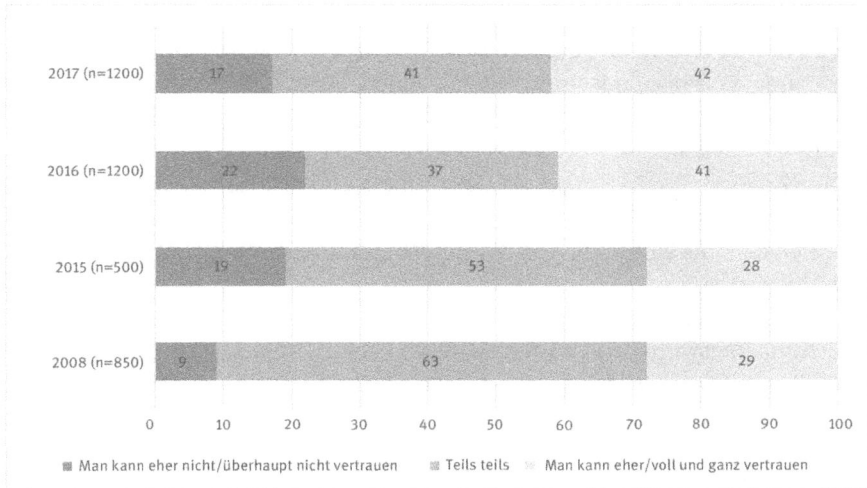

Abb. 1: Medienvertrauen im Zeitverlauf 2008–2017 in % (geringe Abweichungen von 100% aufgrund von Rundungen)

Frage: „Wie ist das, wenn es um wirklich wichtige Dinge geht – etwa Umweltprobleme, Gesundheitsgefahren, politische Skandale. Wie sehr kann man da den Medien vertrauen?"

Bei der Entwicklung des interpersonalen Vertrauens zeigt sich im Bevölkerungsquerschnitt erwartungsgemäß große Konstanz. Da interpersonales Vertrauen – wie dargelegt – ein vergleichsweise stabiles Vertrauenskonstrukt ist, das sich langsam über Jahrzehnte der Sozialisation herausbildet, war die Stabilität der statistischen Verteilung auch zu erwarten: So wiesen beispielsweise in den beiden Wellen, in denen interpersonales Vertrauen identisch abgefragt wurde (2016 und 2017), zwischen 29 und 32 Prozent der Befragten ein hohes Vertrauensniveau auf, 66 bzw. 67 Prozent ein mittleres und nur 2 bzw. 5 Prozent niedriges interpersonales Vertrauen. Die Unterschiede liegen innerhalb der statistischen Fehlerspanne (der Mittelwert auf der 5er-Skala lag 2016 bei 3,5 und 2017 bei 3,4). Insgesamt ist die Zahl von Menschen, die nicht in der Lage sind, ein tragfähiges Maß an interper-

---

7 Weiterführende Informationen zur Entwicklung des Medienvertrauens in Deutschland finden sich in Ziegele u. a. (2018).

sonalem Vertrauen in ihre Lebensbezüge einzubringen und somit auch andere Vertrauensbeziehungen gewinnbringend zu nutzen, in Deutschland sehr gering. Im Umkehrschluss bedeutet dies, legt man die Annahmen aus der soziologischen Forschung zugrunde, etwa zur Bedeutung von Vertrauen als Sozialkapital für arbeitsteilige Gesellschaften (Putnam 2000; Gambetta 2001), dass die deutsche Gesellschaft anscheinend über eine stabile Basis an Menschen mit positiven und belastbaren Sozialisationserfahrungen verfügt. Daraus sollten, folgt man der Theorie, vergleichsweise hohe Niveaus an Vertrauen auch in Institutionen folgen – etwa in die Medien.

Zur Analyse des Zusammenspiels von individueller Vertrauenstendenz und Medienvertrauen wurden im nächsten Schritt multiple hierarchische Regressionen gerechnet, die eine Reihe von relevanten Einflussgrößen berücksichtigen und kontrollieren:

Frühere Studien haben gezeigt, dass Medienvertrauen der Nutzer mit deren Mediennutzungsverhalten korrespondiert (Tsfati/Cappella 2003; Tsfati/Peri 2006). Ebenfalls zeigte sich in früherer Forschung teilweise ein Zusammenhang zwischen soziodemografischen Faktoren und dem Medienvertrauen, wenngleich die Ergebnisse inkonsistent sind (Cook/Gronke 2001, 12; Tsfati/Ariely 2014, 762).

Neben dem Einfluss der individuellen Tendenz, anderen Menschen zu vertrauen, wurden deshalb sowohl soziodemografische Faktoren (Alter, Geschlecht und Bildung) als auch die Mediennutzung der Befragten als Kontrollvariablen mit in die für die vier vorliegenden Wellen einzeln berechneten schrittweisen hierarchischen Regressionen einbezogen (vgl. das Vorgehen von Jackob 2012b in der Pilotstudie sowie Hanitzsch u. a. 2017, 9). Erst im letzten Schritt wurde die individuelle Vertrauenstendenz hinzugefügt. So können diese potenziellen zusätzlichen Einflussfaktoren kontrolliert werden und es kann gleichzeitig sichergestellt werden, dass die Vorhersagekraft der unabhängigen Variable für die abhängige Variable Medienvertrauen adäquat und als eigenständiger Einfluss abgetragen wird (Jackob 2012a, 169). Abschließend sollen die Ergebnisse der Regressionen gegenübergestellt werden.

Für alle vier Wellen zeigen die Regressionsanalysen wie in Hypothese 1 angenommen, dass Menschen, die ein hohes interpersonales Vertrauen aufweisen, ebenfalls höheres Medienvertrauen haben (Tabelle 1).[8] Interpersonales Vertrauen korreliert als einzige der einbezogenen Variablen zu allen vier Messzeitpunkten

---

8 Notiz zu Tabelle 1: Basis N2008 = 762; N2015 = 463; N2016 = 1173; N2017 = 1168. Alle Skalen reichen von 1 (niedrige Ausprägung bzw. hohe Ablehnung) bis 5 (hohe Ausprägung bzw. hohe Zustimmung). Referenzwert für dichotome Variablen: Geschlecht 1 = männlich, 2 = weiblich; Ost/West 1= Westdeutschland, 2 = Ostdeutschland). †p < .10; *p < .05; **p < .01; ***p < .001.

Tabelle 1. Hierarchische Regression: Interpersonales Vertrauen als Prädiktor von Medienvertrauen im Zeitverlauf

	2008			2015			2016			2017		
	β	b	SE b	β	b	SE b	β	b	SE b	β	b	SE b
Block 1: Soziodemographie												
Ost/West	.04	.22	.20	–	–	–	-.03	-.09	.08	.04	.09	.07
Alter	.00	.01	.09	-.00	-.00	.00	-.07†	-.00	.00	-.08*	-.00	.00
Geschlecht	.02	.10	.16	.09†	.17	.09	-.01	-.01	.06	-.08**	-.05	.05
Bildung	.05	.09	.07	-.11	-.00	-.01	.06	.00	.02	.03	.02	.02
Erklärte Varianz (R²)		.00			.01†			.01			.01***	
Block 2: Mediennutzung												
Öffentlich-rechtliches Fernsehen	.17***	.28	.06	.13**	.10	.04	.07*	.06	.03	.13***	.10	.13
Privates Fernsehen	–	–	–	.03	.02	.03	-.02	-.01	.02	-.02	-.01	-.02
Tageszeitungen	–	–	.14	.02	.00	.03	.05†	.04	.02	.11**	.06	.11
(Politische) Magazine	-.02	.07	.09	–	–	–	–	–	–	–	–	–
Boulevardmagazine	.07†	.18	.06	-.08	-.05	.03	-.00	-.00	.03	-.02	-.01	-.16
Internet	-.02	-.02	–	.08	.05	.03	-.00	-.00	.02	-.01	-.00	-.01
Radio	–	–	–	–	–	–	–	–	–	–	–	–
ΔR²		.03***			.04**			.01**			.04***	
Block 3: Interpersonales Vertrauen												
Interpersonales Vertrauen	.15***	.33	.08	.12*	.12	.05	.20***	.37	.05	.13***	.18	.13
ΔR²		.02***			.01*			.04***			.02***	
Gesamte Varianzaufklärung (R²)		.05***			.05*			.05***			.06***	

signifikant mit dem Medienvertrauen (zwischen β = .15; p < .001 und β = 20; p < .001).[9]

Wie in Hypothese 2 angenommen, zeigt sich über die Jahre hinweg ein konstanter positiver Zusammenhang zwischen der individuellen Tendenz, anderen Menschen zu vertrauen, und dem generalisierten Medienvertrauen: In allen vier Jahren erklärt das Gesamtmodell rund 5 Prozent der Varianz des Medienvertrauens (Tabelle 1).[10] Demzufolge stellt interpersonales Vertrauen als individuelle Prädisposition eines jeden Menschen einen kleinen, aber wichtigen und konstanten Faktor dar, der das allgemeine Vertrauen in Institutionen und Systeme wie die Medien erklären kann.

6 Diskussion und Ausblick

Vertrauen wirkt sich – in verschiedenen Formen – auf die unterschiedlichsten Aspekte des sozialen und gesellschaftlichen Lebens (Tsfati 2003, 77) aus. Ziel des Beitrags war es, die Vorhersagekraft der individuellen Tendenz, anderen Menschen zu vertrauen, für das individuelle Maß an Medienvertrauen zu betrachten. Mithilfe einer vierwelligen, bevölkerungsrepräsentativen Langzeitstudie wurde dieser Zusammenhang längsschnittlich untersucht. Die Daten unterstützen die eingangs formulierte Annahme und zeigen, dass Menschen, die bereit sind, ihren Mitmenschen zu vertrauen, auch eine stärkere Tendenz aufweisen, Medien und deren Inhalten Vertrauen entgegenzubringen. Interpersonales Vertrauen als Prädisposition stellt folglich einen Faktor dar, der einen Beitrag zur Erklärung von Vertrauen in gesellschaftliche Institutionen wie die Medien leisten kann. Dieser Befund ist über einen Zeitraum von zehn Jahren hinweg sehr stabil.

Die empirischen Befunde dieses Beitrages entsprechen den theoretischen Erwartungen unseres und anderer wissenschaftlicher Fächer an die Rolle und den Einfluss des interpersonalen Vertrauens, das als tiefer liegende und basale, längerfristig herausgebildete und über die Zeit stabile Persönlichkeitseigenschaft begriffen wird, die sich auf viele Bereiche des täglichen Lebens auswirkt. Der vorliegende Beitrag zeigt damit auch, wie schon die Pilotstudie von Jackob (2012b), dass Modelle zur Varianzaufklärung in der Forschung zu Medienvertrauen davon profitieren, neben Mediennutzungsmustern und vor allem politisch-gesellschaftlichen Einstellungen auch solche basalen psychologischen Kon-

---

9 2008: β = .15; p < .001; 2015: β = .12; p < .05; 2016: β = .20; p < .001; 2017: β = .13, p < .001.
10 Anteil der erklärten Varianz von Medienvertrauen durch die herangezogenen Variablen (Soziodemografika, Mediennutzung und interpersonales Vertrauen): 2008: R^2 = .05; p < .001; 2015: R^2 = .05; p < .05; 2016: R^2 = .05; p < .001; 2017: R^2 = .06 p < .001.

strukte einzubeziehen. Dies konnte anhand der Daten der *Mainzer Langzeitstudie Medienvertrauen* auch für eine gewisse Verschwörungsmentalität gezeigt werden (Jackob u. a. 2017a), die sich als unabhängiger Einflussfaktor im Sinne eines psychologischen Traits auf das Niveau verschiedener Vertrauensbeziehungen – etwa Vertrauen in Politik, Demokratie oder Medien – auswirken kann. Persönliche Prädispositionen wie das individuelle interpersonale Vertrauen sollten, so die Lesart dieses Beitrages, in Studien, die Medienvertrauen als abhängige Variable betrachten und multikausale Modelle zu entwickeln versuchen, grundsätzlich in die Modellbildung einbezogen werden.

Gleichwohl kann mithilfe der in diesem Beitrag vorgestellten Daten selbst auf den ersten Blick keine sichere Auskunft über eine Kausalbeziehung gegeben werden. Die hier angewendete Regressionslogik suggeriert dies, zweifelsfrei bestätigen lässt sich die Richtung des Zusammenhangs jedoch nicht (siehe Backhaus u. a. 2016). Da davon auszugehen ist, dass die individuelle Vertrauenstendenz dem Medienvertrauen mit Blick auf die individuelle Sozialisation zeitlich deutlich vorgeschaltet ist, erscheint der Einfluss dieser auf das Medienvertrauen allerdings plausibel und damit wahrscheinlich (Jackob 2012a, 214). Die grundlegende Strategie ist damit die Festlegung der Kausalrichtung der Variablen anhand der Theorie und die anschließende Überprüfung dessen (Cohen/Cohen 1983, 14).

Die geringe Varianzaufklärung der vorgestellten Modelle stellt möglicherweise einen Kritikpunkt dar. Da vor allem latente psychologische Prädispositionen schwierig zu erfassen sind und sich nicht im Sinne eines Automatismus, sondern eher im Sinne einer Disposition oder Neigung auf bestimmte Einstellungs- und Verhaltenskonstrukte auswirken, waren starke Effekte von vorneherein als unwahrscheinlich angenommen worden:

> „Personality traits do not lead to behavior automatisms but should rather be understood as indicators of behavioral dispositions. Whether someone behaves according to his or her disposition, for instance, trusting a medium, also depends on situational circumstances as well as short- and long-term attitudes. It is, however, also likely that the explanations for human behavior are insufficient if personality traits are disregarded" (Jackob 2012b, 109).

Die einschlägige sozialwissenschaftliche Forschung dokumentiert, dass in solchen und vergleichbaren Studien zumeist eher kleine bis moderate Effekte auftreten. Die Größe der in der vorliegenden Untersuchung nachgewiesenen Einflüsse unterscheidet sich davon nicht wesentlich und entspricht im Grunde den Erwartungen. Ebenso ist die geringe Reliabilität des Konstrukts des interpersonalen Vertrauens kritisch zu betrachten. Da Cronbach's Alpha sensibel für die – in diesem Fall sehr geringe – Itemzahl ist, sind Werte um .60 jedoch trotzdem interpretierbar (Peterson 1994). Zusätzlich handelt es sich bei den verwendeten

Skalen um etablierte Messinstrumente, die zugunsten der Kontinuität über die Wellen hinweg beibehalten werden sollten.

Darüber hinaus könnte an der vorliegenden Betrachtung kritisiert werden, dass ihr keine kontinuierlichen, jährlichen Messungen zugrunde liegen. Dies hatte eine Reihe von forschungspraktischen Ursachen, bringt allerdings den Vorteil mit sich, dass ein größerer Zeitraum abgedeckt werden kann, der – mit einer größeren Lücke zwischen Erst- und Folgestudien – mittlerweile zehn Jahre umfasst. Eine jährliche Erhebung der Studie ist in Planung.

Alles in allem leistet die Hinzunahme von interpersonalem Vertrauen als weiterer Einflussfaktor für die Erforschung von Ursachen des Medienvertrauens über die Jahre hinweg einen vergleichsweise kleinen, aber signifikanten Erklärungsanteil am großen Komplex des generalisierten Medienvertrauens. Demzufolge kann die individuelle Tendenz zu vertrauen als ein konstanter Erklärungsfaktor des multidimensionalen Konstruktes des Medienvertrauens betrachtet werden. Für den Journalismus und die anhaltende gesellschaftliche Debatte um die Entwicklung des Medienvertrauens liefern diese Befunde einen weiteren Hinweis, warum das Medienvertrauen der Bevölkerung zwar immer wieder kurzfristigen – situativ bedingten – Schwankungen unterliegt, langfristig jedoch aufgrund einer Vielzahl relativ stabiler Dispositionen der Rezipienten – darunter interpersonales Vertrauen – weitgehend stabil bleibt (vgl. auch Reinemann/ Fawzi, 2016). Dies sollte jedoch nicht als Freibrief für den Journalismus interpretiert werden; wiederholte Fehlleistungen der Medien können mittel- oder langfristig auch relativ stabile Einstellungen der Rezipienten ändern und sich so, zum Beispiel in Form eines steigenden Medienzynismus, nachhaltig negativ auf die Nutzung etablierter Nachrichtenmedien auswirken (vgl. Schultz u. a. 2017).

Die vorliegende Analyse liefert einen Beitrag zum besseren und weitergehenden Verständnis des Forschungsbereichs, indem psychologische Merkmale der Rezipienten als Prädiktoren mit einbezogen wurden. Die Erklärung des multidimensionalen Konstrukts des Medienvertrauens benötigt allerdings zahlreiche weitere in Frage kommende unabhängige Variablen. Im Rahmen zukünftiger Forschungsprojekte sollten deswegen unbedingt weitere Eigenschaften von Mediennutzern berücksichtigt – man denke an die oben genannte Verschwörungsmentalität – sowie psychologische Mechanismen ausgemacht werden, mithilfe derer man die Tendenz, den Medien zu vertrauen, noch besser vorhersagen kann.

Literatur

Asendorpf, Jens B./van Aken, Marcel A. G.: Personality-relationship transaction in adolescence. Core versus surface personality characteristics, in: Journal of Personality 71 (2003), S. 629–666

Backhaus, Klaus/Erichson, Bernd/Plinke, Wulff/Weiber, Rolf: Multivariate Analysemethoden. Eine anwendungsorientierte Einführung, Berlin 2016

Beaudoin, Christopher E.: Exploring the association between news use and social capital: Evidence of variance by ethnicity and medium, in: Communication Research 36,5 (2009), S. 611–636. doi: 10.1177/0093650209338905

Beierlein, Constanze/Kemper, Christoph J./Kovaleva, Anastassiya/Rammstedt, Beatrice: Interpersonales Vertrauen (KUSIV3), in: D. Danner/A. Glöckner-Rist (Hg.): Zusammenstellung sozialwissenschaftlicher Items und Skalen, Mannheim 2014, S. 1–15

Cohen, Jacob/Cohen, Patricia: Applied Multiple Regression/Correlation Analysis for the Behavioral Sciences. London 1983

Coleman, James: Foundations of Social Theory. Cambridge, MA 1990

Cook, Timothy E./Gronke, Paul: The dimensions of institutional trust. How distinct is public confidence in the media, Chicago, IL 2001

Dernbach, Beatrice/Meyer, Michael: Einleitung, in: Dies. (Hg.), Vertrauen und Glaubwürdigkeit: interdisziplinäre Perspektiven. Wiesbaden 2005, S.11–25

Erikson, Erik H.: Identity. Youth and crisis, New York City 1968

Fuchs, Dieter/Gabriel, Oscar W./Völkl, Kerstin: Vertrauen in politische Institutionen und politische Unterstützung, in: Österreichische Zeitschrift für Politikwissenschaft 31 (2002), S. 427–450

Gambetta, Diego: Können wir dem Vertrauen vertrauen?, in: Martin Hartmann (Hg.): Vertrauen. Die Grundlage des sozialen Zusammenhalts, Frankfurt, New York 2001, S. 241–294

Gaziano, Cecile/McGrath, Kirstin: Measuring the Concept of Credibility, in: Journalism Quarterly 44 (1986), S. 451–467

Hanitzsch, Thomas/Van Dalen, Arjen/Steindl, Nina: Caught in the Nexus: A Comparative and Longitudinal Analysis of Public Trust in the Press, in: The International Journal of Press/Politics 23 (2017), S. 3–23

Hartmann, Martin/Offe, Claus: Vertrauen. Die Grundlage sozialen Zusammenhalts, Frankfurt am Main 2000

Jackob, Nikolaus: Gesehen, gelesen – geglaubt? Warum die Medien nicht die Wirklichkeit abbilden und die Menschen ihnen trotzdem vertrauen, München 2012a

Jackob, Nikolaus: The Tendency to Trust as Individual Predisposition. Exploring the Associations between Interpersonal Trust, Trust in the Media and Trust in Institutions, in: Communications: The European Journal of Communication Research 37 (2012b), S. 99–120

Jackob, Nikolaus: Vergessen oder Vergeben? Journalistische Fehlleistungen und ihre Folgen für das allgemeine Vertrauen in die Medien, in: Communicatio Socialis 42 (2009), S. 382–404

Jackob, Nikolaus/Quiring, Oliver/Schemer, Christian: Wölfe im Schafspelz?, in: Karl Nikolaus Renner/Tanjev Schultz/Jürgen Wilke (Hg.): Journalismus zwischen Autonomie und Nutzwert, Köln 2017a, S. 225–250

Jackob, Nikolaus/Quiring, Oliver/Schemer, Christian/Schultz, Tanjev/Ziegele, Marc: Vertrauenskrise in den Medien untersucht, 2017b (http://de.ejo-online.eu/qualitaet-ethik/ 17587, 6.8.2018)

Jakobs, Ilka: Vertrauenszuschreibungen an Medien. Eine experimentelle Studie zu den Ebenen von Vertrauen in Medien, Mainz 2018

Jones, David A.: Why Americans don't trust the media. A preliminary analysis, in: The Harvard International Journal of Press/Politics 9 (2004), S. 60–75

Kepplinger, Hans Mathias: Journalismus als Beruf. Wiesbaden 2011

Kohring, Matthias: Vertrauen in Journalismus. Theorie und Empirie, Konstanz 2004

Kohring, Matthias/Matthes, Jörg: Trust in news media: development and validation of a multidimensional scale, in: Communication Research 27 (2007), S. 231–252

Lewis, J. David/Weigert, Andrew: Trust as a social reality, in: Social forces 63 (1985), S. 967–985

Liu, Christopher/Stolle, Dietlind: Social capital, ethnic diversity and political trust, in: Sonja Zmerli/Tom W. G. van der Meer (Hg.): Handbook on Political Trust, Northhampton 2017, S. 316–352

Luhmann, Niklas: Vertrauen. Ein Mechanismus zur Reduktion sozialer Komplexität, 5. Aufl., Stuttgart 2014

Luhmann, Niklas: Die Realität der Massenmedien, Wiesbaden 2009

Mast, Claudia: ABC des Journalismus, 12., völlig überarb. Aufl., Konstanz 2012

McCrae, Robert R./Costa, Paul T.: Trait explanations in personality psychology, in: European Journal of Personality 9 (1995), S. 231–252

Merton, Robert King: Social Theory and Social Structure, Glencoe 1957

Metzger, Miriam J./Flanagin, Andrew J./Medders, Ryan B.: Social and heuristic approaches to credibility evaluation online, in: Journal of Communication 60 (2010), S. 413–439

Meyer, Philip: Defining and Measuring Credibility of Newspapers. Developing an Index, in: Journalism Quarterly 65 (1988), S. 567–574

Möhring, Wiebke/Schlütz, Daniela: Die Befragung in der Medien- und Kommunikationswissenschaft. Eine praxisorientierte Einführung, Wiesbaden 2010

Newton, Ken: Political trust and the mass media, in: Sonja Zmerli/Tom W. G. van der Meer (Hg.): Handbook on Political Trust, Northampton 2017, S. 353–374

Offe, Claus: Wie können wir unseren Mitbürgern vertrauen, in: Martin Hartmann (Hg.): Vertrauen. Die Grundlage des sozialen Zusammenhalts, Frankfurt a. M., New York 2001, S. 241–294

Peterson, Robert A.: A Meta-Analysis of Cronbach's Coefficient Alpha, in: Journal of Consumer Research 21, 2 (1994), S. 381–391

Putnam, Robert D.: Bowling alone, the collapse and revival of civic America, New York 2000

Reinemann, Carsten/Fawzi, Nayla: Eine vergebliche Suche nach der Lügenpresse (https://www. tagesspiegel.de/politik/analyse-von-langzeitdaten-eine-vergebliche-suche-nach-der-luegenpresse/12870672.html, 24.01.2016)

Rotter, Julian B.: A new scale for the measurement of interpersonal trust, in: Journal of personality 35 (1967), S. 651–665

Rusche, Thomas: Glaubwürdigkeit als Vertrauenskapital, in: Karsten Esser (Hg.): Vertrauen und das soziale Kapital unserer Gesellschaft, Freiburg u. a. 2011, S. 50–60

Schielicke, Anna-Maria/Mothes, Cornelia/Donsbach, Wolfgang: Vertrauen in Journalisten. Trends & Einflussfaktoren, in: Birgit Stark/Oliver Quiring/Nikolaus Jackob (Hg.): Von der

Gutenberg-Galaxis zur Google-Galaxis. Alte und neue Grenzvermessungen nach 50 Jahren DGPuK, Konstanz 2014, S. 247–270

Schultz, Tanjev/Jackob, Nikolaus/Ziegele, Marc/Quiring, Oliver/Schemer, Christian: Erosion des Vertrauens zwischen Medien und Publikum? in: *Media Perspektiven 2017*, Heft 5, S. 246–259

Schweer, Martin K. W./Thies, Barbara: Vertrauen durch Glaubwürdigkeit. Möglichkeiten der (Wieder-) Gewinnung von Vertrauen aus psychologischer Perspektive, in: Beatrice Dernbach/Michael Meyer (Hg.): Vertrauen und Glaubwürdigkeit. Wiesbaden 2005, S. 47–63

Simmel, Georg: Soziologie. Untersuchungen über die Formen der Vergesellschaftung, Berlin 1968

Stiftung Neue Verantwortung (https://www.stiftung-nv.de/de, 03.09.2018)

Tsfati, Yariv: Media Skepticism and Climate of Opinion Perception, in: International Journal of Public Opinion Research 15 (2003a), S. 65–82

Tsfati, Yariv: Does Audience Skepticism of the Media Matter in Agenda Setting?, in: Journal of Broadcasting & Electronic Media 47 (2003b), S. 157–176

Tsfati, Yariv/Ariely, Gal: Individual and contextual correlates of trust in media across 44 countries, in: Communication Research 41 (2014), S. 760–782

Tsfati, Yariv/Cappella, Joseph N.: Do people watch what they do not trust? Exploring the association between news media skepticism and exposure, in: Communication Research 30 (2003), S. 504–529

Tsfati, Yariv/Peri, Yoram: Mainstream media skepticism and exposure to sectorial and extranational news media. The case of Israel, in: Mass Communication & Society 9 (2006), S. 165–187

Uslaner, Eric M.: The moral foundations of trust, Cambridge 2002

Weischenberg, Siegfried/Malik, Maja/Scholl, Armin: Die Souffleure der Mediengesellschaft. Report über Journalisten in Deutschland, Konstanz 2006

Ziegele, Marc/Schultz, Tanjev/Jackob, Nikolaus/Granow, Viola/Quiring, Oliver/Schemer, Christian: Lügenpresse-Hysterie ebbt ab. Mainzer Langzeitstudie „Medienvertrauen", in: *Media Perspektiven 2018*, Heft 4, S. 150–162

Martha Kuhnhenn
Zur Glaubwürdigkeit von Akteuren

Plädoyer für eine stilistische Perspektive in der Kommunikationswissenschaft

Dieser Beitrag plädiert für eine stärkere Berücksichtigung sprachlicher Merkmale in der kommunikationswissenschaftlichen Vertrauens- und Glaubwürdigkeitsforschung. Die Kommunikationswissenschaft untersucht bisher vor allem das Vertrauen in und die Glaubwürdigkeit von Quellen sowie Medien oder ganzen Systemen (z. B. das Vertrauen in Journalismus). Form und Inhalt von Botschaften werden weniger berücksichtigt, tragen jedoch wesentlich dazu bei, ob ein Akteur als vertrauensvoll und glaubwürdig wahrgenommen wird. Am Beispiel der politischen Kommunikation soll daher die Relevanz von Sprache beim Aufbau von Vertrauen und Glaubwürdigkeit aufgezeigt werden. Insbesondere vor dem Hintergrund des Erstarkens populistischer Kräfte ist die Reflexion von stilistischen Charakteristika der Kommunikation bedeutsam. Populistische Rhetorik zeichnet sich durch sprachliche Merkmale aus, die ein hohes Potenzial für den Aufbau von Vertrauen und Glaubwürdigkeit haben. An einem Fallbeispiel politischer Kommunikation verdeutlicht dieser Beitrag, dass ein breiterer Fokus auf sprachliche Merkmale eine produktive Ergänzung zu den bisherigen Schwerpunkten der kommunikationswissenschaftlichen Forschung darstellt. Der Beitrag konzentriert sich damit auf die Mikroebene und versteht die Glaubwürdigkeit von Akteuren als Ergebnis der Stimmigkeit ihrer Botschaften in Form und Inhalt.

1 Glaubwürdigkeit und Vertrauen in der Kommunikationswissenschaft – Zur Relevanz von Sprache

Glaubwürdigkeit und Vertrauen sind auf allen Ebenen der Beobachtung und Handlung von zentraler Bedeutung; Kommunikation ist gleichermaßen auf Makro-, Meso- und Mikroebene darauf angewiesen, um überhaupt zu existieren. In Organisationen und zwischenmenschlichen Beziehungen ist unmittelbar erfahrbar, dass ohne Vertrauen und Glaubwürdigkeit kein produktiver Handlungsspielraum besteht. Vertrauen und Glaubwürdigkeit überbrücken Unwissen sowie Unsicherheiten und machen die beteiligten Akteure so erst handlungsfähig (Giddens 1995, 48). Eine Gesellschaft kann nur bestehen, wenn ihre Angehörigen

https://doi.org/10.1515/9783110590470-007

Grundvertrauen in ihre Strukturen und Institutionen haben (McLean 2012, 28). Vor allem in den westlichen Demokratien wird jedoch seit Jahren sinkendes Vertrauen in die etablierten Institutionen festgestellt (Hanitzsch u. a. 2018). Gleichzeitig erstarken weltweit populistische Kräfte, die das Vertrauen vieler Wähler für sich gewinnen können (Norris/Inglehart 2018a).

Populisten zeichnen sich durch eine spezifische Rhetorik aus, die – mit Blick auf die Wahlerfolge populistischer Bewegungen – für eine kritische Menge von Bürgern als glaubwürdig und vertrauenserweckend wahrgenommen wird. Populistischer Sprachgebrauch nimmt typischerweise für sich in Anspruch ‚im Namen des Volkes' zu sprechen, nutzt emotionale Sprache und distanziert sich von einer vermeintlichen (politischen) Elite (Müller 2016). Vor diesem Hintergrund ist es umso dringlicher, dass die Kommunikationswissenschaft ihren Fokus auch auf sprachliche Merkmale richtet, wenn sie Vertrauen und Glaubwürdigkeit untersucht.

2 Überblick kommunikationswissenschaftlicher Vertrauens- und Glaubwürdigkeitsforschung – Fokus auf Quellen und Medien

Die kommunikationswissenschaftliche Vertrauens- und Glaubwürdigkeitsforschung nimmt alle gesellschaftlichen Teilbereiche in den Blick. Dabei ist sowohl die Forschung zu Glaubwürdigkeit bzw. Vertrauen und Journalismus stark (siehe z. B. Blöbaum 2014; Kohring 2004) als auch die Forschung zu Vertrauen, Glaubwürdigkeit und Unternehmenskommunikation bzw. PR (im deutschsprachigen Raum ist hier vor allem Bentele prominent, z. B. 1994). Zumeist setzen kommunikationswissenschaftliche Studien auf der Meso- oder Makroebene an, die Mikroebene sowie der konkrete Sprachgebrauch sind selten Gegenstand. Diesen Fokus bestätigen auch die Beiträge des vorliegenden Sammelbandes. Dieser Beitrag ergänzt die bisherigen Schwerpunkte um den Blick auf Kommunikatoren und die Frage, welchen Anteil die sprachliche Gestaltung von Botschaften an dem Aufbau von Vertrauen und Glaubwürdigkeit hat.

In ihren Ursprüngen ist die kommunikationswissenschaftliche Forschung von benachbarten Disziplinen beeinflusst. Stark geprägt ist die kommunikationswissenschaftliche Vertrauensforschung von den Yale-Studien um den Psychologen und Persuasionsforscher Carl Hovland (z. B. Hovland/Weiss 1951). In verschiedenen Studien untersuchten Hovland und seine Kollegen, wovon die Glaubwürdigkeit von Quellen abhängt. Die Persuasionsforscher konzentrierten sich auf massenmediale Kommunikation und führten verschiedene Experimente durch.

So nutzten beispielsweise Hovland und Weiss in einer Studie von 1951 die Tageszeitung *Prawda*, die seinerzeit ein Organ der Kommunistischen Partei der Sowjetunion war, als „wenig glaubwürdige Quelle" im militärischen Kontext. Demgegenüber verwendeten sie im gleichen Experiment Texte des US-amerikanischen Physikers Robert Oppenheimer als glaubwürdige Quelle (Hovland/Weiss 1951, 637). Allerdings bleibt die Frage offen, ob die Probanden den Quellen nicht möglicherweise auch kontrovers gegenüberstanden. Ohne Frage ist das Wissen um die Quelle einer Information wichtig dafür, ob dem Inhalt mehr Glauben geschenkt wird. Jedoch ist alleine die Quelle oder deren Reputation nicht ausschlaggebend für das Entstehen von Vertrauen und Glaubwürdigkeit. Bevor diese Feststellung begründet wird, soll zunächst noch eine zweite grundlegende Forschungstradition zu Glaubwürdigkeit und Medien vorgestellt werden.

Die Forschungen zur Medienglaubwürdigkeit können als originär kommunikationswissenschaftlich verstanden werden und im Kern geht es um die Frage, welche Medien eine hohe Glaubwürdigkeit genießen. Ein klassisches Beispiel für diese Forschungstradition sind die Umfragen, in denen die Glaubwürdigkeitszuschreibungen verschiedener Medien verglichen werden. Die Umfragen des Roper-Instituts in den USA sind wegweisend in diesem Bereich (siehe z. B. Roper 1967). Sie zielen auf einen Vergleich der Glaubwürdigkeit verschiedener Medien ab: Schreiben Rezipienten eher Nachrichten aus dem Fernsehen oder aus der Tagespresse mehr Glaubwürdigkeit zu? Auch die Umfragen vom World Value Survey (WVS) stehen in dieser Forschungstradition. Beispielsweise erhebt der WVS, wie groß das Vertrauen ist, das Menschen in unterschiedlichen Ländern in die Presse haben (World Value Survey 2018). Ausgehend von den Befunden des World Value Surveys sowie der European Value Study (EVS) sprechen Hanitzsch, van Dalen und Steindl (2018, 6) von einem „trust nexus". Die Kommunikationswissenschaftler vergleichen Daten aus 53 Ländern zu Fragen des generellen Vertrauens (grundsätzliches Basisvertrauen) sowie zum spezifischen Vertrauen in die Presse. Dabei handelt es sich um eine Längsschnittstudie mit Daten von 1981 bis 2008 (EVS) bzw. 2014 (WVS). Hanitzsch und seine Kollegen kommen zu dem Schluss, dass insbesondere in Ländern, in denen nach Hallin und Mancini (2004) ein liberales Mediensystem besteht, das Vertrauen in die Presse stark rückläufig ist; am stärksten sei der Trend in den USA zu beobachten. Demgegenüber nimmt in anderen Ländern das Vertrauen in die Presse im Zeitverlauf zu (Hanitzsch u. a. 2018, 16). Die Autoren erkennen einen Zusammenhang zwischen grundsätzlicher Unzufriedenheit mit politischen Institutionen und einem sinkenden Vertrauen in die Presse. Diesen Zusammenhang nennen sie „trust nexus":

> „Our study therefore found substantive support for what we tentatively term the trust nexus, according to which the erosion of trust in the press is connected to a broad public disen-

chantment with and widespread sense of disdain for social institutions, most specifically for political institutions." (Hanitzsch u. a. 2018, 18)

Einen Hauptgrund für diese Entwicklung sehen die Autoren in der wachsenden kritischen Haltung gegenüber politischen Eliten (Hanitzsch u. a. 2018, 18). Ähnlich stellen auch Norris und Inglehart (2018a, 25) fest, dass es in westlichen Demokratien eine „Erosion" des Vertrauens in politische Institutionen gibt. Populistische Rhetorik macht sich dies zunutze und greift auch die etablierten Medien an:

> Populist rhetoric directs tribal grievances 'upwards' towards elites, feeding mistrust of 'corrupt' politicians, the 'fake' media, and 'out-of-touch' mainstream parties, assaulting the truth and corroding faith in liberal democracy. (Norris/Inglehart 2018a, 25)

Wenngleich die von Norris und Inglehart beschriebene Erosion des öffentlichen Vertrauens besorgniserregend ist, soll ebenso festgehalten werden, dass eine gewisse Skepsis der Öffentlichkeit gegenüber ihren politischen Institutionen und traditionellen Medien Anzeichen einer funktionierenden Gesellschaft ist (Hanitzsch u. a. 2018, 19) – dies kann im Sinne des Checks-and-Balances-Gedankens verstanden werden, bei dem sich verschiedene Seiten gegenseitig kontrollieren und so zu einer funktionierenden Gesellschaft beitragen. Mit Blick auf die traditionellen Medien und das in sie sinkende Vertrauen stellt sich die Frage, welche Alternativen zu den traditionellen Medien bestehen.

Diese Frage rückt den dritten Schwerpunkt kommunikationswissenschaftlicher Vertrauens- und Glaubwürdigkeitsforschung in den Mittelpunkt: Vertrauen und Journalismus. Ardèvol-Abreu, Hooker und de Zúñiga (2018) untersuchen den Zusammenhang zwischen einerseits Vertrauen in traditionelle Medien und politischer Partizipation online sowie andererseits zwischen Vertrauen in Bürgermedien und politischer Partizipation. Die Kommunikationswissenschaftler stellen fest, dass eine skeptische Haltung gegenüber traditionellen Medien die politische Partizipation begünstigt – und zwar sowohl Online- als auch Offline-Partizipation:

> „First, trust in traditional media diminishes the relationship between news creation and online political participation. Conversely, trust in citizen media tends to amplify the relationship: the effect of news creation on online participation is stronger among people with high trust in citizen news." (Ardèvol-Abreu u. a. 2018, 624)

Vertrauen in der digitalisierten Welt – und insbesondere in digitale Medien – steht im Forschungsinteresse der Studien um Bernd Blöbaum (2014 sowie Blöbaum in diesem Band). Der Journalismus, so Blöbaum, befindet sich in einer Double-bind-

Situation. Zum einen ist er auf das Vertrauen anderer Akteure in ihn angewiesen und zum anderen trägt er zum Vertrauen in andere Akteure und Systeme bei. Journalismus ist also Vertrauensnehmer und Vertrauensgeber gleichermaßen (Blöbaum 2014, 29). In seinem Modell zum Vertrauen in Journalismus skizziert Blöbaum verschiedene Komponenten. Zu diesen gehören das Vertrauen in Organisationen (z. B. konkrete Medien), das generelle Vertrauen in Journalisten sowie das Vertrauen in Rollen und Praktiken von Journalisten; zu letzteren gehören beispielsweise die Vertrauenswürdigkeit journalistischer Recherche und Präsentation (Blöbaum 2014, 48). Der letzte Aspekt tangiert bereits stärker die Botschaften, geht jedoch nicht tiefer auf die sprachliche Ebene ein.

Die vorgestellten Studien stehen beispielhaft für den Schwerpunkt der kommunikationswissenschaftlichen Forschung zu Glaubwürdigkeit und Vertrauen. Im Interesse stehen die Glaubwürdigkeit von verschiedenen Medien und die Vertrauenswürdigkeit von Quellen. Dabei befinden sich „die Medien" und „die Quellen" auf einem allgemeinen Niveau bzw. bleiben generell gehalten. Zwar werden mitunter konkrete Medien genannt (so im Fall der Studie von Hovland/ Weiss 1951), aber eine tiefergehende inhaltliche wie formale Analyse ihrer Aussagen findet nicht statt. Dies ist umso bemerkenswerter, da Vertrauen und Glaubwürdigkeit nicht alleine von der Quelle oder dem Medium abhängen, sondern gerade auch von den kommunizierten Inhalten. Einer Quelle, die bereits als vertrauensvoll gilt, wird eher Glauben geschenkt, wenn sie eine neue Information vermittelt. Aber ebenso vertraut man einer Quelle leichter, wenn eine zunächst neue Information glaubwürdig erscheint, es handelt sich folglich um einen wechselseitigen Prozess (Kuhnhenn 2014). Woran aber wird die Glaubwürdigkeit von Botschaften festgemacht? Welche sprachlichen, welche stilistischen[1] Merkmale sind es, die eine Aussage mehr oder weniger vertrauenerweckend erscheinen lassen? Welche sprachlichen Charakteristika sind ausschlaggebend dafür, ob einer Quelle Glaubwürdigkeit und Vertrauen geschenkt wird?

---

[1] Der Begriff „Stil" verweist hier auf die Art und Weise einer geschriebenen wie gesprochenen Aussage. Da im Folgenden dialogische, gesprochene Sprache im Fokus steht, werden weiterhin die Begriffe „Kommunikationsstil" und „Gesprächsstil" verwendet. Weitere Ausführungen dazu finden sich bei Sandig und Selting (1997).

3 Vertrauen, Glaubwürdigkeit und der Blick auf sprachliche Merkmale

Die Frage, was wie kommuniziert wird, beeinflusst die Konstitution von Glaubwürdigkeit und Vertrauen. Und obschon der gegenwärtige politische und gesamtgesellschaftliche Kontext ohne Frage wesentlich zum sinkenden Vertrauen in traditionelle Medien westlicher Gesellschaften beiträgt, sollte mit Blick auf Massenmedien und Journalismus zumindest reflektiert werden, ob auch die Themenauswahl und -darstellung einen Beitrag dazu leisten. Wie Blöbaum (2014, siehe oben) und vorher bereits Kohring (2004) erkennen, ist das Vertrauen in die Themenselektion eine zentrale Konstituente von Vertrauen in den Journalismus. Wiederum Blöbaum (2014) sowie Bentele (1994) verdeutlichen zudem die Relevanz der angemessenen Präsentation bzw. Kommunikationsadäquatheit. Die stilistische Form und Präsentation von Botschaften gilt es daher vertieft zu durchleuchten, um den Beitrag der sprachlichen Ebene zum Vertrauensaufbau zu erfassen. Diese Perspektive richtet den Blick auf die verbalen Merkmale und geht, im Gegensatz zu den bisher vorgestellten Studien, einen Schritt weiter und betrachtet eingehend den Kommunikationsprozess. Sprachliche Merkmale und deren Potenzial für den Aufbau von Vertrauen und Glaubwürdigkeit sind typischerweise Gegenstand entweder der Rhetorik oder der Linguistik. So finden sich bei Aristoteles (1995) die drei klassischen Bereiche der Überzeugungskraft: Logos, Ethos und Pathos. Während Logos auf sachliche Argumente greift, um zu überzeugen, zielt Ethos auf die Integrität des Sprechers selbst. Pathos tangiert die emotionale Seite und will die Zuhörerschaft in eine bestimmte Stimmung versetzen, um sie für sich zu gewinnen. Diese drei grundlegenden Anker der Überzeugungskraft finden sich modifiziert in der aktuellen und meist linguistischen Forschungsliteratur wieder (z. B. Reinmuth 2009 und Schäfer 2016). In der linguistischen Vertrauensforschung werden die Relevanz und das Potenzial von Sprache zur Generierung von Vertrauen und Glaubwürdigkeit untersucht; demnach geht es hier weniger um tatsächliche Zuschreibungen von Glaubwürdigkeit und Vertrauen zwischen unterschiedlichen Akteuren. Die verschiedenen Schwerpunkte verdeutlichen den grundsätzlichen Unterschied zwischen kommunikationswissenschaftlicher und linguistischer Forschung im fraglichen Feld. Während auf der einen Seite Quellen, Medien und tatsächliche Vertrauens- und Glaubwürdigkeitszuschreibungen auf Seiten der Rezipienten im Fokus stehen, sind auf der anderen Seite die Botschaften der Kommunikatoren und die verbale sowie formal-stilistische Form und Funktion ebenjener Botschaften für den Aufbau von Vertrauen und Glaubwürdigkeit Gegenstand der Untersuchung. Der vorliegende Beitrag argumentiert wie dargelegt für eine stärkere Verknüpfung beider Perspektiven: Linguistische und rhetorische Ansätze sind äußerst vielversprechend für die Kommunikationswissenschaft, weil sie die Forschung zu Institutionen, Gesellschaft und Organisationen komplementär ergänzen. Befunde auf hohem Aggregatniveau und mit hoher Reichweite können so unterfüttert werden. Schließlich besteht Kommunikation immer aus Botschaften mit spezifischen Inhalten und formal-stilistischen Merkmalen, sodass mit Blick auf Vertrauen und Glaubwürdigkeit immer auch die Fragen zu stellen sind: Welche Botschaften vermittelt ein Kommunikator in welcher Form? Und inwiefern beeinflussen diese Botschaften den Aufbau von Vertrauen und Glaubwürdigkeit?

Aus linguistischer Sicht versteht Schäfer (2016, 71) die Selbstdarstellung des Kommunikators, die Beziehungsgestaltung zum Rezipienten und schließlich die Darstellung von Themen als auf den Vertrauensaufbau Einfluss nehmende Komponenten. Weiterhin trägt die kommunikative Vermittlung von vier Faktoren zum Aufbau von Vertrauen bei: Kompetenz, Konsistenz, Interesse (am Partner) und koordiniertes Handeln zwischen Vertrauensgeber und Vertrauensnehmer (Schäfer 2016, 93). Wenngleich Schäfer nicht auf Aristoteles verweist, ist eine Nähe zu den drei Bereichen der aristotelischen Überzeugungskraft erkennbar. Der PR-Forscher Günter Bentele ist als einer der (wenigen) Kommunikationswissenschaftler zu nennen, der die textuelle Ebene der Kommunikation stärker berücksichtigt. Er präsentiert in seinem Modell des öffentlichen Vertrauens acht Vertrauensfaktoren, die im positiven Fall zu hohen Vertrauenswerten eines Akteurs führen: Sachkompetenz, Problemlösungskompetenz, Kommunikationsadäquatheit, kommunikative Konsistenz, kommunikative Transparenz, kommunikative Offenheit, gesellschaftliche Verantwortung und Vertrauensethik (Bentele 1994, 145). Vier der acht Faktoren sind explizit als „kommunikative" Faktoren benannt. Allerdings definiert Bentele die Faktoren nicht näher, sodass offen bleibt, was exakt darunter zu verstehen ist. Zudem bleiben Benteles Vertrauensfaktoren auf einem eher theoretischen Niveau und er führt keine konkreten sprachlichen Analysen zur Verifizierung seiner Faktoren durch (siehe dazu auch spätere Publikationen, z. B. Bentele/Seidenglanz 2015). Mit Fokus auf Unternehmenskommunikation fasst Ebert (2015) sprachliche und textliche Merkmale zusammen, die potenziell Vertrauenszuschreibungen begünstigen. Ebert untersucht die sprachliche Vertrauenskonstitution in Aktionärsbriefen. Dabei diskutiert der Kommunikationsstratege auch negative Beispiele. So erkennt er, dass Selbstlob den Vertrauensaufbau hindert, da dieses gegen die Norm des „Selbstlobverbots" verstoße und die faktische Berechtigung eines Selbstlobs fraglich sei (Ebert 2015, 497). Organisationskommunikation ist auch Gegenstand einer Studie von Oldfield und Kushniryk (2017). Die Autorinnen gehen der Frage nach, wie kanadische Organisationen Vertrauen mit ihren externen Öffentlichkeiten aufbauen; um diese Frage zu beantworten, führten sie Interviews mit zehn Führungskräften durch. Wenngleich die Autorinnen von Organisationen im Allgemeinen sprechen, beschränken sie sich auf Wirtschaftsorganisationen. Im Ergebnis stellen Oldfield und Kushniryk (2017, 779–783) acht Verhaltensweisen auf, die dem Aufbau und der Sicherung von Vertrauen externer Stakeholder in ein Unternehmen dienen sollen: 1) sorgfältig und empathisch zuhören, Fragen stellen und Partizipation fördern; 2) klare und konkrete Sprache verwenden; 3) konsistent, vorhersehbar und verlässlich agieren; 4) ehrlich und transparent sein; 5) im Interesse der Öffentlichkeit und nicht im eigenen Interesse agieren; 6) sich der richtigen Sache verschreiben; wenn das Unternehmen einen Fehler gemacht hat, dann muss dieser behoben werden; 7) Versprechen erfüllen und 8) sich langfristig einsetzen. Ebenso wie Ebert richten Oldfield und Kushniryk ihren Blick auf Unternehmen und nehmen eine kommunikationsstrategische Perspektive ein, die letztlich in einer „To-do-Liste" mündet. Kritisch bleibt zu fragen, ob die acht Verhaltensweisen realistisch sind. Kann ein Unternehmen überhaupt bestehen, wenn es nicht im eigenen Interesse agiert? Auch ist fraglich, ob lückenlose Ehrlichkeit und Transparenz bei der Kommunikation zwischen Organisationen und externen Stakeholdern immer möglich und angebracht ist. Insbesondere bei Unternehmen mag solch ein Verhalten wünschenswert, aber selten realistisch erwartbar sein. Gleichwohl ist festzuhalten, dass Bentele, Ebert sowie Oldfield und Kushniryk das Spektrum in der kommunikationswissenschaftlichen Forschung zu Vertrauen und Glaubwürdigkeit erweitern und die Relevanz von Sprache unterstreichen.

Es bleibt die Frage, welche konkreten verbalen Merkmale die Glaubwürdigkeit einer Aussage erhöhen und damit das Vertrauen in den Sprecher stärken. Zunächst muss festgehalten werden, dass es hierauf keine generelle Antwort geben kann, da stets der spezifische Kontext berücksichtigt werden muss. Dennoch kommen verschiedene Autoren zu dem Ergebnis, dass ein konsistenter und kohärenter Stil wesentlich für die Zuschreibung von Vertrauen und Glaubwürdigkeit ist (Kuhnhenn 2014; Reinmuth 2009; Schäfer 2016). Konsistenz kann als die Freiheit von inhaltlichen Widersprüchen von Aussagen verstanden werden, während die Kohärenz die formale Logik und die formale Nachvollziehbarkeit umfasst. Konsistenz und Kohärenz schaffen eine Voraussetzung, damit Vertrauen überhaupt möglich ist – sie machen eine Botschaft überhaupt erst einmal verständlich und dem Rezipienten zugänglich (Reinmuth 2009, 137). Der Terminus Stil wiederum verdeutlicht, dass es um das gesamte kommunikative Auftreten eines Akteurs geht, wenn Vertrauen und Glaubwürdigkeit gefragt sind. Als Negativbeispiel spricht Reinmuth von „Kanaldiskrepanzen" und skizziert das folgende Bild: „Wenn zum Beispiel ein konservatives Unternehmen krampfhaft versucht, sich mit einem betont lockeren Jugendjargon bei neuen Zielgruppen anzubiedern, dann entsteht schnell ein solcher Widerspruch." (Reinmuth 2009,

139) Jeder Kommunikator verfügt über einen eigenen, spezifischen Kommunikationsstil.

Damit drängt sich die Frage auf, ob es einen oder mehrere Kommunikationsstile gibt, die den Aufbau von Vertrauen und Glaubwürdigkeit fördern? Auch an dieser Stelle müssen der jeweilige Kontext und damit die Redesituation, das Thema, der Anlass und die Gesprächspartner als Kontext im engeren Sinne sowie die Kultur, der gesellschaftliche Gesamtkontext als Kontext im weiteren Sinne berücksichtigt werden.[2] Eine universale Antwort muss an dieser Stelle daher ausbleiben. Am Beispiel politischer Kommunikation soll stattdessen die Rolle des Gesprächsstils für den Aufbau von Vertrauen und Glaubwürdigkeit exemplarisch reflektiert werden.

4 Fallstudie: Glaubwürdigkeit als Frage des Stils in politischer Kommunikation[3]

Politische Kommunikation ist grundsätzlich darauf ausgerichtet zu überzeugen, daher drängt sich die Frage nach Vertrauen und Glaubwürdigkeit unmittelbar auf. Gleichzeitig ist politische Kommunikation oftmals an mehrere Adressaten gerichtet. Zum einen kann ein politischer Sprecher Mitglieder der eigenen Partei, Mitglieder einer oppositionellen Partei, (potenzielle) Wähler, Akteure aus Wirtschaft, Wissenschaft, Kirche und anderen Bereichen oder auch Partner im länderübergreifenden Kontext adressieren. Oftmals liegt bei politischer Kommunikation eine Mehrfachadressierung verschiedener Zielgruppen vor. Die folgenden Überlegungen konzentrieren sich auf massenmedial vermittelte politische Kommunikation. Es werden die Gesprächsstile von drei Politikern miteinander verglichen und dazu jeweils die Einschätzung von Rezipienten diskutiert. Die leitenden Fragen sind: Welche unterschiedlichen Gesprächsstile realisieren die drei Politiker? Welcher Gesprächsstil wird von Rezipienten besonders positiv hinsichtlich des Aufbaus von Vertrauen und Glaubwürdigkeit eingeschätzt?

Am 31.3.2011 kamen im Funkhaus des Westdeutschen Rundfunks am Wallraffplatz in Köln vier Gäste zusammen, um mit der Moderatorin Judith Schulte-

---

2 Weitere Ausführungen zur Relevanz des Kontextes für das Verständnis und die Analyse von Kommunikation finden sich bei John Gumperz. In *Discourse Strategies* (1989) führt er den Begriff der Kontextualisierung ein, der grundlegend reflektiert, wie einerseits der Kontext die Gesprächsatmosphäre prägt und andererseits Sprecher mit ihren kommunikativen Aktivitäten den Kontext definieren, somit besteht ein reziprokes Verhältnis zwischen Kontext und Gesprächsatmosphäre.
3 Vgl. zur folgenden Studie ausführlicher Kuhnhenn (2014).

Loh über das Thema „Die neue Macht der Bürger" zu diskutieren (WDR 5, 2011). Die Gesprächspartner der Sendung waren:

- Reinhard Schlinkert (Repräsentant der Geschäftsführung von infratest dimap),
- Bärbel Höhn (stellvertretende Fraktionsvorsitzende der Grünen im Bundestag),
- Armin Laschet (stellvertretender Landesvorsitzender der CDU Nordrhein-Westfalen),
- Jochen Ott (Vorsitzender der SPD Köln).

Zu Beginn der Analyse steht die Frage nach dem jeweiligen Gesprächsstil der drei Politiker und dessen Bedeutung für den Aufbau von Vertrauen und Glaubwürdigkeit. Es wird dabei berücksichtigt, dass in der Diskussion ein weiterer Sprecher, der Wahlforscher Reinhard Schlinkert, agiert, die Diskussion moderiert ist und es neben einem Studiopublikum einen weiteren Adressaten gibt – die Radiohörer als disperses Publikum. Letztere werden als die Hauptadressaten verstanden.

Bärbel Höhn zeigt einen sachlich-kompetenzorientierten Gesprächsstil. Beispiele, mit denen sie ihre Argumentationen untermauert, stammen oftmals aus ihrem professionellen und parteilichen Kontext. So gibt sie Einblicke in ihre Zeit als Umweltministerin in Nordrhein-Westfalen. Da sie vor allem Beispiele aus ihrer Rolle als Politikerin in die Diskussion einfließen lässt, fällt der frequente Gebrauch der 1. Person Singular auf. Die folgende Aussage steht beispielhaft für Höhns Argumentationsweise in der gesamten Diskussion:

> *Bärbel Höhn:* „Ich hatte dieselbe Situation, als ich 1995 hier Ministerin wurde. Da hatte ich von 748 Bürgerinitiativen in diesem Land Briefe, die gesagt haben: Endlich ist eine Grüne Umweltministerin [...]." (Z. 1270 – 1271)[4]

Aus analytischer Perspektive kann Bärbel Höhn die Glaubwürdigkeit ihrer Ausführungen stärken, indem sie sich als kompetente und erfahrene Politikerin präsentiert. Sie gibt Einblicke hinter die Kulissen des politischen Betriebs, zudem untermauert sie ihre Aussagen mit konkreten Zahlen. Sie stellt sich als langjährige Politikerin mit Reputation dar. Weiterhin fällt im gesamten Gespräch auf, dass sie wenig bis keinen Humor verwendet, stattdessen sehr ernsthaft und vehement ihre Standpunkte vertritt. Höhn führt keine Anekdoten aus, sondern bringt klassische

---

4 Die Auszüge aus dem Transkript der Radiosendung sind dem Originaltranskript entnommen (aus Kuhnhenn 2014); das Originaltranskript wurde als gesprächsanalytisches Feintranskript angefertigt. Für die vorliegende Publikation wurde es der Standardorthografie angepasst.

Themen der Grünen ein und ist dabei auf Faktizität ausgerichtet. So führt sie an einer Stelle den GAU in Fukushima an, um Gründe zu verdeutlichen, warum sich Menschen in der Politik engagieren: „Durch die furchtbare Katastrophe in Japan." (Z. 1018) Das Beispiel der Nuklearenergie kann als klassisches Thema der Politik der Grünen verstanden werden, was abermals die Rolle von Höhn als sachorientierte, professionelle Grünenpolitikerin unterstreicht. Auf prosodischer Ebene fällt auf, dass Höhn oftmals die Stimme anhebt und im Vergleich zu den anderen Gesprächspartnern schnell und laut spricht. Die Sprechweise unterstreicht den Eindruck von Vehemenz und Nachdrücklichkeit ihres Auftritts und ihrer Argumentation.

Armin Laschet, der Unionspolitiker, tritt im Vergleich zu Bärbel Höhn deutlich ruhiger auf. Er stellt sich als besonnener Politiker dar, der weniger vehement, sondern mehr diplomatisch-abwägend agiert. Die folgende Sequenz, in der er der Frage der Moderatorin zunächst ausweicht, verdeutlicht dies:

> *Judith Schulte-Loh:* „Herr Laschet, was ist da an Kommunikation zwischen Politikern und Bürgern in den letzten Jahren schiefgelaufen?"
>
> *Armin Laschet:* „Tja, was da schiefgelaufen ist, das ist ne schwierige Frage, weil Politik natürlich ..."
>
> *Judith Schulte-Loh:* „Dann drehen wir es nach vorne: Wie kann man es verändern?"
>
> *Armin Laschet:* „Ja, das ist vielleicht leichter. Weil Politik wird ja für sich immer in Anspruch nehmen, das erklärt zu haben, was man macht. Natürlich hat man auch manches falsch gemacht ..." (Z. 0580−0582.)

Dieser Auszug steht beispielhaft für mehrere Stellen des Gesprächs, in denen Laschet sich sehr vage ausdrückt und keine eindeutige Position bezieht, sondern eher besonnen bis ausweichend argumentiert. Damit tritt er nicht so dominant auf wie Bärbel Höhn. Auch sein prosodischer Stil unterstreicht dies, da er im Vergleich zu Bärbel Höhn leiser und mit wenigen Tonhöhensprüngen spricht. Die Vagheit seiner Argumentation wird auch auf lexikalischer Ebene deutlich, da er frequent Heckenausdrücke nutzt (zum Beispiel: „eigentlich", „vielleicht", „was auch immer"). Gleichwohl macht er auch Gebrauch von Humor und nutzt Elemente des Lokalpatriotismus, was seinen Gesprächsstil wiederum lockerer und nahbarer erscheinen lässt (so vergleicht er den Erwartungsdruck auf Lukas Podolski mit dem Erwartungsdruck auf Barack Obama). Insgesamt kann der Gesprächsstil von Armin Laschet als professionell-politisch, vage-besonnen und mitunter etwas „farblos" beschrieben werden. Der letztere Eindruck ergibt sich nicht zuletzt aus dem Vergleich mit Bärbel Höhn, die deutlich energischer auftritt.

Der Sozialdemokrat Jochen Ott führt schließlich einen Gesprächsstil, der sich deutlich von seinen beiden Gesprächspartnern abgrenzt. Jochen Ott präsentiert sich als Lokalpolitiker mit Nähe zu den Bürgern. Er verwendet alltägliche Beispiele, um seine Argumentationen zu untermauern und skizziert Beispiele und Begebenheiten, die nicht fernab der Menschen stattfinden, sondern direkt das Leben der Menschen betreffen. Die folgende Aussage steht beispielhaft dafür:

> *Jochen Ott:* „Darf ich ein Beispiel sagen?"
>
> *Judith Schulte-Loh:* „Bitte."
>
> *Jochen Ott:* „Ganz konkret. Wir hatten vor wenigen Monaten eine große Demonstration vor dem Rathaus mit 2000 Leuten aus dem Stadtteil in Riel. Das ist am Kölner Zoo. Der eine oder andere von den Zuhörern kennt den." (Z. 0505 – 0507)

Jochen Ott fragt zunächst, ob er ein Beispiel erläutern darf und skizziert sodann eine Demonstration, bei der er sich gemeinsam mit Bürgern der Stadt Köln engagiert hat. Dieses Beispiel ist insofern exemplarisch, als Ott einen lokalen Fall nutzt und sich als Teil einer Gruppe präsentiert. Im gesamten Gesprächsverlauf nutzt er frequent die 1. Person Plural. Zudem spricht er oftmals ein generisches „Du" an und er setzt dosiert Humor ein oder äußert joviale Seitenhiebe gegenüber den anderen Politikern. So äußert er folgenden Einwurf, nachdem sich Armin Laschet positiv zum grünen Politiker Winfried Kretschmann äußert: „Der [Kretschmann, M.K.] gehört in den schwarzgrünen Laschetblock." (Ott, Z. 1211– 1212) Dieser Gesprächsstil erweckt den Eindruck eines nahbaren Politikers, der weniger in der Rolle des sachlich-fachlichen Politikers agiert, sondern als Vertreter der Bürger handelt und menschelt. Dieser Eindruck wird durch die sehr leichte dialektale Färbung von Otts Sprechweise gestärkt.

Der Vergleich zeigt die unterschiedlichen Gesprächsstile der drei Politiker. Bärbel Höhn realisiert einen sachlichen, faktizitätsorientierten Gesprächsstil, der ihre Rolle als kompetente und erfahrene Politikerin unterstreicht, die an ‚der Sache' interessiert ist. Armin Laschet präsentiert sich als besonnener Politiker, der weniger energisch als vielmehr abwägend-vorsichtig agiert. Jochen Ott tritt hingegen als Politiker auf, der nah an den Menschen ist und sich für die Probleme „des kleinen Mannes" interessiert und einsetzt. Zudem nutzt er Humor und Beispiele aus dem Alltag, um seine Argumentationen zu stützen.[5]

Bärbel Höhn, Armin Laschet und Jochen Ott pflegen sehr unterschiedliche Gesprächsstile. Alle drei Gesprächsstile haben das Potenzial, die Glaubwürdigkeit des Sprechers und somit das Vertrauen in ihn zu stärken. Während Bärbel Höhn

---

5 Die drei Politiker agieren schwerpunktmäßig auf unterschiedlichen Ebenen (national, Bundesland und lokal). Dies soll an dieser Stelle nicht weiter diskutiert werden, da auch ein Lokalpolitiker stärker sachorientiert kommunizieren kann oder eine Bundespolitikerin sprachlich eine stärkere Nähe zu den Bürgern markieren kann.

vor allem ihre Sachkompetenz und Reputation markiert, dürfte Armin Laschet als verlässlich verstanden werden, da er verschiedene Seiten abwägt und konsensorientiert erscheint. Jochen Ott wiederum markiert seine Nähe zum Menschen und dürfte damit als sympathisch erscheinen – was durch den Gebrauch von Humor bestärkt wird. Mit Blick auf die aristotelischen Dimensionen der Überzeugungskraft ist bei Jochen Ott das Pathos sehr ausgeprägt. Alle drei Sprecher sind in ihren Aussagen konsistent und die verschiedenen sprachlichen Merkmale ergeben jeweils ein kohärentes Gesamtbild. So ging bei Armin Laschet eine ruhige Prosodie mit einer abwägenden Argumentationsweise einher, was zusammen den Eindruck von Besonnenheit erzeugt. Konsistenz und Kohärenz – und eben keine erkennbaren Kanaldiskrepanzen – sind basal, um als glaubwürdiger Sprecher wahrgenommen zu werden (Bentele 1994; Reinmuth 2009).

Schließlich stellt sich die Frage: Welcher der drei Gesprächsstile wird von Rezipienten positiv hinsichtlich des Aufbaus von Vertrauen und Glaubwürdigkeit bewertet? In einer qualitativen Forschungsanlage wurden 15 Einzelinterviews mit Rezipienten geführt, die sich im privaten Umfeld die gesamte Radiosendung angehört hatten. Anschließend wurde mit einem offenen Frageleitfaden die Einstellung der Rezipienten gegenüber den drei Politikern erfasst. Die Einschätzungen bezüglich des Vertrauens und der Glaubwürdigkeit wurden mittels einer vorherigen Operationalisierung dieser Größen erhoben, sodass nicht explizit nach dem Vertrauen in die und der Glaubwürdigkeit der drei Politiker gefragt wurde.[6] Zudem wurden Rezipienten befragt, die sich für Politik interessieren und die Sendung auch gehört hätten, wenn sie nicht Teilnehmer an einer Studie gewesen wären.

Im Ergebnis zeigt sich, dass die Rezipienten Jochen Ott deutlich als glaubwürdig bewerten. Neun von fünfzehn Befragten bewerten Ott klar am positivsten, wenn es um die Frage des Vertrauens und der Glaubwürdigkeit geht. Acht Befragte schätzen Ott als am überzeugendsten ein. Die folgende Aussage einer Befragten steht beispielhaft für die vielen positiven Einschätzungen und das Vertrauen der Befragten in Jochen Ott:

„Er hatte einfach ein sehr klares Auftreten. Das lag sicherlich auch daran, dass er immer wusste, worüber er sprach. Und auch er wirkte ja auch so, als ob er wirklich im Volk drin ist. Ich glaube, er hat das auch durch sein Reden, was er gesagt hat, vermittelt, dass er so'n

---

6 Zur Operationalisierung von Vertrauen und der Kritik an einer einfachen Abfrage nach abstrakten Begriffen wie „Vertrauen" und „Glaubwürdigkeit" siehe Kohring (2004).

bisschen den Menschen nahe steht. Und ich glaube, vielleicht auch daher kommt so'n bisschen diese Vertrauensbasis, dass man so denken kann." (B9, A. 67)[7]

Besonders positiv wurde von vielen Befragten die Argumentationsweise von Ott empfunden. Die alltäglichen Beispiele, die stärker am Narrativen orientierte Argumentation und auch der Gebrauch des Personalpronomens „Du" fielen den Befragten positiv auf.

Armin Laschet und Bärbel Höhn werden von den Befragten deutlich weniger glaubwürdig und vertrauenswürdig eingeschätzt. Zwar wird Armin Laschet noch positiver eingeschätzt als Bärbel Höhn, aber er läuft Gefahr, als zu blass wahrgenommen zu werden und somit wenig in Erinnerung zu bleiben. Die folgende Aussage fasst dies beispielhaft zusammen:

> „Und es war halt aber alles so, vielleicht manchmal zu ruhig, also ich kann mir auch gut vorstellen, dass viele Wähler ihn [Laschet, M.K.] so praktisch als so'n bisschen farblos wahrnehmen, weil er zu ruhig geredet hat, zu monoton, also nicht die Tonlagen gewechselt hat oder so was, ne? Und ähm wahrscheinlich kann's dann gut passieren, dass man dann praktisch abschaltet, wenn man gar nicht so darauf achtet, was er jetzt zu sagen hat." (B6, A. 17)

Gleichwohl schätzen andere Rezipienten Laschet am glaubwürdigsten und vertrauenerweckendsten ein und begründen dies explizit mit seiner besonnenen Art und Weise. Jeweils eine Person bewertet Laschet insgesamt am positivsten und eine Person schätzt Laschet am vertrauensvollsten ein. Allerdings wird Laschet auch nicht deutlich negativ eingeschätzt, sondern die Befragten stehen ihm eher neutral gegenüber.

Anders liegt der Fall bei Bärbel Höhn. Die Grünenpolitikerin wird deutlich kritischer wahrgenommen, was die Befragten zum Großteil mit Höhns energischer Art und Weise begründen. Daneben wird auch Bärbel Höhns Selbstpräsentation als erfahrene Politikerin als zu dominant kritisiert, wie das folgende Zitat beispielhaft veranschaulicht:

> „[Bärbel Höhn, M.K.] hat viele Sachen aus ihrer eigenen Karriere, wie sie es auch nannte, dargestellt, was mir auch aber eher negativ aufgefallen ist." (B4, A. 6)

---

7 Die Abkürzung „B" steht für Befragte/r und die Abkürzung „A." steht für „Absatz". Die gesamten Aussagen aller Befragten sind aus Kuhnhenn (2014) entnommen. Die Befragten waren Studierende und wurden nach bestimmten Kriterien ausgewählt. Zum Beispiel mussten sie sich für Politik interessieren und auch im persönlichen Alltag politische Radiodiskussionen hören. Somit sollte die Authentizität der Daten gesteigert werden.

Insgesamt bewerten drei Befragte Bärbel Höhn deutlich positiv, zwei dieser Interviewpartner schätzen sie sogar als am überzeugendsten ein. Allerdings äußern sich noch mehr Befragte kritisch über sie. So meinen neun Befragte, dass sie wahrscheinlich mit Höhn „aneinander geraten würden", teilweise äußern die Befragten explizit, dass sie kein Vertrauen in Höhn haben, weil sie zu sehr auf ihren eigenen Standpunkt fixiert sei.

Die folgende Aussage einer Befragten fasst ihre Perspektive auf die drei Politiker zusammen und steht beispielhaft für das Gros der Interviewpartner:

> „Er [Jochen Ott, M.K.] hat versucht, an den Beispielen, mit denen er selber gearbeitet hat und in denen er selber aktiv ist, das Gespräch voranzutreiben, nicht auf Allgemeinheiten auszuweichen, wie teilweise Frau Höhn das gemacht hat, mit verallgemeinernden Beispielen arbeiten, sondern mit konkreten Beispielen, mit denen er selber auch viel zu tun hat. Wo er also Bescheid weiß, dann ist er trotzdem immer ruhig geblieben, hat aber trotzdem emotional gesprochen. Nicht wiederum wie Herr Laschet, dass er da fast einschläfernd sich schon zurückgenommen hat, sondern er hat trotzdem emotional gesprochen, da hat man halt gemerkt, dass es ihm etwas bedeutet, dass es ihm wichtig ist. Aber er hat nicht dieses Drängen, dieses Überreden-Wollen gehabt." (B10, A. 29)

Zusammenfassend kann festgestellt werden, dass ein rezipientenorientierter Gesprächsstil, der weniger die Sachkompetenz und die professionelle Rolle eines Politikers, sondern mehr seine Nähe zum Bürger betont, die größte Überzeugungskraft hat. Zum einen schafft die Nähe eine emotionale Bindung zwischen Kommunikator und Zuhörer. Zum anderen bewirken Beispiele aus dem Alltag, Humor und eine situationsadäquate Varianz in der Stimmlage, dass die Zuhörer dem Sprecher folgen können, ihn verstehen und Aussagen nicht als zu farblos wahrnehmen. Wenngleich dies banal klingt, ist Verständlichkeit doch die Grundvoraussetzung, um Vertrauen und Glaubwürdigkeit aufzubauen. Inhalt und Form müssen ein kohärentes und konsistentes Gesamtbild ergeben, dies wurde bereits kontextunabhängig als Basis der Vertrauenskonstitution erkannt. Für massenmedial vermittelte politische Kommunikation wird darüber hinaus festgestellt, dass Sympathie und die Markierung von Nähe zum Bürger das Vertrauen in und die Glaubwürdigkeit von politischen Akteuren deutlich stärken. Weniger erfolgreich sind hingegen die Betonung der eigenen Kompetenz und die Akzentsetzung auf die Rolle des Berufspolitikers. Wenngleich im vorliegenden Fallbeispiel keine populistischen Vertreter interagiert haben, deuten die Befunde in eine ähnliche Richtung wie die Forschung zu populistischer Rhetorik. So wird neben einer direkten Sprache auch die verbale Markierung von Nähe zum ‚einfachen Volk' als Kernmerkmal populistischer Rhetorik verstanden: „Populist rhetoric tells a simple story about the silent majority of ordinary, hard-working people rallying behind champions fighting against morally-degenerate vested interests."

(Norris/Inglehart 2018b, 3) So wurde Hillary Clinton im US-Präsidentschafts-wahlkampf vorgeworfen, sie sei Repräsentantin der politischen Elite, unnahbar und zeige keine Nähe zu den Menschen (Cooney 2016). In ähnlicher Weise fand sich diese Kritik im vorliegenden Fallbeispiel bei Bärbel Höhn wieder. Zwar wurde hier nicht das Problem der politischen Elite adressiert, aber das Gros der Be-fragten nahm Bärbel Höhns Fokus auf begrenzte Sachthemen und die eigene politische Karriere kritisch wahr. Dass zu solch einer Wahrnehmung auch der kommunikative Stil beiträgt, zeigte sich in der Analyse des Sprachgebrauchs. Rezipienten nehmen sehr wohl die sprachlichen Formulierungen von Politikern wahr und basieren ihre Bewertungen von Politikern auch auf diesen Eindrücken.

Die beispielhaft analysierte Diskussion soll nun nicht so interpretiert werden, dass ein entsprechend emotionaler Gesprächsstil, der (strategisch) die Nähe zu den Rezipienten markiert, erstrebenswert ist. Die Befunde stellen keine Hand-lungsempfehlung dar, stattdessen soll kritisch das Potenzial und die (politische) Macht von Sprache aufgezeigt werden. Ob die entsprechenden Kommunikatoren Sprache bewusst und strategisch einsetzen, um ganz gezielt das Vertrauen in die eigene Person zu stärken, kann an dieser Stelle nicht beantwortet werden. Ebenfalls sind der methodische und inhaltliche Fokus der Fallstudie zu berück-sichtigen. Bei der Interpretation der Befunde muss reflektiert werden, dass es sich um eine qualitativ angelegte Studie mit geringer Fallzahl (fünfzehn Interview-partner) handelt. Inhaltlich liegt der Fokus auf der politischen Kommunikation, ob und wie die hier diskutierten sprachlichen Merkmale in anderen gesell-schaftlichen Bereichen (z. B. Wissenschaft, Wirtschaft oder Alltag) den Aufbau von Vertrauen und Glaubwürdigkeit moderieren, stellt einen Anknüpfungspunkt für weitere Studien dar. In jedem Fall zeigt die vorliegende Analyse, dass sprachliche Strukturen einen Einfluss auf die Vertrauensbeziehung haben.

5 Konklusion

Kommunikationswissenschaftliche Vertrauens- und Glaubwürdigkeitsforschung untersucht bisher nur in seltenen Fällen die Relevanz von Sprache (beispielhaft seien hier drei vielfach zitierte Vertreter der deutschsprachigen Literatur genannt: Bentele 1994, Blöbaum 2014 und Kohring 2004). Dies ist umso bemerkenswerter, da Sprache in allen gesellschaftlichen Bereichen und auf allen Ebenen der Be-obachtung die grundlegende Einheit der Kommunikation ist. Inhalt und Form von Sprache tragen dazu bei, ob ein Kommunikator als vertrauensvoll und glaubhaft wahrgenommen wird. Das Fallbeispiel aus dem Bereich der politischen Kom-munikation zeigte deutliche Unterschiede in der Bewertung verschiedener Ge-sprächsstile von Politikern. So wurden ein sachorientierter Gesprächsstil sowie die Betonung von Professionalität und Kompetenz als weniger förderlich für den Aufbau von Vertrauen und Glaubwürdigkeit eingeschätzt als ein Gesprächsstil, der auf Sympathie, Humor und Nähe zum Rezipienten setzt. Die Konstitution von Vertrauen und Glaubwürdigkeit hängt damit wesentlich vom kommunikativen Stil eines Sprechers ab. Zum einen ist diese Erkenntnis ein wichtiger Beitrag für die Kommunikationswissenschaft und eine Aufforderung, Sprache und deren Relevanz in kommunikativen Prozessen stärker zu berücksichtigen. Zum anderen verdeutlicht dies, wie wichtig ein angemessener Sprachgebrauch (nicht nur) im politischen Kontext ist. Dies gilt umso mehr, wenn das Vertrauen in soziale Institutionen und ihre Repräsentanten erodiert. Die vorliegende Überlegung zur Relevanz von Sprachgebrauch für den Aufbau von Vertrauen und Glaubwürdigkeit soll somit auch einen Beitrag zur Diskussion über den Erfolg von Populisten leisten. Ein Anliegen dieses Beitrags ist es, den Blick kritisch auf die sprachlichen Strukturen zu richten und so die strategische Nutzung von Sprache zu reflektieren.

Literatur

Ardèvol-Abreu, Alberto/Hooker, Catherine M./de Zúñiga, Homero Gil: Online news creation, trust in the media, and political participation. Direct and moderating effects over time, in: Journalism 19, 5 (2018), S. 611–631

Aristoteles: Rhetorik. Übersetzt, mit einer Bibliographie, Erläuterungen und einem Nachwort von Franz G. Sieveke, München 1995

Bentele, Günter: Öffentliches Vertrauen – normative und soziale Grundlage für Public Relations, in: Wolfgang Armbrecht/Ulf Zabel (Hg.): Normative Aspekte der Public Relations. Grundlegende Fragen und Perspektiven. Eine Einführung, Opladen 1994, S. 131–158

Bentele, Günter/Seidenglanz, René: Vertrauen und Glaubwürdigkeit. Begriffe, Ansätze, Forschungsübersicht und praktische Relevanz, in: Romy Fröhlich, Peter Szyszka und Günter Bentele (Hg.): Handbuch der Public Relations, 3., überarb. und erw. Aufl., Wiesbaden 2015, S. 411–429

Blöbaum, Bernd: Trust and Journalism in a Digital Environment, Working Paper, Oxford 2014

Cooney, Samantha: Hillary Clinton Addresses Perception That She's Cold: „You Need to Protect Yourself", 2016
(http://time.com/4484275/hillary-clinton-cold-sexism-humans-of-new-york/, 02.07.2018)

Ebert, Helmut: Vertrauen in der Unternehmenskommunikation, in: Markus Hundt/Dorota Biadala (Hg.): Handbuch Sprache in der Wirtschaft, Berlin, Boston 2015, S. 482–507

Giddens, Anthony: Konsequenzen der Moderne, Frankfurt 1995

Gumperz, John J.: Discourse Strategies. Studies in Interactional Sociolinguistics 1, Cambridge 1989

Hallin, Daniel C./Mancini, Paolo: Comparing Media Systems. Three Models of Media and Politics, Cambridge 2004

Hanitzsch, Thomas/van Dalen, Arjen/Steindl, Nina: Caught in the Nexus. A Comparative and
    Longitudinal Analysis of Public Trust in the Press, in: The International Journal of
    Press/Politics 23,1 (2018), S. 3–23
Hovland, Carl I./Weiss, Walter: The Influence of Source Credibility on Communication
    Effectiveness, in: The Public Opinion Quarterly 15, 4 (1951), S. 635–650
Kohring, Matthias: Vertrauen in Journalismus. Theorie und Empirie, Konstanz 2004
Kuhnhenn, Martha: Glaubwürdigkeit in der politischen Kommunikation. Gesprächsstile und
    ihre Rezeption, Konstanz 2014
McLean, James S.: Inside the NDP war room. Competing for credibility in a federal election
    Montreal, Kingston 2012
Müller, Jan-Werner: Was ist Populismus? Ein Essay, Bonn 2016
Norris, Pippa/Inglehart, Ronald: Kapitel 1. Understanding populism, in: Pippa Norris/Ronald
    Inglehart (Hg.): Cultural Backlash Trump, Brexit, and the Rise of Authoritarian Populism,
    Draft, New York 2018a
Norris, Pippa/Inglehart, Ronald: Kapitel 3. Varieties of populism, in: Pippa Norris/Ronald
    Inglehart (Hg.): Cultural Backlash Trump, Brexit, and the Rise of Authoritarian Populism,
    Draft, New York 2018b
Oldfield, Natalie Doyle/Kushniryk, Alla: Building and Protecting Organizational Trust with
    External Publics. Canadian Senior Executives' Perspectives, in: Canadian Journal of
    Communication 42 (2017), S. 767–784
Reinmuth, Marcus: Vertrauen und Wirtschaftssprache. Glaubwürdigkeit als Schlüssel für
    erfolgreiche Unternehmenskommunikation, in: Christoph Moss (Hg.): Die Sprache der
    Wirtschaft, Wiesbaden 2009, S. 127–145
Roper, Burns W.: Emerging profiles of television and other mass media. Public attitudes
    1959–1967, New York 1967
Sandig, Barbara/Selting, Margret: Einleitung, in: Margret Selting/Barbara Sandig (Hg.):
    Sprech- und Gesprächsstile, Berlin, New York 1997, S. 1–8
Schäfer, Pavla: Linguistische Vertrauensforschung. Eine Einführung, Berlin, Boston 2016
    (Germanistische Arbeitshefte, 47)
WDR 5: Funkhausgespräche, Folge „Die neue Macht der Bürger", vom 31.03.2011. (http://www.
    podcast.de/episode/2121107/WDR%2B5%2BFunkhausgespr%25C3%25A4che%253A%
    2BDie%2Bneue%2BMacht%2Bder%2BB%25C3%25BCrger%253F%252C%2BSendung%
    2Bvom%2B31.03.11/, 02.07.2018)
World Value Survey: Online Data Analysis (http://www.worldvaluessurvey.org/WVSOnline.jsp,
    03.07.2018)

Tobias Eberwein
In Enttäuschung vereint

Motive für dysfunktionale Anschlusskommunikation in
Nutzerkommentaren und Konsequenzen für den Journalismus

1 Problemstellung

Die digitalen Transformationen der zurückliegenden Jahre haben Journalisten mit
vielfältigen Herausforderungen konfrontiert, die die Profession nach wie vor bis
ins Mark erschüttern. Nicht nur die Strukturen des Journalismussystems befinden
sich in einem Stadium der kontinuierlichen Neu-Ausrichtung, seitdem die ‚Kos-
tenloskultur' des World Wide Web die überkommenen journalistischen Erlös-
modelle über den Haufen warf – und damit zentraler Auslöser einer (im Wesentlichen ökonomischen) ‚Medienkrise' wurde, die in der Folge immer wieder die
Aufmerksamkeit der Kommunikations- und Medienforschung auf sich gezogen
hat (vgl. etwa Trappel u. a. 2015). Gleichzeitig hat das Aufkommen zahlreicher
neuer Akteure in den digitalen Öffentlichkeiten der Gegenwart, die sich häufig
sozialer Medien oder anderer partizipativer Kanäle bedienen, um die journalistischen Traditionsmedien auf die Probe zu stellen, zu einer weitreichenden
Machtverschiebung in den Öffentlichkeitsberufen geführt, die nicht zuletzt auch
darauf ausstrahlt, wie Journalisten ihre professionelle Identität definieren (vgl.
Deuze/Fortunati 2011). Diese Herausforderungen machen es zu einer unerlässli-
chen Aufgabe, sich kritisch mit den Normen und Werten journalistischer Praxis
im digitalen Zeitalter auseinanderzusetzen – und diese gegebenenfalls neu aus-
zutarieren. Auch wenn es viele Hinweise darauf gibt, dass sich die Professions-
ethik des Journalismus gegenwärtig in einem Prozess der Neu-Aushandlung befindet (vgl. Eberwein/Porlezza 2016), sind systematische Bestandsaufnahmen zu
den ethischen Konflikten eines Journalismus unter digitalen Vorzeichen bislang
ein Desiderat.

Der vorliegende Beitrag versucht diese Lücke wenigstens in Teilen zu füllen,
indem eines der dringlichsten Probleme journalistischer Akteure in partizipativen
Medienumgebungen adressiert wird: die Frage des Umgangs mit dysfunktionaler
Anschlusskommunikation auf journalistischen Nachrichten-Websites. Tatsächlich hat die Vorstellung, dass sich über kollaborative Formen der Content-Pro-
duktion die Qualität der Berichterstattung steigern lassen würde, sowohl in der
redaktionellen Praxis als auch in der Medienforschung lange Zeit großen En-

https://doi.org/10.1515/9783110590470-008

thusiasmus hervorgerufen (vgl. z. B. Bruns 2008). Gegenwärtig scheinen die hochtrabenden Hoffnungen allerdings weitgehend verflogen zu sein. Jedenfalls hat der praktische Umgang mit verschiedenen Phänomenen der Partizipation gezeigt, dass diese eben nicht automatisch zu einem besseren Journalismus führen, sondern im Gegenteil häufig dysfunktionale Effekte mit sich bringen. Aktuellen Problemen der Onlinekommunikation wie etwa Hate Speech und systematischem Trolling stehen Journalisten bislang meist hilflos gegenüber – besonders, wenn sie dabei selbst zur Zielscheibe der Kritik werden. Bisherige Initiativen, die es sich zum Ziel gemacht haben, Journalisten beim Umgang mit Onlinehass beratend zur Seite zu stehen (vgl. dazu etwa den Fünf-Punkte-Plan des Ethical Journalism Network – EJN o. J.), konnten bis dato zumindest noch keine nachhaltigen Langzeit-Effekte bewirken.

Die Fruchtlosigkeit derartiger Vorstöße mag auch eine Folge unzureichender Kenntnisse über die Urheber disruptiver Onlinekommentare sein, die eine wesentliche Voraussetzung für einen konstruktiven Dialog darstellen. Während verschiedene Phänomene der Nutzerpartizipation bereits seit mindestens einem Jahrzehnt im Fokus der empirischen Journalismusforschung stehen, ist nach wie vor unklar, was genau bestimmte Nutzer dazu treibt, in Kommunikationsmuster wie Flaming oder Trolling zu verfallen. Dieser Beitrag verfolgt das Ziel, den persönlichen und gesellschaftlichen Bezugsrahmen störender Kommentierer und ihre spezifischen Motive für Kritik an Medien und Journalismus auf der Grundlage einer qualitativen Interview-Studie verstehen und einordnen zu können. Das Konzept und die Ergebnisse der Studie werden nach einem kurzen Überblick zu den relevanten theoretischen Grundlagen und anderen empirischen Studien in diesem Themenfeld im Detail vorgestellt.[1]

2 Theoretischer Rahmen und Grundbegriffe

Es ist unbestritten, dass Journalismus und Medien in demokratischen Gesellschaften eine wichtige öffentliche Aufgabe erfüllen; das Prinzip der Pressefreiheit – in Deutschland in Artikel 5 des Grundgesetzes festgeschrieben – bildet dafür eine wichtige Voraussetzung. Zur Klärung dieses Zusammenhangs wird Journalismus aus wissenschaftlicher Perspektive häufig mit Niklas Luhmann (1984; 1996) als eigenständiges Sozialsystem beschrieben. Als solches übernimmt es die

1 Weitere Details zur präsentierten Studie finden sich auch in einer englischsprachigen Parallelveröffentlichung im Journal of Information, Communication & Ethics in Society (Eberwein 2019).

Funktion der Sammlung, Auswahl, Bearbeitung und Prüfung aktueller Themen aus seiner Systemumwelt. Indem es diese Themen als Medienprodukte einem (Massen-)Publikum zur Verfügung stellt, trägt es zur Herstellung von Öffentlichkeit und zur Selbstbeobachtung der Gesellschaft bei (vgl. Eberwein 2013, 43–68; Scholl/Weischenberg 1998) – und macht soziales Zusammenleben so überhaupt erst möglich.

In den digitalen Medien der hochgradig vernetzten Gegenwartsgesellschaft ist die Erfüllung der journalistischen Kernfunktion allerdings längst nicht mehr nur auf professionell ausgebildete Redaktionsmitarbeiter beschränkt. Über Social Media und andere partizipative Kanäle können auch Publikumsakteure Teil des Journalismussystems werden und an der Herstellung von Öffentlichkeit mitwirken (vgl. Loosen/Schmidt 2012). Tatsächlich mehrten sich vor allem in der Zeit nach der Jahrtausendwende die Indizien, dass verschiedene Formen der Nutzerpartizipation nicht nur die gesellschaftliche Funktion des Journalismus stützen, sondern in Einzelfällen sogar zu einer deutlichen Qualitätssteigerung beitragen können. So zeigten empirische Studien beispielsweise, dass Hinweise durch Nutzer über Onlinekommentare oder Social Media oft ein hilfreiches Instrument sind, um auf vernachlässigte Themen oder Fehler in der Berichterstattung aufmerksam zu machen (vgl. etwa Heikkilä u. a. 2012; Neuberger u. a. 2011). Im Idealfall können sie sogar die Grundlage für einen gleichberechtigten deliberativen Diskurs unter Einbeziehung aller am Produktions- und Rezeptionsprozess beteiligten Akteure bieten (vgl. Ziegele 2016). Es ist nur naheliegend, die Inklusion des Publikums in das System Journalismus unter diesen Bedingungen als Chance zu begreifen, das (vielerorts erodierende) Vertrauen in und die Glaubwürdigkeit von Journalismus nachhaltig zu stärken.

Allerdings verweist auch Luhmann (z. B. 2009, 29–40) wiederholt auf die Unwahrscheinlichkeit gelingender Kommunikation – und so verwundert es kaum, dass die theoretischen Potenziale der Nutzerbeteiligung im Journalismus häufig von beträchtlichen Problemen überlagert werden. In der Praxis des partizipativen Journalismus lassen sich – weltweit und in verschiedensten thematischen Kontexten – immer wieder besorgniserregende Beispiele von Trolling und Hate Speech beobachten, die die Funktionalität des journalistischen Systems in hohem Maße beeinträchtigen (vgl. stellvertretend für viele andere internationale Fallstudien: Aghadiegwu/Ogbonna 2015; Edström 2016; Harlow 2015). Besonders problematisch erscheinen dabei die oft ausufernden – und mitunter auch strafrechtlich relevanten – Wortgefechte in den Kommentarspalten journalistischer News-Plattformen, die für Redaktionsverantwortliche meist nur schwer zu moderieren oder anderswie zu regulieren sind (vgl. z. B. Erjavec/Poler Kovačič 2012). Sie können nicht nur für die Opfer von Hassbotschaften erhebliche negative

Folgen haben (vgl. Slagle 2009), sondern werden letztlich auch zum Treiber einer Vertrauenskrise, die dem Journalismus insgesamt schadet.

In dieser Gemengelage setzt die hier präsentierte Studie an: Phänomene wie Trolling und Hate Speech in Onlinekommentaren auf journalistischen Nachrichten-Seiten sollen nicht zuletzt deswegen genauer durchleuchtet werden, um Möglichkeiten aufzuzeigen, wie sich deren Urheber erfolgreich und sinnstiftend in die Kommunikationsprozesse im Journalismussystem einbinden lassen. *Hate Speech* wird in der wissenschaftlichen Literatur gemeinhin als „öffentliche Kommunikation bewusster und/oder intentionaler Botschaften mit diskriminierenden Inhalten" (Sponholz 2018, 48) verstanden; in der Regel stehen dabei Merkmale wie Geschlecht, Ethnizität, Religion oder sexuelle Orientierung im Mittelpunkt (vgl. Nockleby 2000). Initiatoren von Hate Speech sind häufig, aber nicht ausschließlich sog. ‚Trolle' – also Internetnutzer, die mit ihren Kommunikationsinhalten gezielt Störungen und/oder Konflikte verursachen, um sich darüber zu belustigen (Hardaker 2010, 237). Allerdings ist Hate Speech nicht auf webbasierte Kommunikationsräume beschränkt (vgl. Bleich 2011). Bei der Erforschung von Onlinekommentaren hat sich daher der breitere Begriff der *Inzivilität* durchgesetzt, der jegliche Form der beleidigenden (Anschluss-)Kommunikation einbezieht, sofern sie das demokratische Ziel der Deliberation stört oder verhindert (vgl. Papacharissi 2004).

Wenn diese Studie sich der Untersuchung von *dysfunktionaler Anschlusskommunikation auf journalistischen Nachrichten-Websites* widmet, soll dabei dieses breite Begriffsverständnis von Inzivilität aufgegriffen werden. Gleichzeitig werden jedoch durch den Verweis auf den systemtheoretischen Funktionsbegriff die Konsequenzen für Journalismus und Gesamtgesellschaft in den Fokus gerückt. Dysfunktionale Onlinekommentare können in diesem Sinne ein breites Spektrum unterschiedlich motivierter, störender Wortmeldungen umfassen – von ruppiger Kritik über unverbundene Beschimpfungen bis hin zu strafrechtlich verfolgbaren Beleidigungen und Verleumdungen.

3 Forschungsstand und offene Fragen

Die empirische Journalismusforschung hat bislang noch kaum dazu beigetragen, ein tiefergehendes Verständnis für derartige Formen dysfunktionaler Anschlusskommunikation zu ermöglichen. Zwar ist die Untersuchung von Partizipation in Journalismus und Medien in den zurückliegenden Jahren für viele nationale und internationale Forschungseinrichtungen zu einem Kernthema geworden – und gerade das konkrete Beispiel der Nutzerkommentare zu journalistischer Berichterstattung hat eine (zunehmend unübersichtliche) Fülle an empirischen Studien motiviert (vgl. die Synopse von Barnes 2018). Allerdings gerieten dabei zuletzt immer kleinteiligere Fragestellungen in den Blick, und der Ertrag für die redaktionelle Praxis blieb oft gering.

Der aktuelle Forschungsstand zu Nutzerkommentaren im Journalismus lässt sich grob anhand der drei Prozessstufen öffentlicher Kommunikation (Input, Throughput, Output) systematisieren (vgl. ähnlich Springer 2014, 33–54):

– In der *Input*-Phase stehen vor allem die Entstehungsbedingungen von Nutzerkommentaren im Mittelpunkt. Untersucht wurden hier beispielsweise die Einstellungen journalistischer Akteure zu Nutzerkommentaren und konkrete redaktionelle Strategien zum Umgang mit kommentierenden Publikumsakteuren (vgl. Braun/Gillespie 2011; Chen/Pain 2017; Graham/Wright 2015; Heise u. a. 2014; Reich 2011) – oder auch die Frage, welche inhaltlichen und formalen Merkmale journalistischer Beiträge besonders häufig Kommentare hervorrufen (vgl. z. B. Tsagkias u. a. 2010; Weber 2014).

– In der *Throughput*-Phase richtet sich der Fokus auf Inhalt und Qualität der Nutzerdiskurse. In diesem Kontext wurden nicht nur die inhaltlichen Charakteristika von Kommentaren in unterschiedlichen Themenfeldern nachgezeichnet; vor allem analysierten zahlreiche Studien, inwieweit Nutzerkommentare den normativen Anforderungen deliberativer Diskurse genügen – mit durchaus widersprüchlichen Ergebnissen (vgl. Rowe 2015; Ruiz u. a. 2011; Strandberg/Berg 2015; aber auch Coe u. a. 2014). Relevant ist dabei nicht zuletzt die Frage, welche Ziele Mediennutzer eigentlich mit dem Verfassen von Onlinekommentaren verfolgen (vgl. Diakopoulos/Naaman 2011; Springer u. a. 2015; Ziegele u. a. 2013).

– In der *Output*-Phase interessiert in erster Linie die Wirkung von Nutzerkommentaren. Untersucht wurden dabei die Einflüsse auf unterschiedlichste abhängige Variablen – wie beispielsweise die öffentliche Meinung (vgl. Friemel/Dötsch 2015), Risikowahrnehmungen (vgl. Anderson u. a. 2014), Third-Person-Effekte (vgl. Houston u. a. 2011), Vertrauen in Journalismus (vgl. Marchionni 2014) oder die Wahrnehmung journalistischer Qualität (vgl. Kümpel/Springer 2016; Prochazka u. a. 2018).

Die (notgedrungen verkürzte) Übersicht verdeutlicht, dass die empirische Forschung zu Nutzerkommentaren im Journalismus mittlerweile einen hohen Grad der Spezialisierung erreicht hat. Allerdings bleiben Phänomene dysfunktionaler Anschlusskommunikation, die Thorsten Quandt (2018) zuletzt unter dem Dachbegriff „dark participation" zusammengefasst hat, bis heute unterrepräsentiert. Was genau bringt Nutzer journalistischer Web-Angebote dazu, in dysfunktionale Kommunikationsmuster wie Trolling oder Hate Speech zu verfallen? Was ist ihr spezifischer (biografischer, politischer usw.) Hintergrund? Was ist ihr Urteil über die Funktionen und Leistungen des Journalismus und der Medien? Was sind ihre genauen Motive dafür, Journalisten und ihre Berichterstattung zu kritisieren? Und welchen Umgang wünschen sie sich mit Redaktionen und Gleichgesinnten? Diese Fragen stehen im Fokus der empirischen Studie, die in den nachfolgenden Abschnitten ausführlicher dargestellt wird.

4 Methode

In Anbetracht des Umstands, dass bislang noch kaum evidenzbasiertes Wissen über disruptive Kommentierer vorliegt, was in der Folge auch den Prozess der Kontaktaufnahme mit ihnen erheblich verkompliziert, wurde für diese Studie ein zweistufiges qualitatives Forschungsdesign gewählt. Aus pragmatischen Gründen wurde die Realisierung beider Forschungsschritte auf eine zusammenhängende Sprachregion beschränkt – in diesem Fall: Deutschland, Österreich und den deutschsprachigen Teil der Schweiz. Diese Eingrenzung brachte den Vorteil, dass sich alle Teilnehmer der Studie auf das gleiche – oder wenigstens ein ähnliches – Set an Themen beziehen konnten, die die öffentlichen Diskursräume zur Zeit der Datenerhebung prägten.

In einem ersten vorbereitenden Schritt führten der Autor und sein Team[2] *informelle Hintergrundgespräche* mit Onlinejournalisten und Social-Media-Redakteuren, die für einige der führenden Nachrichten-Websites im deutschen Sprachraum tätig sind – beispielsweise *tagesschau.de*, *FAZ.net*, *Rheinische Post Online* und viele mehr. Das Ziel dieser Vorerhebung war ein zweifaches: Zum einen sollten auf diese Weise typische Themenfelder identifiziert werden, in denen störende Nutzerkommentare am häufigsten vorkommen (wie z. B. Migration, der Nahost-Konflikt, aber auch Themen wie Gender, Gesundheit/Ernährung usw.); zum anderen sollten auch konkrete Hinweise auf typische Nutzerprofile von auffälligen Kommentierern (und, sofern möglich, auf vielversprechende Strategien zur Kontaktaufnahme) gesammelt werden. Beide Typen von Hintergrundinformationen wurden anschließend genutzt, um die Hauptphase der Erhebung vorzubereiten und zu systematisieren.

Dieser zweite Schritt bestand aus *problemzentrierten Interviews* (Witzel 2000) mit Mediennutzern, die regelmäßig und in großem Umfang dysfunktionale Kommentare auf journalistischen News-Plattformen veröffentlichen. Sie wurden gezielt ausgewählt anhand der Kriterien, die sich aus den Einsichten der Vorstudie

---

2 Der Autor wurde in verschiedenen Phasen des Forschungsprozesses von Miriam Bunjes, Michael Hackl und Susanne Behrens unterstützt. Ihnen gilt sein herzlicher Dank!

ableiten ließen, um somit ein möglichst breites Spektrum der Auseinandersetzung mit verschiedenen journalistischen Medien und unterschiedlichen kontroversen Themen zu repräsentieren. Im Sinne des Prinzips der theoretischen Sättigung (Corbin/Strauss 2015) wurde das Sample so lange um neue Teilnehmer erweitert, bis sich ihre Argumente wiederholten und keine neuen Einsichten mehr für die Entwicklung weiterer analytischer Kategorien versprachen. Die Interviews folgten einem halbstandardisierten Leitfaden, der es den Interviewern ermöglichen sollte, die für die Analyse relevanten Themen zu strukturieren und sie gemeinsam mit den Gesprächspartnern möglichst umfassend zu reflektieren. Der Aufbau dieses Leitfadens war an die zentralen Forschungsfragen des Projektes angelehnt – mit dem Ziel einer Untersuchung (1) der Bezugspunkte disruptiver Kommentierer, (2) ihrer Urteile über Medien und Journalismus, (3) ihrer Motive für Kritik an Medien und Journalismus sowie (4) möglicher Strategien für einen konstruktiven Umgang mit Nutzerpartizipation. Trotz erheblicher Probleme bei der Kontaktaufnahme mit den Respondenten (wie sich im Zuge der ersten E-Mail-Anfragen zeigte, hatten nicht wenige von ihnen Fake-Profile angelegt, um auf bestimmten Nachrichten-Websites kommentieren zu können; andere wiederum verweigerten jede Rückmeldung) ließen sich während des Sommersemesters 2017 schlussendlich 22 Telefoninterviews verwirklichen, von denen viele bis zu 80 Minuten dauerten. Sie wurden aufgenommen und anschließend transkribiert, um auf dieser Grundlage eine strukturierende qualitative Inhaltsanalyse (Mayring 2014) durchführen zu können.

Der folgende Abschnitt dieses Beitrags fasst einige Kernbefunde des zweiten Teils der empirischen Studie zusammen.

5 Befunde

5.1 Bezugsrahmen disruptiver Kommentierer

Im Zuge der Datensammlung war zunächst zu klären, mit wem es die Interviewer überhaupt zu tun hatten: Welche persönlichen, beruflichen, biografischen und ggf. auch politischen Bezugspunkte zeichneten die disruptiven Kommentierer im Sample der Studie aus? Angesichts der geringen Stichprobengröße und des bei der Stichprobenziehung verwendeten Verfahrens lässt die hier dokumentierte Erhebung selbstredend keine statistischen Schlüsse zu. Allerdings weist die Zusammensetzung des Samples deutliche Parallelen zu den soziodemographischen Mustern in den Stichproben früherer, quantitativer Befragungen von Kommentierern im Allgemeinen auf (vgl. etwa Ziegele u. a. 2013). Auf dieser Grundlage erscheinen vorsichtige Verallgemeinerungen naheliegend.

Demnach lässt sich festhalten, dass störende Kommentierer überwiegend männlich zu sein scheinen; zumindest im Sample dieser Befragung war nur jeder vierte Teilnehmer weiblichen Geschlechts. Zudem ist hervorzuheben, dass ein Großteil der Befragten zum Zeitpunkt der Erhebung über 40 Jahre alt war. Die untersuchten Kommentierer stehen demnach im Normalfall bereits in der Mitte ihres Lebens. Die meisten von ihnen können auf starke soziale Bindungen verweisen: Rund zwei Drittel der Studienteilnehmer waren verheiratet; fast alle von ihnen pflegten ein umfangreiches und lebendiges Netzwerk aus Freunden und Bekannten.

Bemerkenswert ist auch das überdurchschnittlich hohe Bildungsniveau der Befragten: Viele von ihnen hatten studiert, einige wenige waren sogar promoviert. Ausnahmslos alle sind (oder waren) berufstätig – allerdings nicht zwingend im Kontext der Medienberufe. Es gab zwar keine Journalisten im Sample der Studie, sehr wohl aber hatten einige Teilnehmer wenigstens indirekte Verbindungen zur Medienpraxis (etwa durch eine Beschäftigung in der Werbebranche oder im IT-Bereich).

Auffällig ist zudem, dass ein Großteil der befragten Kommentierer auf ein eindeutiges politisches oder soziales Engagement verweist, das – in vielen Fällen – in einer aktiven Unterstützung politischer Parteien (sowohl im linken wie auch im rechten Spektrum), NGOs (z. B. Transparency International) oder anderer Interessenvertretungen zum Ausdruck kommt. Selbst diejenigen Gesprächspartner, die sich bewusst keiner Organisation angeschlossen haben („Ich operiere im Einzelkämpfer-Modus!"[3]), offenbaren eindeutige politische oder sonstige weltanschauliche Positionen, für die sie überzeugt eintreten. Im Verlauf der Interviews wurde in vielen Fällen deutlich, dass ihre Weltsicht durch einschneidende biografische Erfahrungen geprägt ist, die auch ihre Gewohnheiten als Mediennutzer beeinflussen. So berichteten einzelne Gesprächspartner von direkten oder indirekten Verwicklungen in politische Umbruchsituationen, wiederkehrenden Diskriminierungserfahrungen, prägenden beruflichen Enttäuschungen, einem erfolglosen Sorgerechtsstreit oder Fällen angeblicher Falschberichterstattung journalistischer Medien über die eigene Person.

---

3 Alle direkten Zitate ohne genauere Quellenzuordnung sind den für diese Studie realisierten Interviews entnommen.

5.2 Urteile über Medien und Journalismus

Neben den individuellen Lebensumständen der Studienteilnehmer sollten im Zuge der Erhebung vor allem ihre Sichtweisen auf die Funktionen und Leistungen von Journalismus und Medien in den Fokus rücken. Im Verlauf der Interviews wurde schnell deutlich, dass es sich bei einem Großteil der Gesprächspartner um intensive und versierte Mediennutzer handelte. Viele von ihnen gaben zu Protokoll, nahezu die gesamte Freizeit – oftmals bereits früh am Morgen vor der Arbeit, fast immer bis spät in die Nacht – der Lektüre und Kommentierung journalistischer Beiträge zu widmen. Rezipiert wird dabei eine große Bandbreite unterschiedlicher Medienformate – sowohl etablierte „Mainstream"-Medien als auch spezialisierte Publikationen aus dem alternativen Spektrum. Und dafür gibt es gute Gründe, wie ein interviewter Nutzer erläuterte:

> „Ich blende keine Medien von vornherein aus. Ich habe erkannt, dass ich sonst kein vollständiges Bild der Realität bekomme, und schaue immer nach der anderen Seite. Damit ich mir meine Meinung bilden kann."

Fast ohne Ausnahme ließen die Gesprächspartner durchblicken, dass ihre Medienrezeption von hohen normativen Ansprüchen begleitet ist, wonach Journalisten ein breites Spektrum an gesellschaftlichen Aufgaben (Informationsfunktion, Meinungsbildungsfunktion, Kritik- und Kontrollfunktion, Integrationsfunktion usw.) zu erfüllen hätten. Allerdings werden diese Erwartungen bei den Teilnehmern der Studie ganz überwiegend enttäuscht. Immer wieder ließen sich in den Interviews Anzeichen für eine generelle Unzufriedenheit mit dem aktuellen Nachrichten-Journalismus herausarbeiten, die sich mit einer langen Liste wiederkehrender Kritikpunkte präzisieren lässt. So wird „den Medien" etwa eine einseitige Themenauswahl und ein Mangel an Meinungsvielfalt vorgeworfen; ebenso kritisieren die Gesprächspartner eine vermeintliche Parteilichkeit vieler Journalisten, eine Überrepräsentation bestimmter (politischer) Eliten, eine Dominanz des Agentur-Journalismus, einen allgemeinen „Herdentrieb" in der Branche sowie einen zweifelhaften Umgang mit Fehlern.

Mängelbeschreibungen wie diese führen unweigerlich zu einer Erosion des Vertrauens in professionell gestalteten Journalismus:

> „Ich habe vor einigen Jahren angefangen, selber zu recherchieren, und habe das dann immer wieder aufgedeckt, dass falsch, voreingenommen berichtet wird [...] Ich glaube gar nichts mehr einfach so."

Allerdings bringen die interviewten User ihr Misstrauen nicht nur im Gespräch für die Studie zum Ausdruck, sondern vor allem in regelmäßigen öffentlichen Kom-

mentierungen der kritisierten Berichterstattung. Die Nutzung der Kommentarfunktion auf journalistischen Nachrichten-Websites ist dabei nur ein verwendeter
Kanal von vielen (auch wenn dieser von den Studienteilnehmern besonders intensiv frequentiert wird: manche Akteure berichteten von mehr als 100 solcher
Wortmeldungen pro Tag). Häufig wird dieser allerdings noch flankiert durch
kritische Postings in Blogs und via Social Media – oder gar durch direkte Anrufe in
der Redaktion.

5.3 Motive für Kritik an Medien und Journalismus

Genau dieses Verhalten sollte die Interview-Studie genauer hinterfragen, wes-
wegen im Verlauf der durchgeführten Gespräche möglichst ausführlich erörtert
wurde, was genau einige Mediennutzer dazu treibt, Kritik an journalistischen
Akteuren und ihrer Berichterstattung zu üben. Dabei zeigte sich, dass es *den* typischen ‚Troll' – zumindest im deutschen Sprachraum – nicht gibt; stattdessen
erscheint es angebracht, störende Kommentierer anhand ihrer unterschiedlichen
Motive zu differenzieren.

Tatsächlich waren Internetnutzer, die nur deswegen destruktive Kommentare
posten, weil sie andere belästigen und damit einen geordneten inhaltlichen Diskurs unterbinden wollen, in der Studie eher die Ausnahme. Eine Mehrzahl der
Gesprächspartner präsentierte sich stattdessen als eine Art ‚Glaubenskrieger'. In
vielen Fällen sind sie von einem mehr oder weniger stark ausgeprägten politischen oder anderswie beeinflussten Sendungsbewusstsein angetrieben, für das
sie öffentlich einstehen und das sie – notfalls mit harten Bandagen – verteidigen.
Im Einzelnen lassen sich wenigstens fünf unterschiedliche Motivgruppen unterscheiden:

- *Wahrheitsfindung:* Einige User hinterlassen störende Kommentare, weil sie
  nicht weniger als die „ganze Wahrheit" aufdecken wollen, die aus ihrer Sicht
  in vielen professionell gestalteten journalistischen Beiträgen immer wieder
  ausgeblendet oder gezielt „vertuscht" wird.
- *Meinungsbildung:* Andere hingegen verfolgen ein weniger absolutes Ziel. Sie
  wollen den Journalismus nicht von Grund auf verändern, sondern stattdessen
  die Vielfalt der publizierten Meinungen vergrößern. Ihre persönlichen Sichtweisen (oder mitunter auch ein nachweisbares Expertenwissen zu bestimmten Themen) verstehen sie dabei als gezielte Beiträge zur Stimulierung eines
  breiteren inhaltlichen Diskurses.
- *Provokation:* Wieder andere Kommentierer betonen das Element der Provokation. Sie halten es für eine notwendige und unumgängliche Strategie, andere Nutzer mit aufreizenden Wortmeldungen herauszufordern, weil sich auf

anderem Wege in der Onlinewelt kaum Gehör finden lasse. Allerdings erscheint ihnen Provokation weniger als Selbstzweck, sondern vielmehr als bewusst eingesetztes Instrument zur Aufmerksamkeitssteuerung.

– *Aggressionsbewältigung:* Daneben gibt es eine Gruppe von Usern, die ihre Online-Aktivitäten als Akt der Aggressionsbewältigung beschreiben. Sie sind vom konventionellen Journalismus so enttäuscht, dass sie sich einen Kanal zum Frustrationsabbau suchen müssen. Und der bietet sich, wie es einer der Gesprächspartner ausdrückte, „lieber online als im richtigen Leben, oder?"
– *Unterhaltung:* Darüber hinaus offenbaren sich einige weitere Kommentierer, die zugaben, störende Postings nur zum Spaß zu veröffentlichen. Dieser Typus kommt dem Bild des typischen ‚Trolls' vermutlich am nächsten: Er tritt nicht als Anwalt einer Sache oder Personengruppe auf, sondern möchte sich mit seinen Inputs in erster Linie auf Kosten anderer amüsieren.

Praktische Erfahrungen mit Onlinekommentaren legen nahe, dass dieser letztgenannte Nutzertyp auf vielen Nachrichten-Plattformen oft sehr dominant wirkt. Im Sample der hier vorgestellten Studie war er jedoch erkennbar unterrepräsentiert – was nicht zuletzt ein methodisches Problem darstellt: Im Vergleich zu anderen Kommentierern war diese Akteursgruppe deutlich schwieriger zu erreichen und von einer Mitwirkung an der Interviewserie zu überzeugen.

5.4 Strategien für einen konstruktiven Umgang mit Nutzerpartizipation?

In Ergänzung zu der vorgeschlagenen Typologie unterschiedlicher Motive für kritische Kommentierungen journalistischer Berichterstattung war es ein weiteres Ziel der Studie, praktische Anregungen für einen konstruktiven redaktionellen Umgang mit dysfunktionaler Anschlusskommunikation auf Nachrichten-Webseiten zu sammeln. Welche konkreten Erwartungen oder Hoffnungen haben Kommentierer bei der Ansprache von Journalisten und gleichgesinnten Mediennutzern? Und was lässt sich aus redaktioneller Perspektive daraus lernen? Folgt man den Einlassungen der Studienteilnehmer, so divergieren die denkbaren Strategien zur Verbesserung der Funktionalität journalistischer Anschlusskommunikation erheblich. Im Einzelnen lässt sich differenzieren zwischen (1) Reformen auf der Ebene des journalistischen Systems, (2) Innovationen auf der Redaktionsebene und (3) Optionen für die Nutzer-Selbstregulierung.

Die Vorschläge zur *Reformierung des journalistischen Systems* sind dabei ohne Frage die radikalsten – und erscheinen gleichzeitig auch am wenigsten konstruktiv. „Mit dem vorhandenen Personal in den vorhandenen Strukturen geht es

nicht. Ich denke nicht, dass sie sich verändern wollen und können", gab bei-
spielsweise ein Gesprächspartner zu Protokoll. Damit das vielfach geäußerte Ziel
einer größeren Meinungsvielfalt in der Berichterstattung erreicht werden könne,
seien zentrale Posten in den Redaktionen neu zu besetzen. Dass das kritische
Kommentieren der Berichterstattung dazu beitragen könnte, glaubt keiner der
Interviewten; es trage aber sehr wohl „zur Meinungsfindung des Publikums" bei.
Insgesamt dominiert unter den Studienteilnehmern jedoch eine skeptische
Sichtweise: Dass ihre Einmischung zu einer grundsätzlichen Neu-Ausrichtung des
Journalismussystems führe, wird als unrealistisch bewertet.

Eine deutlich größere Praxisnähe weisen demgegenüber zahlreiche Emp-
fehlungen der Interviewpartner auf, die verschiedene *Innovationen auf der redaktionellen Ebene* anregen. Ein Kommentierer forderte beispielsweise: „Es wäre
mal ein Anfang, wenn die Journalisten ein gewisses Interesse am Dialog zeigen
würden." Tatsächlich scheint der Wunsch, konkrete Rückmeldungen zu einem
Kommentar zu bekommen, für viele Studienteilnehmer zentral. Verschiedene
Erfahrungsberichte im Rahmen der Interviews zeigen, dass ein wie auch immer
geartetes Feedback schnell zu einer vertrauensbildenden Maßnahme werden
kann – auch, weil sich dadurch Missverständnisse zwischen Medienmachern und
-nutzern ausräumen lassen. Eine wesentliche Voraussetzung dafür sei ein größeres Maß an Offenheit für Nutzerbeteiligung im Allgemeinen und abweichende
Meinungen im Besonderen. So verlangt ein anderer Studienteilnehmer:

> „Journalisten sollten lernen, andere Meinungen – auch radikalere Äußerungen – einfach
> mal auszuhalten und nicht sofort auf Strafgesetzbücher zurückgreifen, um sie wegzudrän-
> gen. Man kann das aushalten, extrem verschiedene Positionen stehenzulassen. Das ist
> Meinungsbildung."

Neben dem Wunsch nach Dialog und angemessenen Formen der Moderation ist
auch die Forderung nach größerer redaktioneller Transparenz in vielen Interviews
ein wiederkehrendes Motiv. Dies betrifft zum einen die Vermittlung von mehr
Hintergrundinformationen zu redaktionellen Abläufen und Entscheidungspro-
zessen (etwa die Frage, ob ein Journalist bei der Recherche selbst vor Ort war),
zum anderen aber auch ein besseres Fehlermanagement: „Mit Fehlern sollte
transparent umgegangen werden, auch das geschieht ja derzeit kaum. Da wird
sich immer nur gerechtfertigt, statt auch mal was zu korrigieren."

Mehrfach wird im Verlauf der Erhebung auch darauf hingewiesen, dass die
genannten Kritikpunkte am Journalismus künftig verstärkt zum Thema in der
Journalistenaus- und -weiterbildung gemacht werden sollten. Analog dazu sieht
ein Gesprächspartner jedoch ebenso Bedarf an einer verbesserten Medienkom-
petenz-Förderung ab dem Kindesalter: „Laptops ab der Grundschule, Medien-

bildung in jeder Schule, an die Kraft des Individuums glauben, statt Inhalte zu zensieren." Trotz aller Kritik am Journalismus gaben sich einige der interviewten Kommentierer im Gespräch auch selbstkritisch, denn der Umstand, dass sie mit manchen provokanten Postings sowohl Journalisten als auch mitlesende Mediennutzer verletzen und damit einen zweckdienlichen Austausch erschweren, ist ihnen durchaus bewusst. Einzelne Studienteilnehmer verrieten daher ihre individuellen Strategien zur Vermeidung von dysfunktionalen Kommentarschlachten. „Schickt nicht alles sofort ab", empfahl beispielsweise ein Gesprächspartner, und ein anderer versprach: „Ich habe mir vorgenommen, selber mehr auf die Zwischentöne zu achten und nicht mehr nur auf das maximale Provozieren" – auch wenn dies in der Konsequenz weniger ‚Likes' bringen würde. Ob sich derartige Einsichten bereits als konkrete *Formen einer Nutzer-Selbstregulierung* auffassen lassen, soll an dieser Stelle unkommentiert bleiben. In jedem Falle zeugen sie von einem Mindestmaß an Selbstreflexion auf Seiten der Kommentierer, die für die Diskussion über einen angemessenen Umgang mit Hate Speech und Trolling nicht unerheblich ist.

6 Konsequenzen

In der Summe ermöglicht die empirische Studie einen nuancierten Blick auf aktuelle Phänomene dysfunktionaler Anschlusskommunikation auf journalistischen News-Seiten. Anhand von problemzentrierten Interviews mit disruptiven Kommentierern lässt sich zeigen, dass es *den* typischen ‚Troll' nicht gibt. Stattdessen erscheint eine Differenzierung anhand unterschiedlicher Hintergründe und Motive für Kritik an Journalismus und Medien angebracht, wie sie beispielsweise in der hier entwickelten Typologie zum Ausdruck kommt. Trotz der offenkundigen Unterschiede in den Motiven der interviewten Mediennutzer sind nahezu alle Teilnehmer der Studie jedoch in einem zentralen Merkmal vereint: ihrer Unzufriedenheit mit der Qualität journalistischer (Massen-)Medien, die sie kritisch und oft im scharfen Ton zum Ausdruck bringen.

Derartige Einlassungen werden von journalistischen Akteuren oft als lästig empfunden – erst recht, wenn dabei gängige Konversationsregeln auf der Strecke bleiben. Jedoch verdeutlicht die Studie, dass auch provokativ vorgetragene Kommentare von Onlinenutzern im Kern häufig mit einem inhaltlichen Anliegen verbunden sind, das anderen Formen der Medienkritik nicht unähnlich ist. Indem die Studie mit ihrem qualitativen Forschungsansatz versucht, die Ziele und Beweggründe dieser webbasierten Medienkritik zu verstehen, liefert sie neue Einsichten und Argumente für die Entwicklung konstruktiver redaktioneller Strategien zum Umgang mit Nutzerkommentaren – und damit eine empirische Datenbasis, die im Zeitalter ‚postfaktischer‘ Nachrichtenagenden umso wichtiger erscheint.

Jedenfalls stellt nur ein kleiner Teil der interviewten Kommentierer den Journalismus im deutschen Sprachraum ganz grundsätzlich in Frage. Die meisten Gesprächspartner warten demgegenüber mit durchaus praxisnahen Anregungen auf, wenn sie nach ihren Ideen zur Erhöhung journalistischer Qualitätsstandards gefragt werden: Mehr Transparenz in den redaktionellen Abläufen wird da gefordert, ein besseres Fehler-Management, mehr Berichterstattung aus erster Hand oder auch verbesserte Aus- und Weiterbildungsmöglichkeiten für Journalisten – um nur einige Beispiele zu nennen. Mehr als alles andere erwarten die Studienteilnehmer aber eine erhöhte Bereitschaft zum Dialog, der eine inhaltliche Auseinandersetzung mit den vorgetragenen Kritikpunkten überhaupt erst möglich machen würde. Aus Sicht der Nutzer ist diese Bereitschaft in deutschsprachigen Redaktionen bislang noch kaum ausgeprägt.

Ohne Frage wäre für den Journalismus viel gewonnen, wenn die Branchenvertreter gerade diese Ermahnung ernst nehmen und auch ihren unliebsamsten Kritikern dann und wann ein offenes Ohr schenken würden. Feedback und Transparenz können – auch das hat die empirische Studie gezeigt – für enttäuschte Mediennutzer ein erster Schritt zur Klärung offenkundiger Missverständnisse über die Arbeit in Redaktionen sein und damit zur Grundlage für vertrauensbildende Initiativen werden, die für die journalistische Profession gerade in der gegenwärtigen Umbruchsituation so wichtig wären. Natürlich ist es für Journalisten nicht leicht, aus freien Stücken in einen konstruktiven Dialog einzutreten, wenn sie gleichzeitig mit diffuser Kritik und Hassbotschaften bedacht werden. Allerdings lässt sich anhand der durchgeführten Interviews demonstrieren, dass die meisten disruptiven Kommentierer ein klares inhaltliches Bedürfnis haben, über das sie sich austauschen wollen. Viele von ihnen schreiten dabei durchaus reflektiert zur Tat; jedenfalls ist die verbale Provokation häufig nicht mehr als ein bewusst eingesetztes Mittel zur Generierung von Aufmerksamkeit in den oftmals unübersichtlichen digitalen Diskursräumen der Gegenwart. Die genauen Ziele und Beweggründe einzelner ‚Glaubenskrieger‘ lassen sich erst dann erschließen und verstehen, wenn man ihnen – wenigstens für einen begrenzten Zeitraum – zuhört. Zumindest in der hier präsentierten Studie hat sich diese Strategie bewährt.

Literatur

Aghadiegwu, Ukwueze Cornelius/Ogbonna, Uche Anthony: The rise of hate and peace journalism in the Nigerian democratization process: the place of the new media, in: Communication Panorama 1, 1 (2015), S. 1–16 (http://rex.commpan.com/index.php/cpagp/article/view/21, 1.3.2019)

Anderson, Ashley A./Brossard, Dominique/Scheufele, Dietram A./Xenos, Michael A./Ladwig, Peter: The „nasty effect". Online incivility and risk perceptions of emerging technologies, in: Journal of Computer-Mediated Communication 19, 3 (2014), S. 373–387

Barnes, Renee: Uncovering online commenting culture. Trolls, fanboys and lurkers, Cham 2018

Bleich, Erik: The rise of hate speech and hate crime laws in liberal democracies, in: Journal of Ethnic and Migration Studies 37, 6 (2011), S. 917–934

Braun, Joshua/Gillespie, Tarleton: Hosting the public discourse, hosting the public. When online news and social media converge, in: Journalism Practice 5, 4 (2011), S. 383–398

Bruns, Axel: Blogs, Wikipedia, Second Life, and beyond. From production to produsage, New York u. a. 2008

Chen, Gina Masullo/Pain, Paromita: Normalizing online comments, in: Journalism Practice 11, 7 (2017), S. 876–892

Coe, Kevin/Kenski, Kate/Rains, Stephen A.: Online and uncivil? Patterns and determinants of incivility in newspaper website comments, in: Journal of Communication 64, 4 (2014), S. 658–679

Corbin, Juliet/Strauss, Anselm: Basics of qualitative research. Techniques and procedures for developing grounded theory, Los Angeles u. a. 2015

Deuze, Mark/Fortunati, Leopoldina: Journalism without journalists. On the power shift from journalists to employers and audiences, in: Graham Meikle/Guy Redden (Hg.): News online. Transformations and continuities, Basingstoke 2011, S. 164–177

Diakopoulos, Nicholas/Naaman, Mor: Towards quality discourse in online news comments, in: CSCW'11 – Proceedings of the ACM 2011 conference on computer supported cooperative work, New York 2011, S. 133–142

Eberwein, Tobias: Literarischer Journalismus. Theorie – Traditionen – Gegenwart, Köln 2013

Eberwein, Tobias: 'Trolls' or 'warriors of faith'? Differentiating dysfunctional forms of media criticism in online comments, in: Journal of Information, Communication & Ethics in Society (2019), doi: 10.1108/JICES-08-2019-0090

Eberwein, Tobias/Porlezza, Colin: Both sides of the story. Communication ethics in mediatized worlds, in: Journal of Communication 66, 2 (2016), S. 328–342

Edström, Maria: The trolls disappear in the light. Swedish experiences of mediated sexualised hate speech in the aftermath of Behring Breivik, in: International Journal for Crime, Justice and Social Democracy 5, 2 (2016), S. 96–106

EJN – Ethical Journalism Network: Hate speech: a five-point test for journalists (https://ethicaljournalismnetwork.org/resources/publications/hate-speech, 1.3.2019)

Erjavec, Karmen/Poler Kovačič, Melita: „You don't understand, this is a new war!" Analysis of hate speech in news web sites' comments, in: Mass Communication and Society 15, 6 (2012), S. 899–920

Friemel, Thomas N./Dötsch, Mareike: Online reader comments as indicator for perceived public opinion, in: Martin Emmer/Christian Strippel (Hg.): Kommunikationspolitik für die digitale Gesellschaft, Berlin 2015, S. 151–172

Graham, Todd/Wright, Scott: A tale of two stories from „below the line". Comment fields at the Guardian, in: The International Journal of Press/Politics 20, 3 (2015), S. 317–338

Hardaker, Claire: Trolling in asynchronous computermediated communication. From user discussions to academic definitions, in: Journal of Politeness Research 6, 2 (2010), S. 215–242

Harlow, Summer: Story-chatterers stirring up hate. Racist discourse in reader comments on U.S. newspaper websites, in: Howard Journal of Communications 26, 1 (2015), S. 21–42

Heikkilä, Heikki/Domingo, David/Pies, Judith/Glowacki, Michal/Kus, Michal/Baisnée, Olivier: Media accountability goes online. A transnational study on emerging practices and innovations, Tampere 2012 (http://www.mediaact.eu/fileadmin/user_upload/WP4_Outcomes/WP4_Report.pdf, 1.3.2019)

Heise, Nele/Loosen, Wiebke /Reimer, Julius/Schmidt, Jan-Hinrik: Including the audience. Comparing the attitudes and expectations of journalists and users towards participation in German TV news journalism, in: Journalism Studies 15, 4 (2014), S. 411–430

Houston, J. Brian/Hansen, Glenn J./Nisbett, Gwendelyn S.: Influence of user comments on perceptions of media bias and third-person effect in online news, in: Electronic News 5, 2 (2011), S. 79–92

Kümpel, Anna Sophie/Springer, Nina: Commenting quality. Effects of user comments on perceptions of journalistic quality, in: Studies in Communication | Media 5, 3 (2016), S. 353–366

Loosen, Wiebke/Schmidt, Jan-Hinrik: (Re-)Discovering the audience. The relationship between journalism and audience in networked digital media, in: Information, Communication & Society 15, 6 (2012), S. 867–887

Luhmann, Niklas: Soziologische Aufklärung 3. Soziales System, Gesellschaft, Organisation. 5. Aufl., Wiesbaden 2009

Luhmann, Niklas: Die Realität der Massenmedien. 2., erw. Aufl., Opladen 1996

Luhmann, Niklas: Soziale Systeme. Grundriß einer allgemeinen Theorie, Frankfurt a. M. 1984

Marchionni, Doreen: Online story commenting. An experimental test of conversational journalism and trust, in: Journalism Practice 9, 2 (2014), S. 230–249

Mayring, Philipp: Qualitative content analysis. Theoretical foundation, basic procedures and software solution, Klagenfurt 2014

Neuberger, Christoph/vom Hofe, Hanna Jo/Nuernbergk, Christian: Twitter und Journalismus. Der Einfluss des „Social Web" auf die Nachrichten. 3., überarb. Aufl., Düsseldorf 2011

Nockleby, John T.: Hate speech, in: Leonard W. Levy/Kenneth L. Karst (Hg.): Encyclopedia of the American constitution. 2. Aufl., New York 2000, S. 1277–1279

Papacharissi, Zizi: Democracy online: civility, politeness, and the democratic potential of online political discussion groups, in: New Media & Society 6, 2 (2004), S. 259–283

Prochazka, Fabian/Weber, Patrick/Schweiger, Wolfgang: Effects of civility and reasoning in user comments on perceived journalistic quality, in: Journalism Studies 19, 1 (2018), S. 62–78

Quandt, Thorsten: Dark participation, in: Media and Communication 6, 4 (2018), S. 36–48

Reich, Zvi: User comments. The transformation of participatory space, in: Jane B. Singer/Alfred Hermida/David Domingo/Ari Heinonen/Steve Paulussen/Thorsten Quandt/Zvi Reich/Marina Vujnovic (Hg.): Participatory journalism. Guarding open gates at online newspapers, Chichester 2011, S. 96–117

Rowe, Ian: Deliberation 2.0. Comparing the deliberative quality of online news user comments across platforms, in: Journal of Broadcasting & Electronic Media 59, 4 (2015), S. 539–555

Ruiz, Carlos/Domingo, David/Micó, Josep Lluís/Díaz-Noci, Javier/Meso, Koldo/Masip, Pere: Public sphere 2.0? The democratic qualities of citizen debates in online newspapers, in: The International Journal of Press/Politics 16, 4 (2011), S. 463–487

Scholl, Armin/Weischenberg, Siegfried: Journalismus in der Gesellschaft. Theorie, Methodologie und Empirie, Opladen, Wiesbaden 1998

Slagle, Mark: An ethical exploration of free expression and the problem of hate speech, in: Journal of Mass Media Ethics 24, 4 (2009), S. 238–250

Sponholz, Liriam: Hate Speech in den Massenmedien. Theoretische Grundlagen und empirische Umsetzung, Wiesbaden 2018

Springer, Nina: Beschmutzte Öffentlichkeit? Warum Menschen die Kommentarfunktion auf Online-Nachrichtenseiten als öffentliche Toilettenwand benutzen, warum Besucher ihre Hinterlassenschaften trotzdem lesen, und wie die Wände im Anschluss aussehen, Berlin 2014

Springer, Nina/Engelmann, Ines/Pfaffinger, Christian: User comments: motives and inhibitors to write and read, in: Information, Communication & Society 18, 7 (2015), S. 798–815

Strandberg, Kim/Berg, Janne: Impact of temporality and identifiability in online deliberations on discussion quality. An experimental study, in: Javnost – The Public 22, 2 (2015), S. 164–180

Trappel, Josef/Steemers, Jeanette/Thomass, Barbara (Hg.): European media in crisis. Values, risks and policies, New York, London 2015

Tsagkias, Manos/Weerkamp, Wouter/de Rijke, Maarten: News comments. Exploring, modeling, and online prediction, in: ECIR 2010 – Advances in Information Retrieval, Berlin, Heidelberg 2010, S. 191–203

Weber, Patrick: Discussions in the comments section. Factors influencing participation and interactivity in online newspapers' reader comments, in: New Media & Society 16, 6 (2014), S. 941–957

Witzel, Andreas: Das problemzentrierte Interview, in: Forum Qualitative Sozialforschung 1, 1 (2000), Art. 22 (http://www.qualitativeresearch.net/index.php/fqs/article/view/1132/2522, 1.3.2019)

Ziegele, Marc: Nutzerkommentare als Anschlusskommunikation. Theorie und qualitative Analyse des Diskussionswerts von Online-Nachrichten, Wiesbaden 2016

Ziegele, Marc/Johnen, Marius/Bickler, Andreas/Jakobs, Ilka/Setzer, Till/Schnauber, Alexandra: Männlich, rüstig, kommentiert? Einflussfaktoren auf die Aktivität kommentierender Nutzer von Online-Nachrichtenseiten, in: Studies in Communication | Media 2, 1 (2013), S. 67–114

Otfried Jarren

Vertrauen in Medien oder in Journalismus oder …?

Leistungserbringung durch und Leistungsbewertung von Medien als Forschungsaufgabe

1 Problemstellung und Zielsetzung des Beitrages

1.1 Vertrauensprobleme – oder geht es um Leistungen von Medien?

Die Debatte über Fake News, das wankende wie schwankende Vertrauen in die Glaubwürdigkeit von Medien wie Journalismus, indiziert eine Phase des sozialen Wandels, die nicht nur auf technische Veränderungen, Digitalisierung oder gar Medienkonvergenz, zurückgeführt werden kann. Die kritischen Anfragen an Medien wie Journalismus sind nicht nur in Deutschland zu beobachten, sondern in diversen demokratischen Gesellschaften – mit unterschiedlichen Mehrheitsverhältnissen, unterschiedlichen Regierungsbeteiligungen, verschiedenen Parlaments- wie Regierungsinstitutionen, unterschiedlichen Formen des Regierens wie Verwaltens. Die Debatte kann also nicht allein auf spezifische politische Systemfaktoren, gar allein und nur auf die Regierungspolitik in Deutschland, zurückgeführt werden. Das auch deshalb nicht, weil die sozialen Irritationen weit über Vertrauens- wie Glaubwürdigkeitsfragen bezogen auf Massenmedien hinausgehen: Sie werden auch an politische Akteure und Institutionen gerichtet. Die Anfragen an Medien wie Journalismus beziehen sich nur vordergründig auf politische Themen, es geht um mehr: Was leistet ihr – für wen? Was leistet ihr für uns, für mich?[1]

---

1 Der Autor dankt sehr herzlich Frau Daniela Mahl, M.A., IKMZ Zürich, für ihre Anregungen wie für die zuverlässige und engagierte Unterstützung bei der Erstellung des Beitrages.
    Leistungen kann man bewerten, mit Preisen versehen. Leistungen von Institutionen sind vielfach nicht direkt und einfach bewertbar. Derartige Leistungen werden akzeptiert. Die Legitimation von Institutionen ist nicht allein von direkt zurechenbaren Leistungen abhängig. Dann gilt: Taken-for-Grantedness. Im Falle einer Konkurrenz zwischen Institutionen stellt sich die Frage, ob und wie die Leistung nun neu gesehen oder auch neu bewertet wird. Institutionelle Konkurrenz findet im Bereich der Medien statt.

https://doi.org/10.1515/9783110590470-009

Die politischen Akteure thematisieren Hate Speech und Shit Storms, sehen sich mit Fake News wie der Verrohung der öffentlichen Debatte konfrontiert, und sie orten das Übel bei den Social Media als neuen Vermittlungsakteuren in der gesellschaftlichen Kommunikation. In vielen europäischen Ländern werden Regulierungsmaßnahmen erwogen und teilweise umgesetzt (internationale Instrumente mit Relevanz für Social Media, so für Deutschland: Netzwerkdurchsetzungsgesetz 2017; EU-weit: EU-DSGVO oder e-Privacy-Verordnung; neuer „Medienstaatsvertrag" für Deutschland 2018; anders in der Schweiz, vgl. Bundesrat 2017: Regulierungsverzicht). Aber lassen sich die Vertrauensprobleme, sollte es die bei den Massenmedien geben, mittels Regulierung anderer Medien lösen? Wohl kaum, denn Vertrauensprobleme sind nicht allein bei den Massenmedien auszumachen, sondern auch bei anderen gesellschaftlichen Institutionen, so bei Regierungen wie Parteien. Und wirken sich Vertrauensprobleme bei Medien auf andere gesellschaftliche Institutionen aus? Oder sind es Probleme oder Krisenphänomene politischer Institutionen, die sich auf die Vermittler – Massenmedien wie Journalismus – auswirken? Die empirische Forschung zeigt, dass die Kritiker wie Skeptiker der Demokratie auch medienskeptisch bzw. -kritisch sind (Schultz u. a. 2017; Ziegele u. a. 2018).[2] Aber mehr auch nicht (vgl. Kap. 3).

Hier wird die These vertreten, dass es im gesamten gesellschaftlichen intermediären System einen Struktur-, Prozess- wie Normenwandel gibt, der durch den Marktzutritt von neuen Medien, vor allem Social-Media-Plattformen, mit ausgelöst und vorangetrieben wird. Es handelt sich um Prozesse der Neu- wie der De-Institutionalisierung im Medienbereich (vgl. Saxer 1987). Massenmedien und Social Media stehen sich gegenüber.[3] Es geht um Leistungen, den Leistungsvergleich, und es geht um institutionelle Legitimität. Leistung und Institutionen bilden eine Einheit, und so unterscheiden sich Medien als Institutionen eben auch bezüglich ihrer Leistungen: „Medien sind komplexe institutionalisierte Systeme um organisierte Kommunikationskanäle von spezifischem Leistungs-

---

2 „Für die sozialen Medien wie Facebook oder Twitter sind aus früheren Untersuchungen niedrige Glaubwürdigkeitsprobleme bekannt. [...] Nur 5 Prozent halten die sozialen Medien für glaubwürdig, 75 Prozent schätzen sie explizit als weniger glaubwürdig ein" (Simon 2018, 212–213). Sind also Social Media irrelevant? Weshalb dann Regulierungsbemühungen? Und warum keine Regulierungsbemühungen bezogen auf die Boulevardpresse, die immerhin auch nur 6 Prozent Glaubwürdigkeit aufweist (vgl. Simon 2018, 213)?

3 Unter Social Media werden subsumiert: Netzwerkplattformen (wie Facebook), Blogs, Microblogging (wie Twitter), Media-Sharing-Plattformen (für Video bspw. YouTube, für Fotos bspw. Flickr oder für Präsentationen bspw. Slideshare), Wikis (bspw. Wikipedia). Mitunter werden aber auch „Foren" wie Plattformen für „Social Bookmarking" zu den Social Media gezählt. Im Beitrag wird vorrangig auf (die Merkmale wie Leistungen von) Netzwerkplattformen eingegangen.

vermögen" (Saxer 1999, 6).[4] Neben die traditionellen Massenmedien sind neue Leistungserbringer getreten:
- Die Vermittlungsstruktur hat sich damit verändert, sie ist vielfältiger geworden.
- Zugleich werden durch die neuen Institutionen neue Vermittlungsprozesse institutionalisiert.
- Die neuen Anbieter realisieren auf Basis anderer Normen und Regeln publizistische *wie* nicht-publizistische Informations- wie Kommunikationsangebote – dies mit großem Erfolg.[5]

Angebote, Leistungen und Qualitäten der universellen, aktuellen (Massen-)Medien werden vor dem Hintergrund der segmentären gesellschaftlichen Differenzierung, die die Individualisierung wie die Ausbildung von Gruppen und Netzwerken zur Folge hat, kritisch diskutiert – auf Social Media. Die gesellschaftlichen Informations- und Kommunikationserwartungen haben sich gewandelt und werden durch die neuen Institutionen ständig weiter verändert – und erhalten durch die Social Media ihren Ausdruck.[6] Social Media ermöglichen neue Formen von Mediennutzung und -gebrauch.

Einzelne und Gruppen benötigen – über das Angebot der Massenmedien hinaus – differenzierte Informationen, spezifisches Wissen wie den unmittelbaren Austausch mit anderen, um sich zu organisieren, um Entscheidungen zu treffen. Differenzierte Informationen und sozial geteilte Bewertungen sind notwendig zur Bewältigung des Alltags. Die Individualisierung erfordert im höheren Maß die eigenständige Beschaffung und den selbstorganisierten Austausch von Informationen, um gesellschaftlich kooperationsfähig zu sein. Individuen, Gruppen, Organisationen müssen immer mehr Entscheidungen in eigener Verantwortung treffen und sind von immer mehr Entscheidungen betroffen. Und sie wollen (partizipativer Selbstanspruch) und sollen (partizipative institutionelle Erwar-

---

4 Der Institutionenbegriff für die Analyse des Medienwandels wurde bereits 1987 von Ulrich Saxer empfohlen. Kommunikationsgeschichte solle als „Institutionalisierungs-, Institutionen- und Entinstitutionalisierungsgeschichte von öffentlicher Kommunikation und ihrer Medien" (Saxer 1987, 78) betrieben werden. In dieser Forschungstradition setzte sich Neuberger (2013) mit Onlinemedien als Institutionen auseinander.
5 Zu den institutionellen Regeln und Normen mit Blick auf Medien vgl. Donges (2013).
6 Erwartungen sind ein Merkmal von Institutionen, die gesamtgesellschaftliche Anerkennung haben oder beanspruchen. Bei den aktuellen, universellen Massenmedien sind diese Erwartungsstrukturen recht stabil. Sie werden von professionellen Akteuren bestimmt (Journalisten und Journalistinnen) und sie haben sich über einen langen Zeitraum ausgebildet. Bei den Social Media sind die Erwartungsstrukturen weniger stabil. Sie könnten aber durch den Einbezug von persönlich bekannten Akteuren wiederum stabilisiert werden.

tung) an Entscheidungen mitwirken. Das erhöht den Bedarf an binnenkommunikativen Prozessen. Die neuen Medientechnologien sind Hilfsmittel zur Bewältigung der steigenden informatorischen wie kommunikativen Anforderungen. Sie
bieten neue Informations- und Kommunikations(dienst)leistungen unter Beteiligung der Nutzer und Nutzerinnen, unter Einbezug der eigenen Netzwerke, an. Sie
treten in Konkurrenz zu den Massenmedien, fordern diese heraus.

Social Media sind sozio-kultureller Ausdruck der sich individualisierenden,
pluralisierenden wie mobilen (Dienstleistungs-)Gesellschaft. Die sich sozial
ständig neu findende (mobile wie dynamische 24-Stunden-)Gesellschaft benötigt
immer mehr Informationen wie Wissen. Die kommunikative Interaktionsge-
schwindigkeit muss erhöht, der Austausch vielfältig und beständig sein. Diese
Gesellschaft will nicht (mehr) auf Redaktionsschluss, Sendetermine oder Nach-
richtenzeiten warten. Vor allem durch neue Formen der Individual- wie Gruppenkommunikation werden die Anforderungen an die gelingende Kooperation
mit anderen Akteuren zu bewältigen versucht, so durch den Einbezug von Personen aus dem eigenen Netzwerk.[7]

Zur Bewältigung dieser Anforderungen bedarf es weiterer technischer Ver-
mittlungssysteme (Medien), insbesondere solcher Medien,
- die unmittelbar wie direkt zugänglich sind,
- die Individual- wie Gruppenbezug ermöglichen,
- die Dezentralität ermöglichen,
- die über vielfältige Rückkanalkapazitäten verfügen und
- die aktiv wie passiv ge- wie benutzt werden können.

Dazu eigenen sich die neuen Intermediäre, vor allem die Social-Media-Plattformen. Sie entsprechen diesen Anforderungen an Medien, weil sie Individualität
wie Gemeinschaft ermöglichen. Sie prägen offenkundig den sich herausbildenden
neuen Gesellschaftstyp (community, we share), sie geben ihm Ausdruck und ermöglichen weitere soziale Differenzierungsprozesse. Im Kontext des Wandels, der
im Mediensektor den Wandel von der Industrie- zur Dienstleistungsgesellschaft
markiert, differenzieren sich die Medien stark aus und sie müssen spezifische
Dienstleistungsqualitäten aufweisen (vgl. Kiefer 2017). In diesem Wettbewerb
werden die traditionellen Massenmedien wie ihr Journalismus gezwungen: Was
vermögen sie zu bieten? Was leisten sie?

---

7 Dabei handelt es sich um Formen, nämlich asynchrone wie synchrone Formen der Individual-
wie Gruppenkommunikation, die durch die Telefonie technisch nicht geleistet werden können.

1.2 Medieninstitutionalisierung als fundamentaler Wandel

Social Media sind eine fundamentale sozio-technische Institutionalisierung, die sich im Kontext der segmentären Differenzierung der Gesellschaft vollzieht. Social Media ermöglichen individuelle Wahlhandlungen und Entscheidungen, auch zusammen mit anderen (crowd; Schwarm; Gruppe; community; friends) (vgl. Kersten 2017). Sie gehen mit der Individualisierung einher, sie erlauben nun Einzelnen wie aber auch Gruppen (wie den organisierten Interessen!) den direkten Zugang zur Öffentlichkeit: Äußerungen, Mitteilungen, Bewertungen. Zudem können mittels Social Media Interessen gefunden, artikuliert, ausgehandelt, repräsentiert und für den Aufbau von Netzwerken wie sozialen Gruppen genutzt werden. Die traditionellen Massenmedien mit ihrem Journalismus sind nicht mehr die Schleusenwärter, die Gatekeeper, die über den Zugang zur Öffentlichkeit entscheiden. Sie bestimmen nicht mehr allein und nicht mehr dominant über Thematisierung, die Bewertung von Vorgängen, den Meinungstenor wie über die Tonalität öffentlich verbreiteter Äußerungen. Das institutionelle Selektions- wie Bewertungsprogramm der publizistischen Medien steht in einem sozio-kulturellen wie (aufmerksamkeits-)ökonomischen Wettbewerb mit Social-Media-Plattformen. Es handelt sich um einen Leistungswettbewerb: Es geht bei diesem Wettbewerb nicht nur um die öffentliche Deutungsmacht, es geht um kulturelle Relevanz und es geht um die Erhaltung bzw. Durchsetzung von Geschäftsmodellen. Und für das Publikum wie auch die Nutzer geht es um neue kommunikative Möglichkeiten. Es geht damit um die Kommunikationsnormen wie -regeln der Gesellschaft. Was soll gelten? Wer darf wo was sagen? Wer hat wem wo zu antworten?

Leistungen der publizistischen Massenmedien werden durch diesen Wettbewerb sichtbar und öffentlich diskutiert: Beständig werden Massenmedien oder Journalisten und Journalistinnen kritisiert. Das ist neu: Bislang blieb es bei der massenmedialen Medienkritik, einem Stiefkind des Journalismus. Der Journalismus reflektiert nur in der Not einmal über sich. Selbstkritik wie Fremdkritik gibt es kaum (vgl. Russ-Mohl 2017). Institutionalisierte (wie gar zertifizierte) Formen von Qualitätssicherung wie Qualitätsmanagement, derweil auch an Universitäten oder Kultureinrichtungen Standard, kennen die Massenmedien wie der Journalismus nur partiell. Es existiert weder ein Professionsverständnis noch eine Peer-Kultur, die faktisch in allen Dienstleistungsbereichen anzutreffen ist. Mit einem Mal sehen die Massenmedien und ihr Journalismus alt aus.

Äußerungen und Mitteilungen auf Social Media können Aufmerksamkeit in den Massenmedien finden, werden aber auf den Plattformen selbst verhandelt. Äußerungsmöglichkeiten, Responsivität, direkter Austausch und Vernetzung sind Kernleistungsmerkmale auf Social-Media-Plattformen (vgl. Schmidt/Taddicken

2017, 24 – 26). Die Responsivität der Massenmedien hingegen ist, bezogen auf Individual- wie Gruppeninteressen, beschränkt. Die allgemeinen, universellen Massenmedien fokussieren auf Themen wie Interessen, die sich bereits als organisationsstark oder konfliktfähig erwiesen haben. Sie befassen sich mit den bereits als relevant beurteilten Angelegenheiten. Sie repräsentierten hoch organisierte gesellschaftliche Interessen und damit vor allem die korporativen wie kollektiven Akteure der Gesellschaft. Auf den Social-Media-Plattformen finden sich hingegen neben zahllosen Individualpositionen die Äußerungen und Mitteilungen von gering organisierten Interessen. Damit stehen sich zwei Institutionen von Medien gegenüber, die unterschiedliche Ziele verfolgen, sich unterschiedlicher Selektionsprogramme bedienen und die höchst unterschiedliche Repräsentationsformen haben (vgl. dazu grundlegend Donges 2013 und Neuberger 2013). Damit werden Leistungsunterschiede zwischen unterschiedlichen Medien allgemein sichtbar. Diese werfen Fragen auf, führen zu einer Neubewertung der Medien.

Und etwas Anderes ist von Belang: Durch die Etablierung von Social-Media-Plattformen wird deutlich, dass es eben nicht allein die universellen, aktuellen Massenmedien waren und sind, die für die mediale Vermittlung Bedeutung haben. Neben den universellen, aktuellen Massenmedien existieren zahllose spezialisierte Medien, die für die Findung, Aushandlung, Organisation wie Repräsentation von Interessen aus dem lebensweltlichen Kontext heraus von Bedeutung sind. Dazu zählen die publizistischen Medien wie Zeitschriften oder spezialisierte Radio- und Fernsehkanäle. Sie sind ebenso ein Ausdruck für die segmentär differenzierte Gesellschaft. An ihnen lässt sich soziale Differenzierung anhand von Themen, Deutungen, Werten, Wissen etc. ablesen. In ihnen wird über Wissen wie Interessen verhandelt. Um diese Medien herum haben sich Nutzergruppen, und somit zugleich gesellschaftliche Interessengruppen, gebildet. Aber auch bei diesen publizistischen Medien gibt es lediglich Mediennutzung und gewisse Formen der Beteiligung – aber keinen individuellen Mediengebrauch wie bei Social-Media-Plattformen. In der Kommunikationswissenschaft wurden diese publizistischen Medien als spezifische, als spezialisierte Institutionen, gerne übersehen (vgl. Kap. 2.2).

Mit diesem Beitrag wird das Ziel verfolgt, anstehende Forschungsaufgaben aufzuzeigen: Es ist nötig, sich mit ‚den' Medien – mit allen Medien – aus einer institutionentheoretischen Perspektive grundlegend auseinanderzusetzen. Wenn von ‚den Medien' oder ‚dem Journalismus' gesprochen wurde und wird: Sind institutionell begründete Unterschiede bei der Leistungserbringung auszumachen? Mit dem Auftreten von Social-Media-Plattformen kann ein neuer, ein anderer Blick auf die Funktionen wie Leistungen der universellen, aktuellen Massenmedien wie den Journalismus geworfen werden, weil Unterschiede sichtbarer werden. Funktions- wie Leistungsfragen von Medien sind im Kontext des De- wie Neu-Institutionalisierungsprozesses zu diskutieren. So können Vertrauensverluste auf nicht erfüllte Leistungserwartungen, und nicht auf den Entzug der Legitimation, zurückgeführt werden. Die funktionalen Medienleistungen (Leistungserbringungsmöglichkeiten) wandeln sich aufgrund der Ausdifferenzierung im Mediensystem, und die – möglicherweise veränderten – Leistungserwartungen von Seiten des Publikums bzw. von Seiten der Nutzer(gruppen) wären zu diskutieren.

2 Medienforschung: Notwendigkeit der Erforschung aller publizistischen (Massen-) Medien und ihrer Leistungen

2.1 Die aktuellen, universellen publizistischen *Massen*medien als Dreh- und Angelpunkt der bisherigen Forschung

Im Zentrum der kommunikationswissenschaftlichen Forschung steht mit den aktuellen, universellen *Massen*medien lediglich *eine* Institution der publizistischen Medien. Es wird auf die aktuellen, universellen Medien, d. h. Presse, Radio und Fernsehen, fokussiert.[8] Genauer: Die meisten Analysen beziehen sich auf die politischen Tageszeitungen, also die sogenannte Qualitäts- oder Meinungspresse, die vielfach als Leitmedien bezeichnet werden. Obwohl wir seit vielen Jahrzehnten über Radio und Fernsehen verfügen und obwohl vor allem dem Fernsehen immer wieder ein besonderer Einfluss zugeschrieben wird, dominiert in der kommunikationswissenschaftlichen Forschung die Analyse von Printmedien und deren politische Kommunikationsleistung. Das ist systematisch gesehen in mehrfacher Hinsicht ein Problem:

– Es wird vorrangig nur ein Segment der universellen, aktuellen Massenmedien betrachtet.

– Mit dieser Auswahl werden vor allem die institutionellen Normen und Regeln der Printmedien, speziell der Tageszeitungen, und des von ihnen etablierten Journalismus, der sich von den anderen publizistischen (Massen-)Medien aber unterscheidet, beachtet.

---

8 In den Studien zum Vertrauen in Medien wird sehr pauschal vorgegangen, so wenn Internet als „Mediengattung" bezeichnet, aber nicht weiter differenziert wird. Weitere publizistische Medien neben Tageszeitungen und den öffentlich-rechtlichen und privaten Radio- und Fernsehprogrammen fehlen sogar ganz.

- Mit diesem Forschungsfokus kommt vor allem ein Teilbereich des Journalismus, der sogenannte politische Journalismus, mit seinen Leistungen in das Blickfeld.
- Zumeist wird durch diese Auswahl thematisch ein Fokus auf die politische Willensbildungs- und Entscheidungskommunikation (Throughput und Output) gelegt und damit auf die institutionelle Perspektive (institutionelle Politik) verkürzt.
- Dadurch wiederum kommen nur ausgewählte politische Akteure, vor allem die Akteure der Interessenaggregation und -durchsetzung, und die entsprechenden politischen Prozesse in den Blick. Kurz: Ein Ausschnitt vom politischen Interessendurchsetzungs- und Entscheidungsprozess mit dem relevanten Institutionensystem findet Beachtung.

Diese aus forschungsökonomischen Motiven betriebene Fokussierung ist zwar nachvollziehbar, hat aber Konsequenzen. Nachvollziehbar ist sie deshalb, weil insbesondere die auf Politik*vermittlung* und Deliberation spezialisierten Printmedien ein besonderes Gewicht auf politische Institutionen und Prozesse legen. Diese sind vor allem für den Output oder Outcome des, weniger aber für den Input in das politische System relevant. Dies ist keine unwichtige Unterscheidung, denn bezüglich der Leistung und somit auch der Legitimität eines politischen Systems kann zwischen Input- und Output-Leistung (bzw. -Legitimität) unterschieden werden. Die Perspektive der Massenmedien ist, weil dort vorrangig die Kommunikation der kollektiven wie korporativen Akteure beachtet wird, stark auf den Output ausgerichtet. Damit sind politische Akteure wie Institutionen, die den Output generieren und zu verantworten haben, und die Vermittler dieses Outputs (nämlich der politische Journalismus der Massenmedien) von der Leistung her sehr nahe beieinander. Bei anderen publizistischen Medien und vor allem durch Social-Media-Plattformen liegt der Leistungsschwerpunkt beim Input, zumal beim Input von Individuen wie nur schwach organisierter Interessen. Wird die Output-Leistung der Massenmedien als deren Leistung oder als Output-Leistung der Politik kritisiert?

2.2 Die *übersehenen* publizistischen Medien neben den Massenmedien

Der Blick auf die aktuellen, universellen Massenmedien hat den Blick auf die *weiteren* publizistischen Medien und deren Leistungen wie den dort institutionalisierten Journalismus verstellt. Zwar wird generalisiert von *einem Mediensys-*

tem gesprochen, aber es wird zumeist keine – auch keine ausschnitthafte – Mediensystemperspektive gewählt. Dann wären

- alle (oder wesentliche Teile bzw. Elemente) der allgemeinen, also der universellen, aktuellen Massenmedien oder
- die universellen, aktuellen Massenmedien und die weiteren publizistischen Medien (wie bspw. Zeitschriften, Special-Interest-Angebote aus dem Radiooder Fernsehbereich) bezogen auf eine Fragestellung zu untersuchen.

Zwar wird fallweise die Interaktion zwischen verschiedenen Mediengattungen, so beim Inter-Media-Agenda-Setting-Ansatz (Maurer 2017; Rogers/Dearing 1988; zum Inter-Media-Agenda-Setting im Kontext Social Media vgl. Harder u. a. 2017), berücksichtigt, aber Analysen, die die Interaktionsstrukturen zwischen Mediengattungen wie -formaten im systemischen Kontext erfassen, gibt es kaum. Es fehlt, sieht man einmal von der systematischen Darstellung von nationalen Mediensystemen ab (vgl. beispielsweise Beck 2018; Künzler 2013), sowohl an einer Massenmediensystem- wie an einer Mediensystem- wie Interaktionsperspektive. Aber die Elemente eines (Massen-)Mediensystems stehen sowohl historisch, sozio-politisch als auch sozio-ökonomisch in Austauschbeziehungen zueinander. Daraus ergibt sich für jede Mediengattung ein spezifisches, veränderbares Leistungsprofil. Ansätze aus der Organisationsökologie (vgl. Studer 2018; Hannan/ Freeman 1977) zeigen diese Veränderungsprozesse, auf Stufe der Medienorganisationen, an. Nimmt man diese Theorieperspektive ein, so werden die Austausch- oder Interaktionsbeziehungen zwischen den Medien sichtbar und es könnten Leistungsangebote erfasst werden. Das publizistische Leistungsprofil der universellen, aktuellen Medien sollte sich, so durch den Zutritt weiterer publizistischer Medien (Zeitschriften etc.), geändert haben.

Die empirischen Analysen in der Kommunikationswissenschaft beschränken sich zumeist auf einzelne Gattungen, wie Tageszeitungen, oder auf bestimmte Formate (Magazine, Berichte), aber nicht auf mediengattungs- oder gar medienformatübergreifende Angebote. Dies ist dem hohen Aufwand und den derzeit noch technischen Begrenzungen (Untersuchungskorpus) wie methodischen Grenzen geschuldet. Das sind aber nicht die alleinigen Gründe: Die (Massen-) Medien neben den aktuellen, universellen Massenmedien werden vielfach als unpolitisch, als eine Form von populären Medien angesehen. Dort wird das Vorhandensein von Fach- oder gar Service-Journalismus (vgl. Dernbach 2010; Quandt 2010; Eide/Knight 1999), aber nicht von Politikjournalismus, gar Qualitätsjournalismus, angenommen. Die Medien jenseits der aktuellen, universellen Massenmedien und der politischen Magazine wie Wochenzeitungen werden eher als Teil der Werbe- oder PR-Maschinerie angesehen – und folglich ignoriert. Ähnlich werden Verbands- und Fachmedien ausgeblendet, weil sie als zu spezifisch und deshalb als nicht unmittelbar politisch relevant erachtet werden (vgl. Donges 2014; Nitschke/Donges 2018). Normativ wie funktional wird damit das Segment jenseits der allgemeinen Massenmedien ignoriert. Dabei waren und sind die traditionellen Massenmedien bezüglich politischer wie sozialer Interessenorientierung oder kommerzieller Zielsetzungen kaum von diesen anderen Medien zu unterscheiden. Bis auf einen Punkt: Sie beziehen sich auf die Gesamtgesellschaft (allgemeine Öffentlichkeit), die weiteren publizistischen Medien auf Zielgruppen und stellen Teilöffentlichkeiten her.

Zielgruppenmedien, zumeist als Zeitschriften vorkommend, gelten als typologisch schwer zu systematisierende wie empirisch zu erfassende und somit zu erforschende Sonderformen von Publizistik (vgl. Strassner 2001; Stöber 2002; Winter 2004; Lüthy 2013; Prior-Miller 2017). So wurde definitorisch in der Kommunikationswissenschaft zwischen Tagespresse und den Wochenzeitschriften, die man zu den politischen Medien zählt, und einem Rest unterschieden, nämlich den Zeitschriften. Dieser definierte Rest galt als nicht erhebungsfähig wie -würdig, folglich wurde er nicht amtsstatistisch erhoben und nur selten in der Wissenschaft, nicht einmal strukturell, systematisch erforscht.[9] Dieser Teil der Publizistik wird gemeinhin als unpolitisch angesehen. Aber ist dem so? Sind Zeitschriften kommunikativ wie gesellschaftlich irrelevant?

Zu diesen publizistischen Medien neben den universellen, aktuellen (Massen-) Medien können gezählt werden:
- Special-Interest-Medien,
- Very-Special-Interest-Medien,
- Fachmedien,
- Verbands- und Interessengruppenmedien,
- Peer-Medien.

Nun soll hier nicht dieser hochdifferenzierte Medienmarkt näher betrachtet werden, obwohl sich das lohnt (vgl. Heinrich 2002; Liewehr 2002). Es soll vielmehr darauf hingewiesen werden, dass dieser Markt – allgemein und wenig differenziert als ‚der' Zeitschriftenmarkt bezeichnet – Ausdruck der segmentären Differenzierung der modernen Gesellschaft ist. Und diese Medien sind, sieht man einmal ab vom engeren Bereich der politischen Kommunikation, von Relevanz für das gesamte gesellschaftliche Vermittlungs- wie Kommunikationssystem. Diese publizistischen Medien haben einen erheblichen Anteil am Prozess der gesell-

---

9 Es gibt wenige Ausnahmen: Hans Bohrmann gehört dazu. Er hat sich früh auf dieses Forschungsparkett gewagt (vgl. Bohrmann/Schneider 1975; Bohrmann 2002a, 2002b, 2002c). Kaum jemand ist ihm allerdings gefolgt. Die Gründe dafür sind, wie immer, vielschichtig: Natürlich ist das ein sehr großes Segment an Medien neben den aktuellen, universellen Massenmedien.

schaftlichen Individualisierung, der Pluralisierung gesellschaftlicher Verhältnisse und der zunehmenden Relevanz von Wissen für gesellschaftliche Aushandlungsprozesse. Mittels dieser Medien werden spezielle Interessen verfolgt, können sie von Gruppen diskutiert und ausgehandelt werden. Diese Medien repräsentieren gesellschaftliche Gruppen (Zielgruppen). Und alle diese Medien stehen allgemeinöffentlich zur Verfügung, sie können also rezipiert werden – selbst wissenschaftliche Journale.

3 Exkurs: Massenmedien und Vertrauen

Blickt man auf die aktuellen Studien zum Vertrauen in die universellen, aktuellen (Massen-)Medien, scheint alles – wieder – klar, weil stabil: „Lügenpresse-Hysterie ebbt ab" (Ziegele u. a. 2018, 150) oder „Glaubwürdigkeit deutscher Medien gestiegen" (Simon 2018, 210). Aber ist dem so?

Hier soll nicht dem Auf-und-Ab der Daten gefolgt werden, denn das Vertrauen in Medien unterliegt – wie das in Parteien, Amtsinhaberinnen und -inhaber wie Institutionen – bekanntlich Konjunkturen. Und natürlich sind die Konjunkturverläufe abhängig vom institutionellen Typus: Ämter bleiben, Amtsinhaberinnen wie -inhaber sollen in der Demokratie wechseln. Wird ein Amt oder werden Inhaber bewertet? Organisationen können langlebig sein, müssen es aber nicht: Man kann allen konkreten Parteien, das sind Organisationen, das Vertrauen entziehen, aber dennoch die Institution Partei für Demokratien als notwendig erachten. Institutionen können Institution, eine Organisation wie ein Amt zugleich sein (der Bundespräsident), aber Institutionen (wie die Exekutive) können aus zahlreichen unterschiedlichen Organisationen bestehen, die wiederum „Regierung" ausmachen. Wenn lediglich nach „Politik", „Medien", „Gerichten" u. ä. gefragt wird, so können sich die Befragten darunter sehr viel, aber sehr viel Unterschiedliches vorstellen. Zwar mögen auf Dauer angelegte Institutionen einer Art von Globalbewertung unterliegen, aber auch die unterliegen situativen Bewertungen, so aufgrund einzelner besonderer Vorkommnisse. Bezieht sich die Frage nach dem Vertrauen also auf die Institution, eine Organisation, einen Organisationskomplex oder ein organisationales Feld, eine Amtsperson, einen Rollenträger, auf Handlungen – oder auf Leistungen?

Hier soll also nicht den unterschiedlichen Konjunkturen, sondern der Frage nachgegangen werden, weshalb die Thematiken „Systemmedien", „Mainstreammedien" oder „Lügenpresse", aber auch „Fake News" zu gesellschaftlichen Themen wurden. Durch diese Zuschreibungen bzw. Behauptungen wurde die Frage nach dem Leistungsprofil wie möglichen *Leistungsdefiziten* in Medien wie Journalismus ausgelöst (vgl. Beiträge in Lilienthal/Neverla 2017; Hagen 2015).

Wenn Themen und politische Akteure umstritten sind und deshalb oppositionelle Kräfte sich etablieren, so werden auch die Vermittler, die etablierten Medien, von den jeweiligen politischen Oppositionskräften kritisch angegangen. Es geht um Themen, das Vorkommen von Positionen wie um Deutungshoheit, letztlich geht es um die Wahrung wie die Durchsetzung von Interessen. Von der Arbeiterbewegung über die 68er-Bewegung der Studierenden, über die Akteure der Neuen Sozialen Bewegung bis hin zu Pegida: Journalismus- wie Medienkritik gehörte stets zur Politikkritik dazu. Die „Manipulation" durch Medien war stets ein Thema. Und da die Kritiker nicht in dem von ihnen jeweils gewünschtem Maße in den etablierten Medien Gehör fanden, haben die Akteure stets Kommunikations- wie Medienarbeit betrieben – sie haben „Gegenöffentlichkeit" herzustellen versucht. Ein wesentliches Element war bei allen (sozialen) Bewegungen die Gründung wie der Einsatz von eigenen (Alternativ-)Medien. Je nach den technischen Möglichkeiten bildeten sich mediale Foto-, Video-, Film, Lokalradio- oder Alternativzeitungsöffentlichkeiten. Jede sich institutionalisierende Opposition tritt sowohl für eine andere Politik als auch für andere Kommunikationsregeln ein, um Zugang einzufordern, um Sichtbarkeit wie Anerkennung zu erreichen. Deshalb werden stets die etablierten Intermediäre, die mächtigen Selektions-, Vermittlungs- wie Beglaubigungsinstitutionen, kritisch diskutiert. Die Herstellung von „Gegenöffentlichkeit" war zu Zeiten der Mediengroßtechnologien (Presse: Druck und Vertrieb; Rundfunk: Produktion, Sendeanlagen, Frequenzen) aber höchst anspruchsvoll, weil ressourcenintensiv. Unter den neuen medialen Bedingungen aber, und das ist wesentlich, ist es für Individuen wie soziale Gruppen einfach geworden, Öffentlichkeit oder „Gegenöffentlichkeit" herzustellen: Mit den Social-Media-Plattformen steht eine Informations- und Kommunikationsinfrastruktur bereit, die man nutzen kann – man muss nicht Zeitungsverlage gründen, illegal senden oder Radiofrequenzen beantragen. Opposition ist einfach möglich – mit den bekannten Folgen.

Zum einen ist offenkundig, dass es politische Kräfte gab und gibt, die das Thema Medien- wie Journalismuskritik ‚gemacht' bzw. angestoßen haben – ein amerikanischer Präsident, gewisse Vertreter neuer rechtskonservativer, nationalistischer, populistischer politischer Gruppierungen. Sowohl aus dem Amt (bspw. US-Präsident Trump) wie aus einer Oppositionsrolle heraus (wie bei Pegida oder der AfD, um in deutschen Landen zu bleiben) werden etablierte Medien und ihr Journalismus massiv kritisiert, ja zum Teil sogar in Frage gestellt. Abgesehen von diesen interessengeleiteten politischen Thematisierungen stellt sich jedoch die

Frage, weshalb diese Vorwürfe Aufmerksamkeit fanden und Resonanz erzeugen konnten.[10]

Zum anderen: Neu ist – und das ist institutionentheoretisch relevant (vgl. Katzenbach 2017) –, dass diese Kritik direkt, ungefiltert und ohne Einordnung an größere Öffentlichkeiten gelangen kann: Durch Social-Media-Plattformen werden individuelle Meinungsäußerungen wie Bewertungen potentiell allgemein öffentlich. Social-Media-Plattformen können von Einzelnen, Gruppen wie Organisationen auch strategisch eingesetzt werden. Niemand muss mehr durch das Nadelöhr Journalismus und Massenmedien. Auf Social-Media-Plattformen können sich Gruppen finden, bilden, repräsentieren und sich durch selbstdefinierte Formen der Binnenkommunikation organisieren. Sie ermöglichen den Beteiligten einen relativ selbstbestimmten kommunikativen Austausch (Kollaboration). Die Beteiligten legen damit neue Regeln und Normen für kommunikative Prozesse fest (so Gruppenregeln). Social-Media-Plattformen sind weitere, neue Vermittler von Meinungen, Informationen wie Bewertungen: Sie dienen also zugleich der Außenkommunikation.

Durch die Institutionalisierung von Social-Media-Plattformen werden andere Kommunikationsformen möglich und es kann über Journalismus wie Massenmedien und deren Leistungen strategisch öffentlich kommuniziert werden. Diese strategische Kommunikation von sich institutionalisierenden Akteuren hat Folgen, so auch bezüglich der Vertrauensbewertung. Dennoch greift es zu kurz, wenn man lediglich die situativen wie konjunkturellen Entwicklungen beachtet und daraus Schlussfolgerungen zieht. Der Struktur-, Prozess- wie Normenwandel, wesentlich mit durch Social Media ausgelöst, tangiert die Frage nach dem Leistungspotential der Massenmedien.[11]

---

10 Interessanterweise sind von diesen Unterstellungen wie Vorwürfen nicht nur Massenmedien wie der Journalismus betroffen, sondern ebenso die Wissenschaft (Fake News, Fake Sience). Hier wurde und wird ähnlich agiert, und zwar sowohl von gewissen Amtsinhaberinnen und Amtsinhabern wie auch von oppositionellen Interessenten, die aber keineswegs mit den erstgenannten politisch populistischen Kreisen identisch sind. Bei Medien und Journalismus wie bei Wissenschaftseinrichtungen und Wissenschaftlerinnen wie Wissenschaftlern geht es um gesellschaftliche Institutionen mit professionellen Akteuren, die seit langem Bestand haben und deren Vertreter zu den gesellschaftlichen Funktionseliten gezählt werden. Als Angehörige einer wissens- wie deutungsstarken Elite werden sie von den besagten Kräften attackiert: Sie haben Einfluss auf die öffentliche Meinung. Das Phänomen ist nicht neu, denn es gab stets Kritik an Eliten wie an Verfahren und Entscheidungen. Warum erscheint diese Kritik jetzt öffentlich, warum erzeugt sie jetzt Resonanz?

11 Auf den systematischen wie eigenständigen Einbezug der weiteren publizistischen Medien, also bspw. Zeitschriften, muss hier verzichtet werden.

4 Leistungspotential und Leistungsgrenzen der Massenmedien

Die Leistungen der publizistischen Massenmedien werden eng mit den (Leistungen der) gesellschaftlichen Eliten verbunden. „Aus Sicht der Medienanbieter ist bedenklich, dass 40 Prozent der Befragten der Meinung sind, dass die Medien in Deutschland von Staat und Regierung politisch beeinflusst werden" (Simon 2018, 214). Warum ist dem so?

Die aktuellen, universellen Massenmedien fokussieren auf den Output vor allem des politischen Systems mit seinen Akteuren. Dies trifft insbesondere für die politischen Tages- wie Wochenzeitungen und politischen Magazine zu, die vielfach als Leitmedien bezeichnet werden. Anhand der Leitmedien kann man vor allem Prozesse der Interessenaggregation, die Entwicklung politischer Programme der zentralen Akteure, die Formulierung politischer Entscheidungen wie die Durchsetzung von Interessen beobachten. Auch die Debatten, die zumeist institutionell und von statushohen Akteuren geführt werden, werden vor allem in diesen Medien dargestellt, vermittelt und bewertet (kommentiert). Die Perspektive in den benannten Medien ist auf die zentralen Akteure, auf Eliten, politische Institutionen und Entscheidungen fokussiert. Die vorgelagerten politischen Interessenfindungs-, Aushandlungs-, Definitions- und somit Selektionsprozesse finden hingegen wenig(er) Beachtung. Der vorpolitische wie gesellschaftliche Raum, in dem zahlreiche zivilgesellschaftliche Akteure agieren, kommt zwar vor, die Berichterstattung erfolgt aber erst, wenn statushohe Akteure sich mit ihm befassen. Die binnenkommunikativen Prozesse innerhalb von Akteuren und zwischen Gruppen im vorpolitischen wie gesellschaftlichen Raum bleiben weitgehend ausgeblendet. Die in der Lebenswelt von Individuen wie von Gruppen geführten Debatten, auch die mit Vertretern der kollektiven Interessen, um zu treffende Individual-, Gruppen- wie Kollektiventscheidungen werden kaum oder höchst selektiv beachtet. Es dominieren in den Massenmedien also die von Eliten getroffenen kollektiv verbindlichen Entscheidungen – ohne dass (immer) Bezüge zu den Entscheidungen auf lebensweltlicher Ebene hergestellt werden (können).

Es kommt hinzu: Von einer Vielzahl an Entscheidungen, die in den Massenmedien vorkommen, ist die Mehrzahl der Bürgerinnen und Bürger (wie der Rezipienten der Massenmedien) nicht betroffen, woraus ein relativ geringes Interesse an vielen politischen Vorgängen wie an der Berichterstattung darüber resultieren mag. Zudem ist Politik komplexer geworden. Politische Entscheidungen können weniger direkt Akteuren unmittelbar zugeschrieben werden, weshalb die Personalisierung zugenommen hat. Personalisierung ist sowohl eine Strategie der politischen Akteure wie das Ergebnis der massenmedialen Politikvermittlung.

Durch Personalisierung wird überdeckt und zugleich übersehen, dass sich das System Politik institutionell – sowohl auf der horizontalen wie auf der vertikalen Ebene – ausdifferenziert hat: Personen bündeln das, was fragmentiert ist. Die Differenzierung des politischen Systems ist horizontal wie vertikal beachtlich: Horizontal bezieht sich dies auf das Mitwirken weiterer Akteure neben Parteien oder Verbänden, so von Nichtregierungsorganisationen (NGOs) wie Non-Profit-Organisationen (NPOs), in einzelnen Politikfeldern wie Prozessen. Zahllose politische Unternehmer sind aktiv. Vertikal meint, dass aufgrund von Europäisierungs- wie Transnationalisierungsprozessen immer weitere Akteure wie Institutionen jenseits des Nationalstaats beteiligt sind. Ihre Mitwirkung wird nur fallweise zum öffentlichen Thema. Wer hat was auf welcher Ebene entschieden? (Mau 2015; Gerhards 2000; Beck/Grande 2004) Die Akteurs-, Ereignis- wie Entscheidungskomplexität des politischen Systems steigt stetig, und zugleich kann der Outcome nicht immer direkt bestimmten Akteuren zugeschrieben werden. Dieses Problem wird unter der Fragestellung Europäische Öffentlichkeit diskutiert. Es zeigt Leistungsgrenzen sowohl des nationalen Politik- wie Massenmediensystems auf: Europäisierung wie Transnationalisierung werden nicht systematisch medial begleitet.

Die Leistungsabsicht der Massenmedien ist funktional bezogen auf den Nationalstaat angemessen wie normativ nachvollziehbar: Durch dieses Angebot sollen die Bürgerinnen und Bürger der jeweiligen Nationalstaaten an politischen Prozessen *teilhaben* können. Sie sollen in die Themen wie Prozesse, die vor allem innenpolitisch verhandelt werden (müssen), einbezogen werden. Die Teilhabe ist eine maßgebliche Voraussetzung für eine mögliche politische Beteiligung (*Teilnahme*), also an einer Abstimmung oder Wahl. Es bestehen aber Zweifel, ob dieses publizistische Leistungspaket noch als ausreichend angesehen werden kann – weil die gesellschaftliche wie politische Komplexität gestiegen ist. Zum Verstehen wie zur Bearbeitung dieser Komplexität bedarf es vertiefter Informationen.

Massenmedien, die ein großes Publikum mit einem breiten und allgemeinen publizistischen Angebot erreichen wollen, weil es ihr institutionelles Prinzip ist, kommen an ihre funktionale Leistungsgrenze: Differenzierung in allen gesellschaftlichen Bereichen – also über das System der Politik hinaus – führt zu einer steigenden Zahl an beteiligten Akteuren, zu mehr Prozessen, zu mehr Entscheidungen und somit auch zu einem erweiterten (spezialisierten, individualisierten) Bedarf an Wissen, Austausch und Abstimmung. Und die segmentäre Differenzierung auf Seiten der Bürgerinnen und Bürger wie des Publikums (Individualisierung) führt zu einer spezifischeren Nachfragehaltung nach wie der Nutzung von medial angebotenen Informationen (vgl. Dohle u. a. 2014; Bernhard u. a. 2014). Unter den Bedingungen einer medialen Viel-Kanal-Angebotssituation muss das Publikum nicht nur beständig auswählen, sondern es will auch gezielt suchen (aktive Informationsbeschaffung, vgl. Hölig/Hasebrink 2013; Purcell u. a. 2010; Vowe 2014).

Die mit der segmentären Differenzierung zudem verbundenen vielfältigen, vielfach sich widersprechenden Wertehaltungen wie Wissenskonflikte führen zu einem anderen, einem stärker auf Einzelfälle bezogenen wie normativ bestimmten Nachfrageverhalten innerhalb von Gruppen und in der Folge zur Ausbildung von Kommunikationsmilieus (vgl. Pfetsch/Maurer 2008; Kösters/Jandura 2018; Jandura u. a. 2018). Dem können die Massenmedien mit ihren Bereitstellungsprinzipien wenig entsprechen.

Die Angebots- wie Auswahl*entscheidungsprobleme* bei den aktuellen, universellen Massenmedien nehmen zu: Sie streben Berichterstattung und Analyse über alle gesellschaftlichen Teilsysteme (Mehrsystemrelevanz) und das für alle Gesellschaftsmitglieder an (Vieles für Viele) (vgl. Marcinkowski 2002; Strömbäck 2008; Wyss 2011; Blöbaum 2016). Entsprechend haben sich die Massenmedien intern organisiert, so existieren neben dem Ressort Politik solche für Wirtschaft, Kultur, Sport und so weiter. Und entsprechend dieser redaktionellen Arbeitsorganisation wird dem Publikum das Angebot gemacht: Sportteil, Wirtschaftsteil oder Kulturteil. Damit wird zwar der funktionalen Differenzierung der Gesellschaft (also Teilsysteme Wirtschaft, Wissenschaft etc.) entsprochen, aber eben nur dieser – und nicht den Notwendigkeiten der segmentären Differenzierung. In der Lebenswelt sind es aber andere Entscheidungsprobleme, die die Suche nach Informationen wie Wissen bestimmen.

In der individualisierten, wertevielfältigen und selbstbestimmten Gesellschaft nimmt der Bedarf an spezialisierten Informationen, die auf Abruf bzw. auf Nachfrage vorhanden sein sollen, zu. Und diese Nachfrage löst vielfältige Formen an fach-, gruppen- oder milieuspezifischer Binnenkommunikation aus. Hierzu tragen die themen- wie gruppenbezogenen publizistischen Medien bei: Sie bündeln Themen wie Interessen, schaffen für diese Sichtbarkeit, ermöglichen Repräsentation und gestatten Formen der Mitwirkung. Das vermögen die Massenmedien für diese gesellschaftliche Ebene nicht zu leisten. Was die Repräsentation von Interessen angeht, so müssen – allein aus ökonomischen Gründen: vielfach haben sie Monopol- oder Oligopolpositionen inne – die Massenmedien möglichst unspezifisch und normativ ungebunden erscheinen. Die universellen, aktuellen Massenmedien können damit dem Wunsch nach einem differenzierten Informationsangebot wie aber auch nach normativer Orientierung weniger entsprechen.

Auch andere institutionelle Prinzipien der Massenmedien begrenzen ihre Leistungen: große Reichweite, dominante Finanzierung durch Werbung, serielle

Produktionsweise, Wiederholungen, Imitation.[12] Massenmedien und der von ihnen ermöglichte Journalismus tendieren zu Konsonanz in der Nachrichtenberichterstattung und zur Divergenz bei den meinungsbezogenen Beiträgen. Nun werden mit Social Media spezifische Formen der Informationsverbreitung (Personalisierung, Themen- wie Personen- oder Gruppenbezug) wie auch wesentlich mehr Meinungsäußerungen möglich. Das wirft vor allem für die Massenmedien die Frage auf, was sie spezifisch anbieten und für welche Leistung gezahlt werden soll (Problem der Zahlungsbereitschaft).[13] Zudem: Aktuelle Informationen sind im großen Maße frei zugänglich. Exklusivitäten, die eine Entgeltpflicht begründen könnten, bestehen kaum. Die Bereitschaft, für Meinungsbeiträge zu zahlen, ist nachvollziehbar nicht sehr groß. Auf Social Media stehen Meinungsbeiträge allgemein zugänglich und kostenfrei zur Verfügung. Dabei werden Meinungsbeiträge professionsintern, also im Journalismus, gerne als Markenzeichen der Leitmedien angesehen.

Betrachtet man die aktuellen, universellen Massenmedien unter dem Leistungsaspekt, so werden die Defizite dieser Medien und ihres Journalismus vor dem Hintergrund von Social-Media-Plattformen deutlich: Das massenmediale Angebot ist allgemein und vor dem Kauf oder einer Nutzung nicht zeig- oder prüfbar. Die Leistung wird nur indirekt und sehr vereinzelt in einem kollaborativen Prozess erzeugt. Der „Wert entfaltet sich in der Nutzung" (Kiefer 2017, 687), aber eben erst dann und nicht aufgrund einer vorausgegangenen Interaktion. Kiefer bezieht sich auf die Dienstleistungstheorie, wenn sie die folgenden Leistungserwartungen an Massenmedien wie Journalismus formuliert:

– Journalisten und Rezipienten sollten sich in einem Kooperations- und Koproduktionsverhältnis zueinander befinden, um eine für den Nutzer adäquate Leistung zu erzeugen.
– Der Journalist kann ohne die Mitwirkung oder den Einbezug von Rezipienten bzw. Nutzern keinen individuellen sozialen Nutzen bzw. Wert schaffen. Er ist für die adäquate Leistungserbringung auf die Mitwirkung des Rezipienten bzw. Nutzers angewiesen.
– Beide Akteure sind am (Ko-)Produktionsprozess beteiligt. Eine klare, dauerhafte Rollentrennung gibt es nicht.

---

12 Hier zeigt sich die Verhaftung der Massenmedien auf eine industrielle, serielle Produktionsweise, die nicht mit den Ansprüchen einer Dienstleistungsorientierung übereinstimmt.
13 Kiefer (2017) weist in ihrem Beitrag darauf hin, dass Dienstleistungen spezifische Merkmale aufweisen: Der Leistungsprozess ist wichtiger als das Leistungsergebnis. Leistungsanbieter und Leistungsnachfrager stehen in einem interaktiven Verhältnis zueinander: Dienstleistung als Koproduktion. Vor allem Koproduktion gilt als ein zentrales Merkmal der Dienstleistungserbringung.

- Und der Journalist kann den Nutzen oder Wert seiner Informationsangebote immer nur vorschlagen. Die definitive Bewertung erfolgt immer durch die Nutzung, liegt also beim Rezipienten (vgl. Kiefer 2017, 689).

Massenkommunikation hat – im Unterschied zu anderen medienvermittelten Formen der Kommunikation – das Problem einer allgemeinen Leistungserbringung ohne starken Einbezug der Rezipienten oder Nutzer (vgl. dazu Beiträge in Loosen/Dohle 2014). Massenkommunikation ist indirekt, wenig interaktiv und verfügt nur über sehr eingeschränkte Feedback- bzw. Responsivitätsmöglichkeiten. Durch die ausgeprägte Output-Orientierung weist die Massenkommunikation einerseits nur im beschränkten Maß Input-Möglichkeiten auf. Und andererseits kann auf die zunehmenden Bedürfnisse auf differenzierte, vertiefte, spezialisierte Informationsbedürfnisse nicht (mehr) hinreichend reagiert werden (zur Thematik Interaktion siehe Neuberger 2014).

5 Leistungspotential und Leistungsgrenzen von Social Media

Social Media sind institutionelle Herausforderer für die aktuellen, universellen Massenmedien, die vor allem auf den Outcome ausgerichtet sind. Social Media hingegen sind institutionell auf den Input orientiert: Sie ermöglichen
- Informationsbeschaffung,
- Informationsverteilung (veröffentlichen, weiterleiten, abonnieren),
- Informationsbearbeitung (bearbeiten, annotieren, ergänzen),
- Kommunikation (Austausch von Daten in jeglicher Form),
- Bewertungen,
- Vernetzung,
- Formen der Kollaboration in unterschiedlichen sozialen Gemeinschaften.

Besondere Leistungen, im Unterschied zu den Massenmedien, sind Meinungs-äußerungs- wie Mitteilungsmöglichkeiten, Formen der Präsentation wie der Selbstrepräsentation und der Vernetzung (vgl. zum Aspekt kollektives Handeln Dolata/Schrape 2014). Social Media dienen zwar vorrangig dem sozialen Beziehungshandeln, sind aber zugleich auch Kanäle für den Austausch von Informationen wie Wissen.[14] Über sie erhält man Zugang zu Informationen, die via pu-

---

14 Schmidt insbesondere betont die sozialkommunikativen Leistungsmerkmale von Social-Media-Plattformen: Identitäts- und Beziehungsmanagement, aber eben auch das Informationsma-

blizistische Medien verbreitet wurden. Neu können Informationen oder Wissen geteilt wie gemeinsam bewertet und interpretiert werden. Latente Konversationsfäden werden genutzt, um eine Vielzahl an sozialen Beziehungen zu zeigen, zu pflegen und fallweise zu aktivieren wie zu intensivieren (vgl. Vorderer 2015).

Bezogen auf die spezifischen Leistungsmerkmale von Social Media ist vor allem deren Bedeutung für Individuen zu sehen: Durch Social Media erhält die Meinungsäußerungsfreiheit eine neue Qualität. Sie kann als Individualrecht wirkungsvoll ausgeübt werden. Individuen können via Social-Media-Plattformen verbreitete Mitteilungen potentiell die allgemeine Öffentlichkeit erreichen (individuelle Influencer). Die allgemeinöffentliche Meinungsäußerungsfreiheit erfolgte bislang wesentlich im Kontext einer spezifischen politischen Kommunikationskultur, die – nur durch wenige gesetzliche Bestimmungen (Persönlichkeitsrechte etc.) und Gerichtsentscheide fallspezifisch eingeschränkt – vor allem durch das Handeln kollektiver wie korporativer Akteure angeregt, ermöglicht und allgemein sichtbar gemacht wurde. Intermediäre Akteure wie politische Parteien, Verbände, Vereine, NGOs im Zusammenspiel mit den Massenmedien thematisieren, greifen Äußerungen auf, reagieren auf Äußerungen, lösen Äußerungen aus und stellen diese zur Diskussion. Die politische Kommunikationskultur und ihre Öffentlichkeit sind bis anhin stark von organisierten Interessen bestimmt. Mit dem Begriff „Mediengesellschaft" wird zum Ausdruck gebracht, dass es vor allem die Massenmedien sind, die den Zugang zur allgemeinen Öffentlichkeit steuern und für die Themensetzung wie für den öffentlichen Meinungstenor relevant sind. Sie prägen zudem den gesellschaftlichen Kommunikationsstil (vgl. Jarren 2001; Imhof 2006). Die Massenmedien sind an den Argumentationslinien wie Argumenten der gesellschaftlichen Eliten, einschließlich der gewählten Begriffe wie des Sprachstils, und weniger an schwach organisierten Gruppen oder Einzelnen orientiert. Der Medienthemen- wie der -meinungstenor sind somit stark fokussiert auf die institutionelle Politik, auf die Zentralakteure des Intermediären Systems mit seinen Akteuren, Positionen, Meinungen und eben auch orientiert an diesem Kommunikationsstil.

Äußerungs- wie Interaktionsmöglichkeiten für Einzelne wie Gruppen sind ein besonderes Leistungsmerkmal von Social-Media-Plattformen. Sie unterscheiden sich damit bezüglich der Responsivität (Zugang, Formen des Austausches, Geschwindigkeiten des Austausches) von den Massenmedien.

Social Media können zudem von Einzelnen wie Gruppen aber auch strategisch eingesetzt werden, so um gesellschaftliche Prozesse zu beeinflussen. Der Einsatz erfordert vergleichsweise wenige Ressourcen. Der kostengünstige, flexible

---

nagement. Mit diesen Kategorien wird die Dienstleistungsbedeutung von Social Media betont (vgl. Schmidt 2013).

Einsatz von Social Media ist eine neue, spezifische Leistung, die – unabhängig vom Gebrauch – eben als Option gesehen werden kann: Das Einfluss- wie Machtpotential von Social Media als Option.

Kernleistungsproblem von Social Media ist, dass Mitteilungen nicht immer (klar) adressiert sind oder als adressiert verstanden werden können. Die Plattformen selbst verfolgen kein publizistisches wie sonstiges Vermittlungsinteresse oder -ziel. Alle Mitteilungen erscheinen daher zunächst als gleichrangig und gleichermaßen relevant. Es kommt zu keiner systematischen Aggregation durch den Plattformbetreiber selbst. Deshalb greifen die Nutzer auf ihr soziales Netzwerk zurück, das ihnen hilft bei der Selektion wie der Bewertung von Mitteilungen. Das aber schränkt die Möglichkeiten, mit neuen oder weiteren Informationen in Kontakt zu kommen, ein. Die Gruppenbezogenheit hat Grenzen, zumal dann, wenn nur mittels einzelner Gruppen interagiert wird.

Durch den Überschuss an Mitteilungen entsteht zudem eine Unübersichtlichkeit, aus der sich Rezeptionsprobleme ergeben mit Folgen für die Relevanzbewertung: Was ist tatsächlich wichtig, was ist weniger wichtig, was ist irrelevant? Institutionell, organisatorisch und auch individuell können deshalb Mitteilungen nicht hinreichend als relevant erkannt und/oder in weitere Prozesse einbezogen werden.

Zu den weiteren Leistungsproblemen von Social Media zählt, dass die Beiträge von Dritten nicht eingeordnet oder sicher beurteilt werden können. Dies liegt u. a. an

– einer mangelnden Trennung von Mitteilungen zwischen den Polen „privat" und „öffentlich". Die mögliche Vermengung erschwert den Zugang zu wie die Bewertung von Mitteilungen.
– der Verschmelzung von Thema und Meinung: Die Nichtbeachtung der – vom Journalismus durchgesetzten – Trennungsnorm zwischen Fakten und Bewertung erschwert die Beurteilung von Mitteilungen.
– der Vielfalt der Äußerungsweisen wie der vorgenommenen Bewertungen, die nicht immer für alle Nutzer gleichermaßen nachvollziehbar sind. Gruppenregeln wie -normen sind nicht per se verständlich und können zudem polarisierend wirken.

Insgesamt liegt das besondere Leistungspotential von Social Media in der Option, Interessen zu artikulieren, diese auszuhandeln und sodann zu repräsentieren. Die Aggregation von Interessen hingegen würde moderierte Formen und wohl auch ein gewisses Maß an Zentralität voraussetzen und findet deshalb nur dort statt, wo entsprechende Strukturen vorhanden sind. Dezentralität wie Multioptionalität, von Neuberger (2013, 104) als besondere Merkmale von Onlinemedien genannt, könnten bei Social Media die Herausbildung homogener, allgemein bekannter und somit stabiler Erwartungsstrukturen erschweren. Möglich ist aber auch, dass durch die Herausbildung von Marken, wie bspw. Facebook, dieses Problem nur im geringen Maß entsteht.

Deshalb ist das Vertrauen in Social-Media-Plattformen insgesamt gering.[15] Das Vertrauensproblem von Social-Media-Plattformen ist wahrscheinlich eben auch auf die nicht vorhandenen Formen der Selbstkontrolle wie der staatlichen Regulierung zurückzuführen. Zwar ist die Presse bekanntlich frei, sie unterliegt den allgemeinen gesetzlichen Bestimmungen (vor allem Straf- und Zivilrecht), aber in den Landespressegesetzen werden Presseunternehmen zu gewissen Formen von Transparenz verpflichtet, so zur Impressumpflicht. Und die Pressejournalisten und -journalistinnen sind auf Wahrheit verpflichtet und haben Sorgfalt walten zu lassen. Vergleichbare Regelungen gibt es bislang für die Social-Media-Plattformen nicht (vgl. Jarren 2018).

6 Schlussbemerkung

Mit dem Beitrag sollte darauf hingewiesen werden, dass Medienbegriff wie -verständnis[16] neu zu diskutieren sind. Durch den Zutritt von Social Media wird offensichtlich: Es gibt unterschiedliche Medien, und zwar unterschiedliche publizistische Medien wie weitere Medien.[17] Diese institutionell höchst unterschiedlichen Medien erbringen unterschiedliche Leistungen und an alle diese Medien werden aus der Gesellschaft – von Organisationen, von Gruppen wie von Individuen – normativ wie auch funktional unterschiedliche Leistungserwartungen gestellt. Das Mediensystem der Gesellschaft hat sich fortlaufend ausdifferenziert. Differenzierung zieht sich zwar wie ein roter Faden durch die sozial- wie auch kommunikationswissenschaftliche Forschung, wird aber, so bei den Untersuchungen zum Vertrauen in Medien wie Journalismus, dennoch kaum beachtet. Die gewählten Kategorien bezogen auf das, was ‚Medien‘ oder ‚Journalismus‘ genannt wird, sind grobschlächtig.

Generell: Mit dem Blick auf zentrale Untersuchungsobjekte des Faches bleibt die Differenzierung erstaunlich blass: So wird anhaltend von ‚der‘ Öffentlichkeit,

---

15 Allerdings bedeutet geringes Vertrauen ja keinesfalls geringe Relevanz oder Wirkung, so bei Boulevardzeitungen. Gleiches gilt nun für Social-Media-Plattformen: „Gerade aus […] taken-for-grantedness heraus können Medien ihre Wirkung auf die Gesellschaft entfalten" (Donges 2013, 91).

16 „Vermittlung" sowie „Vermittlungskonzepte" sind neu zu klären.

17 Die Diskussion über den Medienbegriff steht an. Siehe dazu die Hinweise bei Neuberger (2013, 100), der von „journalistischen Medien" in Abgrenzung von anderen Medien spricht.

‚den' Medien wie ‚dem' Journalismus gesprochen. Als würden diese sozialen Institutionen nur einmal vorhanden sein, also einzigartig sein wie Einzigartigkeit beanspruchen. Differenzierung hat zur Folge, dass die Massenmedien oder der Journalismus sich – längst vor der Etablierung von Suchmaschinen, Social-Media-Plattformen usw. – institutionell verändert haben, so durch neue (Medien-)Gattungen, neue Formate, neue Genres, modifizierte Auswahlregeln für Nachrichten. Neuberger benennt dieses Phänomen mit den Begriffen Varianz, Dynamik und Variation (vgl. Neuberger 2014).

Neben der funktionalen Differenzierung, die in der Kommunikationswissenschaft viel Aufmerksamkeit fand, sollte der segmentären Differenzierung Aufmerksamkeit geschenkt werden. Segmentäre Differenzierung hat zur Individualisierung, Pluralisierung wie zu einer Vielzahl an Lebensstilen und somit zu *erhöhten wie differenzierten* Informations-, Wissens- wie Kommunikationsbedürfnissen geführt. Massenmedien, Massengesellschaft, Massenkonsum sind, als Folge dieses Wandels, keine positiv konnotierten gesellschaftlichen Leitbilder mehr. Die Massenmedien als Industrie sind Repräsentanten des Industrie-, aber nicht der Dienstleistungsgesellschaft (vgl. dazu grundlegend Kiefer 2017). Es ist theoretisch wie empirisch zu klären, ob diese Überlegungen, auf die Kiefer (2017) hinweist, aufgegriffen werden sollen. Zudem ist zu prüfen, ob Social-Media-Plattformen Ausdruck der segmentär differenzierten Gesellschaft sind und welchen Einfluss sie auf die gesellschaftlichen Vermittlungsstrukturen, auf die Prozesse wie auf die Kommunikationsnormen wie -regeln dauerhaft haben.

Die Leistungsmerkmale der unterschiedlichen Medien sollten ein Forschungsthema sein. Die Orientierung allein auf Fragen von Glaubwürdigkeit wie Vertrauen reicht nicht aus. Bekanntlich ist das Vertrauen in Social Media sehr gering. Dennoch wird den Social Media eine relevante Informations-, Kommunikations- wie Bewertungsleistung sowohl individuell wie auch gesamtgesellschaftlich zugeschrieben. Und mit Social Media werden bestimmte Gesellschafts- wie Politikvorstellungen verbunden. Diese mögen stark von PR- wie Marketingaktivitäten der Unternehmen beeinflusst sein, aber die konkreten Leistungsbewertungen sind noch vorzunehmen.

Literatur

Beck, Klaus: Mediensystem Deutschlands. Strukturen, Märkte, Regulierung, Wiesbaden 2018
Beck, Ulrich/Grande, Edgar: Das kosmopolitische Europa. Politik und Gesellschaft in der zweiten Moderne, Frankfurt a. M. 2004

Bernhard, Uli/Dohle, Marco/Vowe, Gerhard: Wie werden Medien zur politischen Information genutzt und wahrgenommen? Online- und Offline-Medien im Vergleich, in: Media Perspektiven 2014, Heft 3, S. 159–168

Blöbaum, Bernd: Journalismus als Funktionssystem der Gesellschaft, in: Martin Löffelholz/Liane Rothenberger (Hg.): Handbuch Journalismustheorien, Wiesbaden 2016, S. 151–163

Bohrmann, Hans: Forschungsgeschichte der Zeitschrift, in: Joachim-Felix Leonhard (Hg.): Medienwissenschaft. Ein Handbuch zur Entwicklung der Medien und Kommunikationsformen, New York 2002a, S. 892–895

Bohrmann, Hans: Theorien der Zeitung und Zeitschrift, in: Joachim-Felix Leonhard (Hg.): Medienwissenschaft. Ein Handbuch zur Entwicklung der Medien und Kommunikationsformen, Berlin, New York 2002b, S. 143–184

Bohrmann, Hans: Über Zeitschriftenforschung als Teil der Publizistik- und Kommunikationswissenschaft, in: Andreas Vogel/Christina Holtz-Bacha (Hg.): Zeitschriften und Zeitschriftenforschung, Wiesbaden 2002c, S. 28–41

Bohrmann, Hans/Schneider, Peter: Zeitschriftenforschung: ein wissenschaftsgeschichtlicher Vergleich, Berlin 1975

Bundesrat: Rechtliche Basis für Social Media: Erneute Standortbestimmung. Nachfolgebericht des Bundesrates zum Postulatsbericht Amherd 11.3912 „Rechtliche Basis für Social Media", Bern 2017

Dernbach, Beatrice: Die Vielfalt des Fachjournalismus. Eine systematische Einführung, Wiesbaden 2010

Dohle, Marco/Jandura, Olaf/Vowe, Gerhard: Politische Kommunikation in der Online-Welt. Dimensionen des strukturellen Wandels politischer Kommunikation, in: Zeitschrift für Politik 61,4 (2014), S. 414–436

Dolata, Ulrich/Schrape, Jan-Felix: Kollektives Handeln im Internet, in: Berliner Journal für Soziologie 24, 1 (2014), S. 5–30

Donges, Patrick: Politische Interessenvermittlung im Medienwandel – Entwicklungen und Perspektiven, in: Franziska Oehmer (Hg.): Politische Interessenvermittlung und Medien. Funktionen, Formen und Folgen medialer Kommunikation von Parteien, Verbänden und sozialen Bewegungen, Baden-Baden 2014, S. 49–63

Donges, Patrick: Klassische Medien als Institutionen, in: Matthias Künzler/Franziska Oehmer/Manuel Puppis/Christian Wassmer (Hg.): Medien als Institutionen und Organisationen. Institutionalistische Ansätze in der Publizistik- und Kommunikationswissenschaft, Baden-Baden 2013, S. 87–96

Eide, Martin/Knight, Graham: Public/Private Service. Service Journalism and the Problems of Everyday Life, in: European Journal of Communication 14, 44 (1999), S. 525–547

Gerhards, Jürgen: Europäisierung von Ökonomie und Politik und die Trägheit der Entstehung einer europäischen Öffentlichkeit, in: Köln Zeitschrift für Soziologie und Sozialpsychologie 52, Sonderheft 40 (2000), S. 277–305

Hagen, Lutz: Nachrichtenjournalismus in der Vertrauenskrise. „Lügenpresse" wissenschaftlich betrachtet: Journalismus zwischen Ressourcenkrise und entfesseltem Publikum, in: Communicatio Socialis 2 (2015), S. 152–163

Hannan, Michael/Freeman, John: The population ecology of organizations, in: American Journal of Sociology (1977), S. 929–964

Harder, Raymond/Sevenas, Julie/Van Aelst, Peter: Intermedia Agenda Setting in the Social Media Age: How Traditional Players Dominate the News Agenda in Election Times, in: The International Journal of Press/Politics 22, 33 (2017), S. 275 – 293

Heinrich, Jürgen: Ökonomische Analyse des Zeitschriftensektors, in: Andreas Vogel/Christina Holtz-Bacha (Hg.): Zeitschriften und Zeitschriftenforschung, Publizistik (Vierteljahresschrift für Kommunikationsforschung), Wiesbaden 2002, S. 60 – 82

Hölig, Sascha/Hasebrink, Uwe: Nachrichtennutzung in konvergierenden Medienumgebungen, in: Media Perspektiven 2013, Heft 11, S. 522 – 536

Imhof, Kurt: Mediengesellschaft und Medialisierung, in: Medien und Kommunikationswissenschaft 2 (2006), S. 191 – 215

Jandura, Olaf/Kösters, Raphael/Wilms, Lena: Mediales Repräsentationsgefühl in der Bevölkerung. Analyse nach politisch-kommunikativen Milieus, in: Media Perspektiven 2018), Heft 3, S. 118 – 127

Jarren, Otfried: Normbildende Macht. Intermediäre als gesellschaftliche Herausforderung, in: epd medien 25 (2018), S. 35 – 39

Jarren, Otfried: Mediengesellschaft – Risiken für die politische Kommunikation. Aus Politik und Zeitgeschichte, in: Beilage zur Wochenzeitung Das Parlament, 5. Oktober 2001, B 41 – 42, S. 10 – 19

Katzenbach, Christian: Die Regeln digitaler Kommunikation: Governance zwischen Norm, Diskurs und Technik, Wiesbaden 2017

Kersten, Jens: Schwarmdemokratie, Tübingen 2017

Kiefer, Marie Luise: Journalismus als Dienstleistung? Eine dienstleistungstheoretische Einschätzung, in: Medien und Kommunikationswissenschaft 4 (2017), S. 682 – 703

Kösters, Raphael/Jandura, Olaf: Politische Kommunikation in heterogenen Lebenswelten. Kommunikationspraxis in politischen Milieus und Bedingungen ihrer Integration, in: SCM Studies in Communication and Media 7 (2018), S. 1 – 57

Künzler, Matthias: Mediensystem Schweiz, Konstanz 2013

Liewehr, Marc: Die weitreichenden Entwicklungen und Veränderungen im Medien- und Zeitschriftenmarkt als Anlass für eine wissenschaftliche Analyse, in: Internationalisierungspotenziale im Zeitschriftenmarkt. Marketing und Innovationsmanagement, Wiesbaden 2002

Lilienthal, Volker/Neverla, Irene (Hg.): „Lügenpresse": Anatomie eines politischen Kampfbegriffs, Köln 2017

Loosen, Wiebke/Dohle, Marco (Hg.): Journalismus und (sein) Publikum. Schnittstellen zwischen Journalismusforschung, und Rezeptions- und Wirkungsforschung, Wiesbaden 2014

Lüthy, Katja: Die Zeitschrift: Zur Phänomenologie und Geschichte eines Mediums, Konstanz 2013

Marcinkowski, Frank: Massenmedien und die Integration der Gesellschaft aus Sicht der autopoietischen Systemtheorie, in: Kurt Imhof/Otfried Jarren/Roger Blum (Hg.): Integration und Medien. Mediensymposium Luzern, Wiesbaden (2002), S. 110 – 121

Mau, Steffen: Horizontale Europäisierung – eine soziologische Perspektive, in: Ulrike Liebert/Janna Wolff (Hg.): Interdisziplinäre Europastudien, Wiesbaden 2015, S. 93 – 113

Maurer, Marcus: Agenda-Setting, Baden-Baden 2017

NetzDG: Gesetz zur Verbesserung der Rechtsdurchsetzung in sozialen Netzwerken (Netzwerkdurchsetzungsgesetz – NetzDG) (2017) (https://www.bmjv.de/SharedDocs/

Gesetzgebungsverfahren/Dokumente/BGBl_NetzDG.pdf?__blob=publicationFile&v=2, 10.09.2018)

Neuberger, Christoph: Konflikt, Konkurrenz und Kooperation. Interaktionsmodi einer Theorie der dynamischen Netzwerköffentlichkeit, in: Medien und Kommunikationswissenschaft 4 (2014), S. 567–587

Neuberger, Christoph: Onlinemedien als Institutionen, in: Matthias Künzler/Franziska Oehmer/Manuel Puppis/Christian Wassmer (Hg.): Medien als Institutionen und Organisationen. Institutionalistische Ansätze in der Publizistik- und Kommunikationswissenschaft, Baden-Baden 2013, S. 97–116

Nitschke, Paula/Donges, Patrick: Motive und Strukturen: Eine Analyse der motivationalen und strukturellen Dynamiken in der Online-Kommunikation politischer Interessenorganisationen, in: Stefan Wehmeier/Dennis Schoeneborn (Hg.): Strategische Kommunikation im Spannungsfeld zwischen Intention und Emergenz, Wiesbaden 2018, S. 253–266

Pfetsch Barbara/Maurer, Peter: Mediensysteme und politische Kommunikationsmilieus im internationalen Vergleich: Theoretische Überlegungen zur Untersuchung ihres Zusammenhangs, in: Gabriele Melischek/Josef Seethaler/Jürgen Wilke (Hg.): Medien & Kommunikationsforschung im Vergleich, Wiesbaden 2008, S. 99–119

Prior-Miller, Marcia R.: Magazine Typology, in: David Abrahamson/Marcia R. Prior-Miller/Bill Emmot (Hg.): The Routledge handbook of magazine research: The future of the magazine form, New York and London 2017, S. 22–50

Purcell, Kristen/Rainie, Lee/Mitchell, Amy/Rosenstiel, Tom/Olmstead, Kenny: Understanding the participatory news consumer. Pew Research Center, 2010 (http://www.pewinternet.org/2010/03/01/understanding-the-participatory-news-consumer, 10.09.2018)

Quandt, Siegfried (Hg.): Fachjournalismus, Konstanz 2010

Rogers, Everett/Dearing, James: Agenda-Setting Research: Where has it been, where is it going?, in: James Anderson (Hg.): Communication Yearbook 11, Newbury 1988, S. 555–594

Rundfunkkommission der Länder: Diskussionsentwurf zu den Bereichen Rundfunkbegriff, Plattformregulierung und Intermediäre: „Medienstaatsvertrag" (2018) (https://www.rlp.de/fileadmin/rlp-stk/pdf-Dateien/Medienpolitik/Medienstaatsvertrag_Online_JulAug2018.pdf, 10.09.2018)

Russ-Mohl, Stephan: Die informierte Gesellschaft und ihre Feinde: Warum die Digitalisierung unsere Demokratie gefährdet, Köln 2017

Saxer, Ulrich: Der Forschungsgegenstand der Medienwissenschaft, in: Joachim-Felix Leonhard/Hans-Werner Schwarze/Erich Strassner (Hg.): Medienwissenschaft. Ein Handbuch zur Entwicklung der Medien und Kommunikationsformen. 1. Teilband, Berlin, New York 1999, S. 1–14

Saxer, Ulrich: Kommunikationsinstitutionen als Gegenstand von Kommunikationsgeschichte, in: Manfred Bobrowsky/Wolfgang R. Langenbucher (Hg.): Wege zur Kommunikationsgeschichte, München 1987, S. 71–78

Schmidt, Jan-Hinrik: Social Media, Wiesbaden 2013

Schmidt, Jan-Hinrik/Taddicken, Monika: Soziale Medien: Funktionen, Praktiken, Formationen, in: Jan-Hinrik Schmidt/Monika Taddicken (Hg.): Handbuch Soziale Medien, Wiesbaden 2017, S. 23–37

Schultz, Tanjev/Jackob, Nikolaus/Ziegele, Marc/Quiring, Oliver/Schemer, Christian: Erosion des Vertrauens zwischen Medien und Publikum?, in: Media Perspektiven 2017), Heft 5, S. 246 – 259

Simon, Erk: Glaubwürdigkeit deutscher Medien gestiegen, in: Media Perspektiven 2018, Heft 4, S. 210 – 215

Stöber, Rudolf: Historische Zeitschriftenforschung heute, in: Andreas Vogel/Christina Holtz-Bacha (Hg.): Zeitschriften und Zeitschriftenforschung, Wiesbaden 2002, S. 42 – 59

Strassner, Erich: Kommunikative Aufgaben und Leistungen der Zeitschrift, in: Joachim-Felix Leonhard (Hg.): Medienwissenschaft: Ein Handbuch zur Entwicklung der Medien und Kommunikationsformen, Berlin, New York 2001, S. 852 – 864

Strömbäck, Jesper: Four Phases of Mediatization: An Analysis of the Mediatization of Politics, in: Press/Politics 13 (2008), S. 228 – 246

Studer, Samuel: Veränderungsprozesse in Mediensystemen: eine organisationsökologische Analyse des Wandels schweizerischer Medienstrukturen zwischen 1968 und 2013, Baden-Baden 2018

Vorderer, Peter: Der mediatisierte Lebenswandel. Permanently online, permanently connected, in: Publizistik 3 (2015), S. 259 – 276

Vowe, Gerhard: Digital Citizens und Schweigende Mehrheit: Wie verändert sich die politische Beteiligung der Bürger durch das Internet? Ergebnisse einer kommunikationswissenschaftlichen Langzeitstudie, in: Kathrin Voss (Hg.): Internet und Partizipation. Bottom-up oder Top-down? Politische Beteiligungsmöglichkeiten im Internet, Wiesbaden 2014, S. 25 – 52

Winter, Carsten: Zeitschrift, in: Werner Faulstich (Hg.): Grundwissen Medien, München 2004, S.454 – 483

Wyss, Vinzenz: Narration freilegen: Zur Konsequenz der Mehrsystemrelevanz als Leitdifferenz des Qualitätsjournalismus, in: Roger Blum/Heinz Bonfadelli/Otfried Jarren (Hg.): Krise der Leuchttürme öffentlicher Kommunikation, Wiesbaden 2011, S. 31 – 47

Ziegele, Marc/Schultz, Tanjev/Jakob, Nikolaus/Granow, Viola/Quiring, Oliver/Schemer, Christian: Lügenpresse-Hysterie ebbt ab, in: Media Perspektiven 2018, Heft 5, S. 150 – 162

Henrik Müller

Journalisten als Scouts in unübersichtlichen öffentlichen Räumen

Ein Zwischenruf zur journalistischen Bildung

1 *Das Ende der Selbstverständlichkeit –* Einleitung

Als ich 1990 die Deutsche Journalisten-Schule (DJS) verließ, drückte man mir ein Zertifikat in die Hand. Darauf stand, dass ich mit dem Redaktionssystem Atex arbeiten könne. Zugegeben, das war nicht gerade eine Raketenwissenschaft. Man hatte uns ein paar Befehlsketten beigebracht, mittels derer man den Computer dazu bringen konnte, Überschriften zu vergrößern oder zu verkleinern, Artikel zwei- oder dreispaltig zu setzen – solche Sachen. Dennoch erschien die Fähigkeit, mit einem damals verbreiteten Redaktionssystem umgehen zu können, wichtig genug, um sie mittels eines eigenen Dokuments zu zertifizieren.

Bald drei Jahrzehnte ist das her. Bereits damals waren technische Kompetenzen für Journalisten wichtig. Wir lernten Redaktionssysteme kennen. Altgediente Profis brachten uns bei, wie man Tonbänder fürs Radio und Videobänder fürs Fernsehen schneidet. Allerdings interessierten uns die Techniken der Informationsverarbeitung damals nur am Rande. Der Begriff Internet war uns noch nicht geläufig; es gab weder Browser noch Suchmaschinen, geschweige denn Social Media. Journalisten brauchten sich noch nicht selbst als Marke zu inszenieren, um ihr Publikum zu erreichen.

Wir verstanden uns als Kunsthandwerker des Journalismus. Entsprechend erlernten wir die Produktion von möglichst tiefgründigen, möglichst großartig erzählten Geschichten, von Texten, Tönen und Bildern, die das Publikum draußen bewegen sollten – und damit die Wirklichkeit verändern. Michael Haller übte mit uns Recherchieren, Peter Sartorius die Komposition der literarischen Reportage, Claudius Seidl die Filmkritik, Erwin Tochtermann den Gerichtsbericht, Stefan Lebert die Magazingeschichte, Ernst Alexander Rauter den kreativen Umgang mit Sprache. Nicht Atex interessierte uns, sondern die Entfaltung des freien reportierenden Geistes.

Unsere Ausbildung war damals von vier Gewissheiten geprägt. Uns war völlig klar, dass offene Gesellschaften kritischen Journalismus brauchen, welche gesellschaftliche Funktion der Journalismus auszuüben hatte, welche Rolle Jour-

https://doi.org/10.1515/9783110590470-010

nalisten einnehmen sollten und welche Fähigkeiten und Kenntnisse sie dafür brauchten.

Der Kontrast zur Gegenwart könnte kaum größer sein.

Inzwischen bröckeln alle vier Gewissheiten. Welche gesellschaftlichen Funktionen sollte Journalismus in Zukunft ausüben? „Brauchen wir überhaupt noch Journalismus?" (Weischenberg 2018) Ist „Journalismus als Beruf" (Kepplinger 2011) noch tragfähig – und überhaupt noch wünschenswert? Was sollten Journalisten in Zukunft können und wissen – oder, anders gewendet, was *müssen* Journalisten künftig können und wissen, damit sich die ersten drei Fragen mit Ja beantworten lassen?

Dieser Zwischenruf hat das Ziel, einige gedankliche Leitplanken für die Journalistenausbildung in die Debatte zu werfen. Die folgende Argumentation ist geprägt von den Wendungen, Reibungen und Widersprüchen meiner eigenen professionellen Vita [1].Sie ist auch beeinflusst von vielen anregenden Diskussionen, die wir in den vergangenen Jahren im Kollegium des Instituts für Journalistik an der TU Dortmund über die Ausrichtung unserer Studiengänge geführt haben. Selbstverständlich sind die in diesem Beitrag geäußerten Positionen – sowie alle Unzulänglichkeiten der Argumentation – meine persönlichen. Dies als Disclaimer vorweg: Den vier oben aufgeworfenen Fragen widme ich mich nicht von der distanzierten Warte des neutralen Beobachters aus, sondern als jemand, der an verschiedenen Stellen des Mediensystems Akteur war und ist. Bei allem Bemühen zur kritischen Selbstreflexion lassen sich die eigenen Erfahrungen, Vorurteile und *déformations professionelles* nicht einfach löschen.

Deshalb hier zu Beginn ein paar vorläufige Antworten auf die vier Fragen. Eingehende Begründungen folgen weiter unten.

1. *Journalismus ist als eigenes System unverzichtbar.* Ohne kritische Selbstbeobachtung verlieren Gesellschaften ihre kollektive Verankerung in der Realität und die Integrität ihrer Institutionen. Selbstbeobachtung geschieht auch durch Statistik und Wissenschaft sowie durch politische Akteure (Politiker, Parteien, Nicht-Regierungsorganisationen (NROs), Thinktanks), allerdings teils mit erheblicher Zeitverzögerung, teils geleitet von spezifischen Partialinteressen. Zunehmend entfalten sich öffentliche Debatten auch in Social Media durch eine Vielzahl von Akteuren, deren Motive häufig unklar bleiben. Unabhängiger Qualitätsjournalismus spiegelt der Gesellschaft auf verlässlicher Faktenbasis in Echtzeit wider, wer sie ist.

---

1 Der Autor war viele Jahre als aktiver Wirtschaftsjournalist tätig, zuletzt als stellvertretender Chefredakteur der Zeitschrift *manager magazin*. Er studierte Volkswirtschaftslehre an der Christian-Albrechts-Universität zu Kiel und promovierte später an der Universität der Bundeswehr Hamburg. Seit 2013 lehrt er an der TU Dortmund.

2. Die Funktionen des Journalismus wandeln sich, aber seine zentralen Aufgaben bleiben davon unberührt. Trotz radikal veränderter Medienöffentlichkeiten braucht es Spezialisten, die auswählen, was in der Gegenwart für die jeweilige Gesellschaft wichtig ist, die aufdecken, was in der Vergangenheit falsch gelaufen ist, und die frühzeitig auf Probleme hinweisen, um Fehlentwicklungen für die Zukunft vorzubeugen.

3. Journalismus muss als Beruf tragfähig bleiben. Um frei und verantwortlich handeln zu können, bedarf es der Einbettung journalistischer Akteure in einen Berufsstand, der durch ein gemeinsames Verständnis der eigenen Rolle, eine berufsständische Ethik sowie berufsständische Selbstkontroll- und Sanktionsmechanismen geprägt ist. Genauso wichtig: Die Ausübung des Berufs muss den Lebensunterhalt sichern. Eine Bedingung, die angesichts erodierender kommerzieller journalistischer Geschäftsmodelle in Frage gestellt ist. Wer Journalismus nur als Nebenerwerb oder als Hobby betreiben kann, ist kaum lösbaren Interessen- und Rollenkonflikten ausgesetzt.

4. Journalisten müssen drei Dinge können: ausgraben, verstehen, verkaufen. Das klingt simpel, ist aber im Detail hochkomplex. *Ausgraben* bedeutet Recherche: originär neue Informationen aus allen möglichen Quellen zu Tage fördern, auch aus solchen, die nicht öffentlich zugänglich sind. *Verstehen* setzt die Fähigkeit zur Analyse voraus: eine kaum überschaubare Menge von Informationen mit etabliertem Wissen konfrontieren, einordnen, deuten, Zusammenhänge erkennen. *Verkaufen* heißt Aufmerksamkeit erzeugen: Inhalte für verschiedene Mediengattungen in einer Weise aufbereiten können, sodass sie vom Publikum wahrgenommen werden, aber auch auf verschiedenen Ebenen – vom Social-Media-Post bis zur Live-Veranstaltung – Inhalte zu vermarkten. Damit dies gelingen kann, müssen Journalisten in der Lage sein, weitaus intensiver als früher über ihre eigene Rolle zu reflektieren. Auf all dies müssen Bildung und Ausbildung von Journalisten vorbereiten.

Die vier oben aufgeworfenen Fragen eindeutig zu beantworten, erscheint wichtig, weil inzwischen große Verunsicherung eingekehrt ist. In vielen Gesprächen mit Journalisten, mit Verlagsmanagern, insbesondere aber auch mit Studierenden unseres Instituts habe ich festgestellt, wie wenig Klarheit über die Zukunft des eigenen Berufsstands herrscht. Klar ist allerdings allen: Schöne Geschichten schreiben und mit Redaktionstechnik à la Atex umgehen zu können, das reicht bei Weitem nicht mehr aus.

Was über viele Jahrzehnte selbstverständlich war, ist es nicht mehr. Die politische Öffentlichkeit und der Journalismus haben sich drastisch verändert, und dieser Wandel ist längst nicht abgeschlossen. Der erste Teil dieses Beitrags skizziert diese Veränderungen. Der zweite Teil geht der Frage nach, wie der Journalismus künftig seine Rolle ausfüllen sollte. Der dritte Teil schließlich befasst sich mit Ausbildungsstrategien für Journalistinnen und Journalisten.

2 *Tor ohne Hüter* – Neue Strukturen der Öffentlichkeit

Traditionelle demokratische Öffentlichkeiten waren hierarchisch strukturiert. Oben eine Elite aus Politikern, Technokraten und Interessenvertretern, unten das Volk – dazwischen standen die Massenmedien (Jarren/Donges 2011, 104 – 105; Pfetsch/Esser 2012). In mediatisierten Systemen wurde Politik im veröffentlichten Raum verhandelt. Aufgabe des Journalismus war es, den Informationsaustausch von oben nach unten und von unten nach oben zu gewährleisten. Im Journalismus prallte die politische Agenda der Eliten auf die Lebenswirklichkeit der Bürger, sodass Regierende und Regierte erkennen konnten, was die jeweils andere Seite umtrieb. Im theoretischen Ideal ergab sich ein nie endender kollektiver Suchprozess nach dem richtigen Weg für die Gesellschaft. Auch die Medien selbst waren hierarchisch strukturiert. Leute mit hohem Bildungsgrad und gesellschaftlichem Status lasen Elitezeitungen. Weiter unten auf der gesellschaftlichen Skala las man einfacher strukturierte Blätter, die sich wiederum an den Elitenmedien orientierten (Perloff 2017, Kap. 1). So sollte sich auf einer gemeinsamen Faktenbasis ein „herrschaftsfreier Diskurs" (Habermas 1987) entfalten, vermittelt durch verantwortungsbewusst handelnde Medien, wobei der Journalismus selbst eine enorme Machtposition inne hatte, weil Zugang zur Öffentlichkeit nur bekam, wer in den Massenmedien eine Rolle spielte.

Politik und Medien waren geprägt von oligopolistischen Strukturen (Müller 2017a, 70 – 74). Hohe Zutrittshürden verhinderten einen intensiven Wettbewerb mit Newcomern. Neue Parteien als Machtfaktor im politischen Gefüge zu etablieren, gelang nur höchst selten, und wenn, dann nach einem langwierigen Prozess mit ungewissem Ausgang. Um ihre Stimmenzahl zu maximieren, positionierten sich Parteien möglichst nahe der Mitte des Meinungsspektrums (Downs 1957). Um politischen Einfluss ausüben zu können, mussten Lobbyvereinigungen Kontakte zu politischen Insidern aufbauen und eine dauerhafte Kollaborationsbasis schaffen, die als langfristige Investition mit ungewissem Ausgang angesehen werden kann. *Rent Seeking* (Tullock 1967; Krueger 1974) war eine politische Aktivität mit hohen Kosten und dem immensen Risiko des Scheiterns. Spiegelbildlich dazu herrschten auch in den Medien oligopolistische Strukturen vor, ebenfalls vor Wettbewerbern geschützt durch hohe Hürden: Zeitungen, Nachrichtenmagazine oder TV-Sender basieren einerseits auf teuren physischen Dis-

tributionsnetzwerken, andererseits auf dem langwierigen Aufbau von Glaubwürdigkeitszuschreibungen seitens der Rezipienten, da Journalismus als „Vertrauensgut" und „Erfahrungsgut" erst durch die wiederholte Nutzung ganzer
Gruppen von Konsumenten wertvoll wird (Hamilton 2004, 9 – 21). Folglich war in
klassischen Medienmärkten der Wettbewerb durch diese Produkteigenschaften
beschränkt.

Die Welt, auf der die klassische Vorstellung von Journalismus basiert, resul-
tiert aus der Interaktion zwischen Politik und Medien, die zusammen ein sich
wechselseitig stabilisierendes Doppelsystem bildeten. Der Zugang zur Öffentlichkeit vollzog sich durch die Medien; Journalismus hatte die Funktion des *Gate
Keeping* (Lippman 1922) und des *Agenda Setters* (McCombs/Shaw 1972), gewissermaßen als Scharnier zwischen Eliten und Bürgern. Die mediale Öffentlichkeit
in der alten Welt lässt sich als wohlstrukturierter Raum verstehen, durchzogen von
Machtstrukturen, die von einer begrenzten Anzahl von etablierten Akteuren dominiert wurden.

Das Internet seit den 1990er Jahren und mehr noch das Aufkommen Sozialer
Medien seit den Nullerjahren haben die Strukturen der Öffentlichkeit grundlegend verändert. Dieser Wandel vollzog sich vor allem durch das Einreißen von
Zutrittsbeschränkungen. Dank der Vertrauensguteigenschaften mögen etablierte
Medienmarken auch im digitalen Raum Glaubwürdigkeitsvorteile und eine erhöhte Sichtbarkeit genießen (Nielsen 2016, 61– 63; Lobigs 2018, 160 – 165). Aber
als Zugangspforten zu gesellschaftlichen Diskursräumen haben sie ihre Alleinstellung verloren. Prinzipiell hat nun jeder Bürger Zugang zu einer überlokalen
Öffentlichkeit. Issue-spezifische Aktionsbündnisse (wie die Anti-TTIP-Bewegung
in Deutschland oder die „Leave"-Kampagne in Großbritannien) können Themen
auf die Agenda setzen und damit den Einfluss von etablierten Lobbygruppen
außer Kraft setzen. Politische Bewegungen (wie Donald Trumps Twitter-basierter
Wahlkampf oder *En Marche!* in Frankreich) können via Social Media binnen
kurzem große Anhängerschaften sammeln und damit etablierte Parteien radikal
verändern oder ganz an den Rand drängen. Politische Akteure erreichen via
YouTube direkt ihr Publikum, ohne sich unangenehmen Fragen von Journalisten
aussetzen zu müssen. Große Wirtschaftsunternehmen betreiben großzügig aus-
gestattete eigene Medien.

Was zunächst als willkommene Demokratisierung der Öffentlichkeit begrüßt
worden war (z. B. Johnson/Kaye 2003; Drew/Weaver 2006), wodurch sogar nationale Grenzen überwunden und eine globale Zivilgesellschaft erschaffen werden sollte (Castells 2008), ist inzwischen Ernüchterung gewichen. Gesellschaften,
die zuvor von einer gemeinsamen medialen Öffentlichkeit überwölbt wurden,
zeigen Fragmentierungserscheinungen (Sunstein 2017). Die gemeinsame Faktenbasis, Grundvoraussetzung jedes aufgeklärten Diskurses, geht verloren und er-

öffnet reichhaltige Möglichkeiten zur Manipulation (Russ-Mohl 2017). Gerade angesichts von komplexen politischen Themen, die ein hohes Maß an Informiertheit – oder an Elitenvertrauen – voraussetzen, neigen Bürger dazu, Entscheidungen auf Basis von „dünnem Wissen" zu treffen, was zuweilen zu erratischen Wahlausgängen mit drastischen Folgen führen kann (Müller 2018, 66 – 68).

Die Rolle des *Gate Keepers* droht der Journalismus an die Algorithmen der großen Internetplattformen zu verlieren, die als neue Intermediäre agieren, zuvörderst ihren Gewinninteressen folgen, bislang nicht als Medienunternehmen reguliert werden und deren Empfehlungslogiken der Öffentlichkeit verborgen bleiben. Als unüberwachte Systeme sind die Algorithmen für Manipulationen anfällig: Facebook, ein Unternehmen, das ursprünglich ein Team von ehemaligen Journalisten beschäftigte, um seine „trending news" zu kuratieren, dieses dann aber durch einen algorithmengesteuerten Newsfeed ersetzte, wurde im US-Präsidentschaftswahlkampf 2016 offenkundig von russischen Propagandisten genutzt, die so falsche Nachrichten ohne menschliche Überwachung verbreiten konnten. Facebook hat diese Funktion später eingestellt (Shubber/Rovnick 2018).

Die Veränderungen in der Sphäre der Öffentlichkeit stellen die öffentliche Aufgabe des Journalismus infrage, die klassischerweise darin besteht, auf der Basis von Fakten und den Erste-Hand-Erkenntnissen von Reportern Themen aufzugreifen, die gesellschaftliche Relevanz haben, wodurch erst eine „shared reality" entsteht (Donsbach 2014, 665 – 666). Auch die wichtigste Ressource des Journalismus, seine Glaubwürdigkeit, ist durch den verschärften Wettbewerb um Themen und Deutungen in Gefahr: Viele Mediennutzer bleiben verunsichert zurück. Was Faktum ist und was Fake News, was unabhängige Analyse oder interessengesteuerte Manipulation, können Mehrheiten nicht mehr unterscheiden (Edelman 2018).

Der Journalismus mag in vielen westlichen Ländern noch nicht marginalisiert sein, aber dass Teile der Öffentlichkeit inzwischen ohne journalistische Akteure auskommen, ist nicht zu übersehen. Ob Massenmedien noch das „Dirigieren der Selbstbeobachtung des Gesellschaftssystems" (Luhmann 2017, 118) gelingt, ist zumindest fraglich. Die bisherigen Erfahrungen mit diesem System zeigen, wie schwierig es geworden ist, in freien Gesellschaften produktive Diskurse zu führen. Viele Bürger sehen denn auch einen Bedarf für unabhängigen Journalismus. Allen lautstarken „Lügenpresse"-Anwürfen zum Trotz halten große Mehrheiten in Deutschland journalistische Medien für wichtig und für vertrauenswürdig; die entsprechenden Werte sind im internationalen Vergleich außergewöhnlich hoch (Pew 2018, 7). Im Übrigen ist es gerade diese Überzeugung, die junge Leute heute noch dazu bewegt, den Journalistenberuf zu ergreifen. Allerdings ist damit weder beantwortet, was journalistische Angebote künftig konkret leisten sollten, noch ob sie in der Lage sind, Journalisten eine gesicherte wirtschaftliche Existenz zu ermöglichen.

3 *Schneller, lauter, härter?* Neue Anforderungen an den Journalismus

Wie eingangs erwähnt, lassen sich Journalisten als Spezialisten verstehen, die unabhängig – das heißt: aus ihrer eigenen Anreizlogik heraus – auswählen, was in der Gegenwart wichtig ist, also gesellschaftliche Prioritäten formulieren, die durch eigenständige Recherchen aufdecken, was in der Vergangenheit falsch gelaufen ist und welche Fehlentwicklungen sich für die Zukunft abzeichnen. Damit erfüllen Journalisten eine wichtige öffentliche Aufgabe: Sie arbeiten an einer gesellschaftlich geteilten Fakten- und Wissensbasis, durch die überhaupt erst kollektive Handlungsfähigkeit entsteht. Journalismus ist insofern systemrelevant für die Demokratie, als sich in Gesellschaften mit streng fragmentierten Weltwahrnehmungen kaum ein „Volkswille" im diskursiven Prozess herausbilden kann.

Nun könnte man schlussfolgern, der Journalismus sollte einfach weitermachen wie bisher. Was sich bislang bewährt hat, wird sich auch künftig bewähren. Leider ist es nicht ganz so einfach. Denn die Bedingungen, unter denen Journalisten inzwischen arbeiten, haben sich radikal verändert. Das betrifft nicht nur die Strukturen der Öffentlichkeit (siehe 2), sondern auch das ökonomische, technische und thematische Umfeld.

Ökonomische Bedingungen

Das Aufbrechen oligopolistischer Strukturen infolge der Digitalisierung der Medienmärkte hat direkte Folgen für privatwirtschaftliche journalistische Geschäftsmodelle. Wo zuvor stabil hohe Renditen erwirtschaftet wurden, sind die Margen gesunken. Traditionsblätter wurden eingestellt oder zusammengelegt. Der Druck, Kosten zu sparen, ist nach wie vor hoch. In der Folge hat sich die personelle Ausstattung der Redaktionen verschlechtert, während sich die Zahl der zu bespielenden Kanäle immer weiter erhöht. Arbeitsverdichtung und Zeitdruck haben zugenommen.

Auch die Art, wie der journalistische Wettbewerb ausgetragen wird, hat sich gewandelt. In der alten Medienökonomie war Glaubwürdigkeit eine zentrale Ressource, mittels derer Medienunternehmen oligopolistische Positionen zu festigen suchten (Hamilton 2004, 39 – 45). Weil Journalismus als Vertrauensgut auf einer wiederkehrenden Qualitätserfahrung basiert, investierten führende Medienhäuser in große Redaktionsetats und aufwändige Rechercheprojekte. Diese alte Welt existiert in Teilen noch, aber sie ist bedroht. Ins Zentrum des medialen Wettbewerbs rückt nun die Aufmerksamkeit des Publikums als zentraler Faktor: Von der Nutzerzahl hängt direkt ein Großteil jener Erlöse ab, die sich mit Werbung erzielen lassen. Eine immer weiter steigende Zahl von Angeboten konkurriert um die begrenzten Zeitbudgets der Bürger. Die Aufmerksamkeit auf das jeweilige Produkt zu lenken, wird so zum Imperativ der Geschäftsmodelle der „attention merchants" (Wu 2017), nicht nur der journalistischen. *Click baiting* zielt auf das Abrufen menschlicher Affekte – das Ungeheuerliche, das Ekelerregende, das Skandalöse, das Frivole hat in diesem Setting einen Wettbewerbsvorteil gegenüber dem Differenzierten, dem Tiefgründigen, dem Seriösen. In einer Mediensphäre, die permanent Gefühle anspricht, drohen Individuen und die ganze Gesellschaft in einer Weise konditioniert zu werden, die einer vernünftigen Auseinandersetzung abträglich ist (Williams 2018).

Affektzentrierter Journalismus produziert eine rasche Abfolge von Erregungszyklen. Solche „Issue Attention Cycles" (Downs 1972) gab es auch früher. Aber es scheint, als habe ihre Dauer ab- und ihre Intensität zugenommen. Die neue medienökonomische Logik trägt dazu bei: Medien, die auf ein emotional aufgeladenes Thema, dessen Karriere gerade auf dem ansteigenden Ast ist, aufspringen, können mit ziemlich sicheren Erlösen rechnen. Die Produktionskosten sind indes gering: Geschichten zum Thema lassen sich von Nachrichtenagenturen oder Wettbewerbern übernehmen, neu verpacken, allenfalls mit geringer eigener Zusatzrecherche anreichern. Derartiger *Repackaging*-Journalismus leistet allenfalls einen marginalen aufklärerischen Beitrag. Aus kurzfristigem ökonomischem Kalkül jedoch ist er vorteilhaft gegenüber der Produktion von neuen, aufwändig recherchierten eigenen Themen, deren Kosten hoch und deren Erlöse unsicher sind, weil ex ante unklar ist, ob der Beitrag sein Publikum erreicht. Dieser Logik folgend, feuern sich Medien gegenseitig an, während zugleich Politiker und Experten auf den Aufmerksamkeitsexpress aufspringen (Müller 2017a). In der Folge kommt es zu medialen Herdentriebeffekten, wobei sich eine bemerkenswerte Einförmigkeit in der Berichterstattung herausbildet. Es entsteht, mit Donsbach, eine „shared reality", die aber oft nur solange existiert, wie die Erregung anhält. Sobald differenzierte Argumente und komplizierte Problemlösungsansätze in den Mittelpunkt rücken, nimmt das Publikumsinteresse rapide ab, wie in Downs' Modell vorhergesagt (Downs 1972), bis der nächste Erregungszyklus beginnt.

Auslöser solcher Zyklen kommen häufig auch aus Sozialen Medien (Boynton/ Richardson 2016). Journalisten orientieren sich an Themen und Frames, die sie auf Twitter oder Facebook als publikumswirksam wahrnehmen, und nehmen sie zum Ausgangspunkt eigener Beiträge. Dadurch eröffnet sich politischen Akteuren die Möglichkeit, Agenda Setting im vorjournalistischen Raum auf Social-Media-Plattformen zu betreiben und journalistische Medien als Verstärker zu nutzen. Donald Trump hat die permanente Anregung zur Aufregung via Twitter zu seinem Kommunikationsstil erhoben (Müller 2017b, 123–124). Auch bei der Anti-TTIP-Bewegung waren deutliche Spillover-Effekte von Sozialen zu traditionellen Medien zu beobachten (von Nordheim u. a. 2018).

Affektzentrierung und *Attention Cycles* gehören zu den medienökonomischen Bedingungen, unter denen Qualitätsjournalismus inzwischen arbeiten muss. Das gilt nicht nur für privatwirtschaftliche Medien, sondern auch für öffentliche Systeme und stiftungsfinanzierte Start-ups, die ihre Budgets rechtfertigen müssen, indem sie ein hinreichend großes Publikum erreichen.

Technische Bedingungen

Medien als Ein-Kanal-Unternehmen gehören der Vergangenheit an. Um in der Aufmerksamkeitsökonomie bestehen zu können, müssen die Anbieter journalistischer Inhalte viele Kanäle bespielen. Print, Online-Nachrichtenmedien, Facebook, Twitter, Periscope, Whatsapp, Radio, Instagram, Snapchat, Podcasts, Clips, klassisches Fernsehen, Virtual Reality – in einer technischen Umgebung, die rasch wächst und zugleich wechselnden Moden unterworfen ist, sind Medienunternehmen auf diversen digitalen Formaten präsent. Das erfordert nicht nur einen permanenten Strom von Investitionen in die technische Ausstattung, sondern auch immer weiter ausdifferenzierte Redaktionen. Es braucht Mitarbeiter, die die technischen Möglichkeiten beherrschen und die in der Lage sind, inhaltliche Formate zu entwickeln, die den Nutzungsgewohnheiten auf dem jeweiligen Kanal entsprechen.

Inwieweit sehr kurze (wie Twitter) oder bildlastige (wie Instagram) Formate tatsächlich qualitätsjournalistische Inhalte transportieren können, ist eine andere Frage. Für die Vermarktung journalistischer Inhalte lassen sie sich jedoch nicht ignorieren.

Thematische Bedingungen

Journalismus sieht sich einer gesellschaftlichen Realität gegenüber, deren Komplexität enorm gestiegen ist. Viele Themen haben inzwischen internationale oder zumindest europäische Aspekte, die zum Gesamtbild gehören und in der Berichterstattung berücksichtigt, zumindest jedoch mitbedacht werden müssen. Ob

Finanzen, Bildung, Migration, Klimawandel, Fragen der Verteilungsgerechtigkeit oder der Rechte von Menschen verschiedener Geschlechter und sexueller Orientierungen – viele Debatten haben heute grenzüberschreitende Aspekte. Nationen vergleichen sich miteinander. Die internationalen Interdependenzen haben stark zugenommen; Großthemen wie die Flüchtlingskrise, die Klimapolitik oder die Entwicklungen auf den Finanzmärkten sind in ihren Ursachen, Folgen und Lösungsmöglichkeiten in einer Weise internationalisiert, wie das noch vor drei Jahrzehnten kaum vorstellbar war. Deutlich wird dies beispielsweise an den Weltwirtschaftsgipfeln: 1975 begannen sie als rein westlicher Club mit damals nur wenigen makroökonomischen Themen; inzwischen sind sie zum G20-Format gewachsen und behandeln ein breites Spektrum von Politikfeldern, vom Welthandel über bildungs-, verteilungs- und gesundheitspolitische Fragen bis zur Bekämpfung des Terrorismus (Müller 2017b, 165).

Auch im Inneren westlicher Gesellschaften hat sich der Komplexitätsgrad enorm erhöht. Große soziale Formationen wie „die Arbeiterklasse", „die Bauernschaft", „die Rentner" oder „die Katholiken" – Gruppierungen, ausgestattet mit jeweils relativ homogenen Sets von materiellen Lebensbedingungen, Werten und Interessen – haben sich zu kleinteiligen Milieus ausdifferenziert. Was die Gesellschaft als ganze umtreibt, wo Probleme von großer Relevanz auftauchen, die viele Menschen betreffen, ist nicht mehr so leicht erkennbar.

Journalismus *als Komplexitätsreduktion unter Nebenbedingungen*

Die Folgen der beschriebenen Veränderungen sind für den praktizierenden Journalismus kaum zu überschätzen. Die gesellschaftliche Wirklichkeit, die der Journalismus abbilden und für die er realistische Problemlösungsansätze herausstellen soll, ist vieldeutig geworden und hochgradig aufgefächert. Was relevant und was dringlich ist – und somit Schwerpunkt der Berichterstattung sein sollte –, ist nicht mehr unbedingt offensichtlich. Unter den Bedingungen der Aufmerksamkeitsökonomie liegt die Versuchung nahe, auf emotionale Themen zu setzen, die nicht durch ein selbstständig gewonnenes Bild der Realität im Wege der Recherche entstanden sind, sondern von außen, das heißt: häufig von politischen Akteuren, gesetzt wurden. Themen, die in den Sozialen Netzwerken „trenden", haben gute Chancen, ein Publikum zu finden. Selten sind dies komplexe Geschichten, die differenzierter Antworten bedürfen, sondern affektzentrierte. Die Fokussierung auf dramatische (oder dramatisierte) Ereignisse und polarisierende Personen, das Herausstellen extremer, tabubrechender politischer Einlassungen und (scheinbar) einfacher Lösungen – der öffentliche Raum ist inzwischen durchzogen von „Lärmspiralen" (Müller 2017a), in denen sich Journalisten zu „Komplizen" eines populistischen Politikstils machen (Mazzoleni 2003).

Ein Journalismus, der sich allein am unmittelbaren Publikumsinteresse orientiert, läuft Gefahr, sich von seinem Publikum zu entfremden. Das mag paradox klingen. Viele Bürger haben jedoch den Eindruck, dass Themen, die ihre unmittelbare Lebenswirklichkeit betreffen, in der medial transportierten politischen Debatte unterrepräsentiert sind, während andere, zuletzt insbesondere die Flüchtlings- und Asylpolitik, zu viel Raum einnehmen (Infratest Dimap 2018).

Um seiner Aufgabe auch künftig noch gerecht zu werden, muss der Journalismus eine sorgfältig austarierte Balance pflegen. Er muss einerseits im Aufmerksamkeitswettbewerb bestehen, andererseits als Vertrauensgut seinen Marktwert behalten. Daraus ergeben sich insbesondere vier Anforderungen. Journalisten sollten

– persönlich die Komplexität des jeweiligen Themas durchdringen, zugleich aber in der Lage sein, diese Komplexität soweit zu reduzieren und in Formen zu präsentieren, dass sie für das Publikum konsumierbar wird;
– über ihre eigene Tätigkeit und Rolle im täglichen Geschäft in einer Weise reflektieren, dass sie sich nicht selbst von affektzentrierten Debatten mitreißen lassen;
– das Publikumsinteresse während eines Themenzyklus kalkuliert nutzen, um das Spektrum der Debatte um Hintergründiges, Überraschendes und Kontraintuitives zu ergänzen;
– eigene Themen setzen, die sie durch exklusive Recherchen und Analysen gewinnen und die idealerweise einen Bogen schlagen von gesellschaftlichen Entwicklungen über die Lebenswirklichkeiten der Bürger bis zur kritischen Analyse der Arbeit von Eliten und Institutionen.

Glaubwürdigkeit und Unabhängigkeit

Damit Journalismus seine öffentliche Funktion ausfüllen kann, muss er glaubwürdig sein. Vertrauen ist dafür eine zentrale Ressource. Dies ist eine Grundvoraussetzung für die Arbeitsteilung in einer Wissensgesellschaft: Nicht jeder muss alles wissen, aber er muss wissen, wem er vertrauen kann, die Dinge zu wissen, die er selbst nicht weiß. Bürger, die angesichts von hochgradig komplexen gesellschaftlichen Entwicklungen bei vielen Themen nur über „dünnes Wissen" (siehe 2) verfügen können, müssen sich darauf verlassen können, dass Medien die Komplexität der Gegenwart zwar effektiv reduzieren, aber nicht verfälschen.

Fakten müssen stimmen, eine angemessene Neutralität und Quellenvielfalt gewahrt sein, Analysen müssen treffend sein und Zuspitzungen nicht überdreht. Glaubwürdigkeit ist ohne Unabhängigkeit kaum vorstellbar. Unabhängigkeit wiederum bedeutet nicht völlige Objektivität, sondern Neutralität in dem Sinne, dass Medien die Wirklichkeit aus einem bestimmten eigenen Blickwinkel erfassen und dies transparent machen. Besteht hingegen der Verdacht, dass sich Medien externen Interessen unterwerfen, zumal wenn dies verdeckt geschieht, ergeben sich gravierende Auswirkungen auf die Glaubwürdigkeit.

Um diesen Anforderungen gerecht zu werden, sollten drei Dimensionen journalistischer Unabhängigkeit gewahrt sein (Müller 2017c, 44):

- *Wirtschaftliche Unabhängigkeit* versetzt Journalismusanbieter in die Lage, eigene Prioritäten zu setzen, ökonomische, politische und institutionelle Interessen kritisch zu hinterfragen und sich selbst ein Bild von der Realität durch aufwändige Recherchen zu machen.
- *Intellektuelle Unabhängigkeit* befähigt Journalisten dazu, eigene Deutungen der Fakten und Zusammenhänge zu entwickeln. Sie sollten sich nicht damit begnügen, sich auf die eine oder andere Seite eines Diskurses zu schlagen, sondern bestrebt sein, eigenständige Blickwinkel und Positionen zu entwickeln.
- *Ideologische Unabhängigkeit* fordert von Journalisten innere Erkenntnis- und Urteilsfreiheit. Eine Selbstverortung in Dogmen und Denkschulen, die den Blick auf die Realitäten verstellt, ist mit der Rolle als Realitätserklärer nicht vereinbar. Da niemand frei ist von Werthaltungen und Vorurteilen, sind Journalisten aufgefordert, ihre eigenen Präferenzen und Schlussfolgerungen aus einer Haltung der selbstkritischen Skepsis zu hinterfragen.

Journalismus als Beruf

In der bisherigen Darstellung ist deutlich geworden, dass die Anforderungen an den Journalismus und an Journalisten enorm gestiegen sind. Die Komplexität der Themen, die gestiegene Bedeutung wechselnder digitaler Technologien, die Intensität des Wettbewerbs verbunden mit enormem Zeitdruck machen Qualitätsjournalismus zu einem Geschäft mit hohem Professionalisierungsbedarf. Parallel dazu haben jedoch Kostensenkungsrunden in den Medienhäusern vielerorts zu einer Verschlechterung der Beschäftigungsbedingungen geführt. Dies betrifft sowohl die Bezahlung als auch die Arbeitsplatzsicherheit. Während andere Wirtschaftszweige über Fachkräftemangel klagen, mit hohen Gehältern und attraktiven Karrierewegen locken, dürfte es absehbar schwieriger werden, fähige junge Leute für den Journalistenberuf zu motivieren. Um seine Rolle auch in Zukunft ausfüllen zu können, muss der Journalismus wirtschaftlich tragfähige Berufsperspektiven bieten. Auch in der Vergangenheit wurden nur wenige Journalisten reich, aber die Verdienstmöglichkeiten konnten sich durchaus mit Akademikern auf vergleichbarer Hierarchiestufe in anderen Arbeitsfeldern messen. Ist dies nicht mehr gewährleistet, so ist mit einer Abwanderung der besten Köpfe in andere Berufe zu rechnen. Auch Glaubwürdigkeit und Unabhängigkeit erfordern hinreichend befriedigende Verdienstmöglichkeiten. Journalisten, die nebenher ihren Lebensunterhalt in PR oder Werbung aufbessern müssen, können kaum unabhängig arbeiten.

„Journalismus als Beruf" umfasst allerdings mehr als die Aussicht auf einen angemessenen Lebensstandard durch Vollzeittätigkeit, nämlich:

> „Journalisten teilen ein Gefühl gemeinsamer beruflicher Identität, sie haben gemeinsame berufliche Wertvorstellungen und es herrscht Übereinstimmung über die Rollendefinitionen gegenüber Kollegen und Berufslaien. Im Bereich des beruflichen Handelns wird eine gemeinsame Sprache gesprochen, die Laien nur teilweise zugänglich ist, die Berufsgruppe kontrolliert das berufliche Handeln ihrer Mitglieder, sie ist deutlich erkennbar von ihrer sozialen Umwelt abgegrenzt und sie steuert die Selektion und berufliche Sozialisation der Berufsanwärter." (Kepplinger 2011, 231)

Anders gewendet: Wären Journalisten Laien, die einfach gern schreiben oder ein paar Filme ins Netz stellen, ließen sich die oben formulierten Standards nicht einhalten. Journalismus erfordert, Komplexität erfassen und reduzieren zu können, Neutralität zu wahren und das eigene Tun permanent zu reflektieren. Der individuelle Journalist als neigungsgetriebener Einzelkämpfer kann dies kaum leisten. Verstöße gegen Berufsstandards müssen sanktioniert werden. Da die Presse frei und unabhängig sein soll, ist eine effektive Selbstkontrolle erforderlich. Sie beginnt mit der Ausbildung und setzt sich im Berufsalltag innerhalb von Redaktionen und außerhalb durch berufsständische Institutionen wie den Presserat fort.

Eine Prekarisierung des Journalistenberufs zu verhindern, ist deshalb eine fundamentale Voraussetzung für eine erfolgreiche Journalistenausbildung.

4 Schlussfolgerungen für die Bildung und Ausbildung von Journalisten

Wie die bisherigen Ausführungen gezeigt haben, findet Journalismus inzwischen in einem grundlegend veränderten Umfeld statt. Damit wandelt sich auch die Rolle der Journalisten: Sie sind nicht mehr Wärter an den Schleusen, die die

Zugänge zum öffentlichen Raum darstellen (*gate keepers*); die Zuflüsse sind längst weit geöffnet. Vielmehr sollten sie als Scouts agieren, die die Bürger durch das übersichtliche Gelände zerklüfteter Öffentlichkeiten geleiten. Dazu brauchen sie drei Kategorien von Wissen: journalistisches Handwerkszeug, tiefes Wissen in einem oder mehreren Spezialgebieten sowie Kenntnisse über die Strukturen und Funktionsweisen von Medienöffentlichkeiten (Systemwissen). Um im Bild zu bleiben: Scouts müssen Fähigkeiten beherrschen, die sie in die Lage versetzen, schnell und sicher auf unerwartete Ereignisse zu reagieren; sie müssen das Gelände kennen, in dem sie sich bewegen; und sie dürfen dabei ihr Ziel nicht aus den Augen verlieren.

Journalistisches Handwerkszeug

Die Intensivierung journalistischer Arbeit und der allgegenwärtige Zeitdruck erfordert mehr als früher, dass Journalisten ihr Handwerk souverän beherrschen. Es versteht sich von selbst, dass dazu Grundfähigkeiten gehören wie das flüssige Verfassen von Texten in verschiedenen Darstellungsformen und das Beherrschen der Orthografie und der Interpunktion.

Anders als für frühere Journalistengenerationen ist die Anwendung von Technik keine lästige Nebensache des lässigen Reporterlebens mehr, sondern erfordert eine Kompetenz, die häufig über beruflichen Erfolg oder Misserfolg beim Berufseinstieg entscheidet. Für viele junge Journalisten ist Technikkompetenz der entscheidende Wettbewerbsvorteil gegenüber älteren Kollegen. Der allgegenwärtige Kostendruck hat dazu geführt, dass viele Journalisten nun selbst filmen, streamen, schneiden müssen. Dazu kommen immer neue Plattformen, Programme, Devices, Formate, die bespielt werden wollen. Moden wechseln in rascher Folge. 2014 war Periscope, ein Live-Streaming-Dienst, in vielen Redaktionen en vogue, inzwischen ist das schon wieder eine Technik von gestern. Einige Redaktionen setzen auf die Vermarktung ihrer Inhalte über Whatsapp, andere über Snapchat. Twitter und Facebook gehören zum Standardrepertoire. Der authentisch wirkende Livebericht via iPhone, auch mit verwackeltem Bild, ist in vielen Redaktionen gern gesehen, sogar bei TV-Sendern. Allerdings sollte in der Bildung und Ausbildung von Journalisten immer klar sein, dass Technikkompetenz nur Mittel ist und nicht Zweck. Technologien ändern sich rasch. Entsprechend ist die Halbwertzeit dieser Kenntnisse beschränkt. So sehr sich die Technik heute ins Zentrum journalistischer Arbeitsweisen drängt, das Beherrschen von Techniken, die ohnehin nach wenigen Jahren obsolet sein werden, sollte nicht im Mittelpunkt stehen.

Zum Handwerkzeug gehört auch die Zusammenarbeit in redaktionellen Teams. Der Journalist als Einzelkämpfer, der allein eine Geschichte recherchiert und aufschreibt, ist nicht mehr die Regel. Teams aus Spezialisten arbeiten zusammen, bei der Recherche, bei der Produktion von Beiträgen und bei der Distribution über verschiedene Kanäle. Dazu bedarf es Sekundärtugenden wie Kooperationsfähigkeit, Zuverlässigkeit und Pünktlichkeit, die in den praktischen Teilen der Ausbildung (etwa in Lehrredaktionen) eingeübt werden sollten.

Allgemein- und Spezialwissen

Angesichts der enorm gestiegenen thematischen Komplexität brauchen Journalisten eine breite Allgemeinbildung. Wer am Newsdesk eines Nachrichtenportals sitzt, muss den rechtlichen Rahmen der deutschen und europäischen Zuwanderungspolitik in Grundzügen genauso kennen wie die Regeln des „Electoral College" in den USA oder die Bedeutung des Nationalen Volkskongresses in China, die Existenz des Higgs-Bosons oder die Problematik der Kreditverbriefungen, die Auswirkungen des Klimawandels oder die aktuelle Lage auf dem deutschen Arbeitsmarkt. Jederzeit können sich aus allen möglichen Gebieten Ereignisse nach vorne drängen, die rasch mit Blick auf ihre Relevanz beurteilt, auf wesentliche Fragen heruntergebrochen und für die Nutzer eingeordnet werden müssen. Dazu brauchen Journalisten eine breite Basis an Wissen, das allerdings in vielen Bereichen nur oberflächlich sein kann. Sich dieser Lücken bewusst zu sein und sie gezielt und schnell schließen zu können, ist eine Voraussetzung, um Fehler vermeiden zu können.

Über breites Allgemeinwissen und Interesse für gesellschaftliche Entwicklungen zu verfügen, ist eine Grundvoraussetzung, die angehende Journalisten bereits mitbringen sollten. Systematische Ausbildungsprogramme wären mit der Vermittlung von Allgemeinwissen überfordert, sie können – und sollten – allerdings zur Aneignung anregen, etwa durch die Befassung mit aktuellen Themen im Rahmen praktischer Übungen, etwa in Lehrredaktionen.

Um der Komplexität der veröffentlichten Wirklichkeit gerecht werden zu können, wird die Spezialisierung auf ein Fachgebiet wichtiger. Die Frage ist, inwieweit diese Spezialisierung *während*, *vor* oder *nach* der journalistischen Ausbildung stattfinden sollte. Viele Journalisten arbeiten sich im Laufe ihres Berufslebens an konkreten Geschichten tief in ein Themenfeld ein; die Spezialisierung findet also *nach* der Ausbildung statt, sozusagen *on the job*. Die oben angeführte Forderung nach intellektueller Unabhängigkeit spricht jedoch für ein höheres Maß an Expertentum. Um Themen, Fakten und Meinungen selbstständig beurteilen zu können, hilft ein akademisches Fundament: ein

Fachstudium, durch das sich künftige Journalisten von Grund auf in ein The-
mengebiet einarbeiten und in den Gedankenkosmos der jeweiligen Disziplin
hineinsozialisiert werden. Im klassischen Ausbildungsweg des deutschsprachigen Raumes ist das Fachstudium häufig *vor* der journalistischen Ausbildung
angesiedelt, an das sich dann ein Volontariat oder der Besuch einer Journalis-
tenschule anschließt, wo der Fokus auf der Vermittlung von journalistischem
Handwerkszeug (siehe oben) liegt.

Im fortentwickelten „Dortmunder Modell" mit seinem integrierten Volontariat
findet die fachliche Spezialisierung *während* des Studiums statt, und zwar in
unterschiedlicher Intensität. Journalistik-Studierende belegen ein Zweitfach, etwa
Politikwissenschaft, während des Bachelorstudiums; viele vertiefen dieses Fach
extracurricular, um im Anschluss in ein entsprechendes Master-Programm zu
wechseln. Annähernd die Hälfte der Journalistik-Studierenden an der TU Dortmund belegt inzwischen einen der drei Spezialstudiengänge – Wissenschafts-
journalismus, Wirtschaftspolitischer Journalismus, Musikjournalismus – mit einem deutlich erhöhten Anteil im Zweitfach, der vom Umfang der geforderten
Leistungen her einem reinen Fachstudium nahekommt. Entstanden sind diese
Angebote, nachdem Redaktionen entsprechende Bedarfe an das Institut herangetragen hatten. Der Vorteil dieser Strategie liegt darin, dass sich so praktische
Fähigkeiten, Objekt- und Systemkompetenz (siehe unten) systematisch verzahnt
vermitteln lassen. Das Studium ist der ideale Ort dafür, da im Berufsalltag für
derlei Reflexionsleistung häufig keine Zeit bleibt. Bereits Berufseinsteiger sollten
bestmöglich auf ihre anspruchsvolle Rolle vorbereitet sein.

Systemwissen

Aus den Erörterungen der vorstehenden Abschnitte ist deutlich geworden, dass
die Rolle von Journalisten ebenso anspruchsvoll wie ambivalent geworden ist.
Vermitteln und Erklären genügt nicht mehr. Wenn Journalisten als Scouts durch
unübersichtliche Öffentlichkeiten fungieren sollen, dann brauchen sie ein tieferes
Verständnis für die Funktionsweise dieser Debattenräume. Kommunikationswis-
senschaftliches Wissen gehört daher essenziell zur journalistischen Bildung.
Warum schaffen es einige Themen nach oben auf die Agenda und andere nicht?
Wer hat ein Interesse an diesem oder jenem Spin? Unter welchen ökonomischen
und rechtlichen Restriktionen arbeiten Verlage und andere Inhalteanbieter? Wie
nehmen Bürger Informationen und Wissen auf? Welche Arbeitsteilung gibt es
zwischen verschiedenen Mediengattungen? Wie und warum positionieren sich
verschiedene Akteure öffentlich in einer bestimmten Weise? Wo liegen Grenzen,
die Journalisten nicht überschreiten sollten? Wofür oder wogegen sollten sich

Journalisten einsetzen? Medienökonomie und -recht, Mediensystemforschung, Mechanismen politischer Kommunikation, Rezeptionsforschung, Medienethik – all diese Felder gehören zentral ins Curriculum, damit Journalisten ihre Rolle effektiv und zugleich reflektiert ausfüllen können.

Drei Kernkompetenzen

Journalismus kann sich nicht mehr darauf beschränken, faktensicher Nachrichten zu produzieren, spannende Geschichten auszugraben oder abgewogen zu kommentieren. Er steht in einem ständigen Wettbewerb um Aufmerksamkeit – nicht nur mit anderen Medien, sondern auch mit allerlei Unterhaltungsangeboten –, in dem er sich durchsetzen muss. In den Sozialen Netzwerken kann jeder eine Meinung absondern. Dazu braucht es weder belastbare Informationen noch Wissen, sondern nur ein paar vorgefasste Meinungen und den Willen zur drastischen Formulierung. Die Alleinstellung des Journalismus im großen öffentlichen Rauschen besteht darin, dass er zunächst nur der Wahrheit – im Sinne einer möglichst korrekten Abbildung der gesellschaftlichen Realität – verpflichtet ist. Dabei handeln Journalisten und Medienunternehmen durchaus eigennützig. Ihr Interesse besteht darin, Neues ans Licht zu bringen und damit Aufmerksamkeit zu erlangen (und Umsatz zu machen). Drei Kernkompetenzen sollten im Zentrum der journalistischen Arbeit und Ausbildung stehen:

Kernkompetenz Recherche:

In einer Welt, in der Informationen im Überfluss verfügbar sind, ist die Versuchung groß, sich einem Thema einfach per Google-Abfrage zu nähern. Bei einer solchen Kompilation wird jedoch in den seltensten Fällen eine originäre oder gar originelle Geschichte herauskommen. Für derlei Artikel ist bereits heute kaum noch menschliche Arbeitskraft nötig, da Algorithmen längst in der Lage sind, Standardtexte aus Standardinformationen zu generieren (Micklethwait 2018). Menschliche Journalisten, die sich lediglich aufs Neuverpacken von Texten kaprizieren, werden eher früher als später vom Schreibroboter wegrationalisiert. Ein wiederkehrendes Thema der journalistischen Bildung sollte daher die Recherche sein. Dabei geht es nicht nur um Investigation, die Königsdisziplin, sondern ganz grundsätzlich um die Fähigkeit, sich ein eigenständiges Bild von der Wirklichkeit zu machen. Das betrifft das Aufspüren von Daten und Dokumenten, die nicht unmittelbar zugänglich sind, den Umgang und die Erschließung von Primärquellen, das Führen von Informationsgesprächen, den Abgleich von Informationen aus verschiedenen Quellen und den Aufbau eines Netzwerks aus Informanten. Der journalistische Nachwuchs sollte ein Gespür dafür vermittelt bekommen, was das eigentliche Ziel des Berufs ist: Neues herauszufinden, das Unerwartete ans Tageslicht zu fördern, auch gegen Widerstände. Dazu gehört auch eine Grundhaltung der Skepsis gegenüber vermeintlichen Wahrheiten und Distanz gegenüber den Objekten der Berichterstattung. Eine Haltung, die viele junge Journalisten erst lernen müssen. Recherche ist zum Teil journalistisches Handwerk, aber dabei hilft ein tiefes Verständnis der Materie (siehe oben, „Allgemein- und Spezialwissen") und der Mechanismen der Öffentlichkeit (siehe „Systemwissen") enorm.

Kernkompetenz Analyse:

Informationen allein sind meist nicht viel wert. Sie bedürfen der Deutung. Stimmt das dominierende Framing eines gerade relevanten Themas? Oder ist die tatsächlich relevante Sachlage womöglich eine ganz andere? Gibt es Informationen, die auf eine problematische Entwicklung hindeuten? Und wie ließe sie sich womöglich verhindern? Das analytische Zusammenführen von Informationen zu narrativen Ursache-Wirkungs-Zusammenhängen ist eine Schlüsselfunktion des Journalismus. Analysen basieren auf Wissen, eigenem und recherchiertem. Journalismus als „knowledge profession" (Donsbach 2014) betreibt die Verdichtung von Wirklichkeit und die Reduktion von Komplexität. Das ist naturgemäß nicht unproblematisch, denn Weglassen und Zuspitzen können verfälschen. Zur Analyse gehört daher Redlichkeit. Journalisten sollten ihre faktenbasierten Narrationen als Deutungsangebot verstehen, nicht als Verkündung von exklusiven Wahrheiten. Analysen können sich als falsch herausstellen. Aber im Gegensatz zu Wissenschaftlern verfügen Journalisten nicht über den Luxus, aus sicherem zeitlichem Abstand oder auf Basis eines Laborexperiments urteilen zu können. Der Job des Journalisten besteht darin, in Echtzeit die Gegenwart abzubilden. Das kann nur, wer den intellektuellen Mut aufbringt, auch mal falsch zu liegen.

Kernkompetenz Verkaufen:

Journalismus, der kein nennenswertes Publikum erreicht, erfüllt seine Aufgabe nicht. Er wird obsolet, verliert seine wirtschaftliche Basis, unabhängig davon, ob er privatwirtschaftlich oder öffentlich finanziert ist, und überlässt anderen Akteuren das Feld der Öffentlichkeit. Interesse an einer Geschichte oder einem Thema zu wecken, ist deshalb zentraler Teil der Arbeit. Und zwar mehr als dies in früheren Zeiten der Fall war. Eine journalistische Geschichte, ein Beitrag, eine Analyse muss sich in einem lauten Umfeld behaupten. Mehr noch: Journalistische Produkte müssen durchdringen, wenn sie Wirkung erzielen sollen. Verkaufen betrifft zunächst die Beherrschung journalistischer Darstellungsformen – verständliche, schlanke Sprache, logisch und spannungsreich aufgebaute Beiträge, bedeutungstragende und ästhetische Bilder, erhellende Grafiken und dergleichen mehr –, aber auch das Anteasern von journalistischen Inhalten in Sozialen Medien, den Umgang mit Metriken und Algorithmen des Online-Marketings, das persönliche Präsentieren von Inhalten in Live-Formaten zur Stärkung der Medienmarke. Bildung und Ausbildung müssen Journalisten darauf grundsätzlich vorbereiten, können aber angesichts des technischen Fortschritts und des raschen Wechsels der Moden nur einen begrenzten Beitrag leisten.

5 Fazit: Unter Druck

Der Journalismus steht derzeit in vielen Ländern unter Druck: nicht nur in wirtschaftlicher Hinsicht, sondern auch weil er Gefahr läuft, sein Publikum zu verlieren. Dazu kommen Angriffe seitens autokratischer Strömungen in der Politik. In Ungarn und Polen werden öffentliche Fernsehsender der Regierung untergeordnet. In Russland und der Türkei ist dies längst geschehen. Kritische Medien sind vielfach verschwunden. Auf Malta, in der Slowakei und anderswo sind hartnäckig recherchierende Journalisten umgebracht worden. In Italien agitiert die Regierung aus Links- und Rechtspopulisten gegen kritischen Journalismus. In den USA stützt sich Präsident Donald Trump auf eine Handvoll willfähriger Privatmedien, von *Fox News* bis *Breitbart*, und ätzt via Twitter gegen Ikonen des Investigativjournalismus wie die *New York Times* und die *Washington Post*. In Österreich versucht derweil die konservativ-nationalistische Koalition, dem öffentlich-rechtlichen Rundfunk (ORF) die Beitragsfinanzierung zu nehmen und ihn durch Zuweisungen aus dem Bundeshaushalt ans fiskalische Gängelband zu nehmen.

Dieser Beitrag lässt sich verstehen als Plädoyer für einen freien und unabhängigen Journalismus. Nicht als Selbstzweck, sondern weil er wichtige Funktionen für die Gesellschaft zu erfüllen hat. Unabhängiger Journalismus kann aber nur bestehen, wenn er hohen Qualitätsmaßstäben genügt. Die Basis dafür wird in der Bildung und Ausbildung von Journalisten gelegt. Nur wenn sie sich durch ihre Arbeit Respekt und Akzeptanz verschaffen, haben freie Informationsmedien eine Chance zu überleben.

Die Grundvoraussetzungen dafür sind vermutlich gar nicht so schlecht. Offenkundig sehen viele Bürger, wenigstens in Deutschland, inzwischen einen erhöhten Bedarf an unabhängigem Journalismus. Und wo es einen Bedarf gibt, dürfte es nicht an Zahlungsbereitschaft mangeln, sei es in Form von Copypreisen oder Abonnements, sei es in Form von allgemeinen Rundfunkgebühren (für deren Beibehaltung sich im Frühjahr 2018 die Schweizer mit großer Mehrheit im Referendum ausgesprochen haben). Optimistisch stimmen mich insbesondere meine persönlichen Erfahrungen mit den Studierenden an unserem Institut. Es gibt immer noch eine Menge kluger, leistungsbereiter, kritischer, skeptischer junger Frauen und Männer, die den Dingen auf den Grund gehen wollen. Sie sind bereit, sich in eine ungewisse berufliche Zukunft vorzuwagen, weil sie davon überzeugt sind, dass da draußen eine Menge Geschichten passieren, die herausgefunden und erzählt werden wollen. Wir sollten sie bestmöglich auf diese anspruchsvolle Aufgabe vorbereiten.

Literatur

Boynton, G. R./Richardson, Glenn W. Jr.: Agenda setting in the twenty-first century, in: New Media & Society 18, 9 (2016), S. 1916–1934

Castells, Manuel: The New Public Sphere: Global Civil Society, Communication Networks, and Global Governance, in: The Annals of the American Academy of Political and Social Science 616, 1 (2008), S. 78–93

Donsbach, Wolfgang: Journalism as the new Knowledge Profession and Consequences for Journalism Education, in: Journalism 15, 6 (2014), S. 661–677

Downs, Anthony: Up and Down with Ecology – the Issue-Attention Cycle, in: The Public Interest 28 (1972), S. 38–50

Downs, Anthony: A theory of political action in a democracy, in: The Journal of Political Economy 65, 2 (1957), S. 135–150

Drew, Dan/Weaver, David: Voter learning in the 2004 presidential election: Did the media matter?; in: Journalism & Mass Communication Quarterly 83, S. 25–42

Edelman Trust Barometer 2018: Global Report (https://cms.edelman.com/sites/default/files/2018–01/2018%20Edelman%20Trust%20Barometer%20Global%20Report.pdf, 6.2.2018)

Habermas, Jürgen: Theorie des kommunikativen Handelns, 4. Aufl., Frankfurt am Main 1987 (Erstauflage 1981)

Hamilton, James T.: All the News That's Fit to Sell: How the Market Transforms Information into News, Princeton 2004

Infratest Dimap 2018, ARD Deutschlandtrend Juli 2018 (https://www.infratest-dimap.de/umfragen-analysen/bundesweit/ard-deutschlandtrend/2018/juli, 10.9.2018)

Jarren, Otfried/Donges, Patrick: Politische Kommunikation in der Mediengesellschaft. Eine Einführung, Wiesbaden 2011

Johnson, Thomas J./Kaye, Barbara K.: A boost or bust for democracy? How the web influenced political attitudes and behaviors in the 1996 and 2000 presidential elections, in: Harvard International Journal of Press/Politics 8 (2003), S. 9–34

Kepplinger, Hans Mathias: Journalismus als Beruf, Wiesbaden 2011

Krueger, Anne O.: The Political Economy of the Rent-Seeking Society, in: American Economic Review 64,3 (1974), S. 291–303

Lippmann, Originalausgabe von 1922, New Brunswick u. a. 1998

Lobigs, Frank: Meinungsmacht im Internet und die Digitalstrategien von Medienunternehmen, Gutachten für die Kommission zur Ermittlung der Konzentration im Medienbereich, Teil II: Digitalstrategien und Online-Aktivitäten traditioneller Medienunternehmen in Zeiten der Plattformrevolution des Internets sowie ihre Auswirkungen auf den Meinungsbildungseinfluss der Medienunternehmen, Berlin 2018 (Schriftenreihe der Landesmedienanstalten, 51)

Luhmann, Niklas: Die Realität der Massenmedien, 5. Aufl., Wiesbaden 2017 (Erstauflage 1995)

Mazzoleni, Gianpietro: Populism and the media, in: Daniele Albertazzi/Duncan McDonnell (Hg.): Twenty-First Century Populism. The Spectre of Western European Democracy, Basingstoke 2008, S. 49–67

McCombs, Maxwell E./Shaw, Donald L.: The Agenda-Setting Function of the Mass Media, in: Public Opinion Quarterly 36, 2 (1972), S. 176–187

Micklethwait, John: „Der Druck auf uns Journalisten, Dinge zu erklären, wächst", Interview in: Der Spiegel 2018, Heft 35 (https://magazin.spiegel.de/SP/2018/35/159073539/index.html?utm_source=spon&utm_campaign=centerpage, 10.9.2018)

Müller, Henrik: The Personal, the Political, and Populism. Why Brits voted to leave the EU. And why others may follow, in: Christa Jansohn (Hg.): Brexit means Brexit? The Selected Proceedings of the Symposium, Akademie der Wissenschaften und der Literatur, Mainz 6–8 December 2017, Mainz 2018, S. 61–74 (http://www.adwmainz.de/fileadmin/user_upload/Brexit-Symposium_Online-Version.pdf, 20.8.2018)

Müller, Henrik: Populism, de-globalisation, and media competition: The spiral of noise, in: Central European Journal of Communication 9,1 (Spring 2017a), S. 64–78

Müller, Henrik: Nationaltheater. Wie falsche Patrioten unseren Wohlstand bedrohen, Frankfurt am Main 2017b

Müller, Henrik: Funktion und Selbstverständnis des wirtschaftspolitischen Journalismus, in: Kim Otto/Andreas Köhler (Hg.): Qualität im wirtschaftspolitischen Journalismus, Wiesbaden 2017c, S. 27–48

Nielsen, Rasmus Kleis: The Business of News, in: Tamara Witschge/Chris W. Anderson/David Domingo/Alfred Hermida (Hg.): The Sage Handbook of Digital Journalism, Newbury Park 2016, S. 51–67

Nordheim, Gerret von/Boczek, Karin/Koppers, Lars/Erdmann, Elena: Digital Traces in Context – Reuniting a Divided Public? Tracing the TTIP Debate on Twitter and in Traditional Media, in: International Journal of Communication 12 (2018), S. 548–569

Perloff, Richard M.: The Dynamics of Political Communication: Media and Politics in a Digital Age, Milton 2017

Pew Research Center: In Western Europe, Public Views More Divided by Populist Views than by Left-Right Ideology, 22. Mai 2018 (http://www.journalism.org/2018/05/14/in-western-europe-public-attitudes-toward-news-media-more-divided-by-populist-views-than-left-right-ideology/, 20.8.2018)

Pfetsch, Barbara/Esser, Frank: Comparing Political Communication, in: Frank Esser/Thomas Hanitzsch (Hg.): Handbook of Comparative Communication Research, London 2012, S. 25–47

Russ-Mohl, Stephan: Die informierte Gesellschaft und ihre Feinde: Warum die Digitalisierung unsere Demokratie gefährdet, Köln 2017

Shubber, Kadhim/Rovnick, Naomi: Trump's attack on Google ratchets up claims of bias, in: Financial Times vom 29.8.2018, S. 1

Sunstein, Cass R.: #Republic. Divided Democracy in the Age of Social Media, Princeton 2017

Tullock, Gordon: The Welfare Costs of Tariffs, Monopolies, and Theft, in: Western Economic Journal 5, 3 (1967), S. 224–232

Weischenberg, Siegfried: Medienkrise und Medienkrieg: Brauchen wir überhaupt noch Journalismus? Wiesbaden 2018

Williams, James: Stand out of our light. Freedom and Resistance in the Attention Economy, Cambridge 2018

Wu, Tim: The Attention Merchants: The Epic Struggle to Get Inside Our Heads, London 2017

Kurzbiographien

Blöbaum, Bernd, Prof. Dr., Professor für Kommunikationswissenschaft am Institut für Kommunikationswissenschaft der Westfälischen Wilhelms-Universität Münster und Sprecher des von der Deutschen Forschungsgemeinschaft geförderten interdisziplinären Graduiertenkollegs „Vertrauen und Kommunikation in einer digitalisierten Welt". Kontakt: bernd.bloebaum@uni-muenster.de

Blome, Astrid, PD Dr., Direktorin des Instituts für Zeitungsforschung, Dortmund, Herausgeberin der „Dortmunder Beiträge zur Zeitungsforschung", Mitherausgeberin des „Jahrbuchs für Kommunikationsgeschichte" (ab 2020) und der Schriftenreihe „Presse und Geschichte – Neue Beiträge". Kontakt: ablome@stadtdo.de

Böning, Holger, Prof. em. Dr., bis 2018 Professor für Neuere Deutsche Literatur und Geschichte der deutschen Presse am Institut für Deutsche Presseforschung der Universität Bremen. Mitgründer und Mitherausgeber des „Jahrbuchs für Kommunikationsgeschichte" sowie der Schriftenreihe „Presse und Geschichte – Neue Beiträge". Kontakt: boening@uni-bremen.de

Eberwein, Tobias, Dr., Senior Scientist und Arbeitsgruppenleiter am Institut für vergleichende Medien- und Kommunikationsforschung der Österreichischen Akademie der Wissenschaften und der Alpen-Adria-Universität in Wien. Kontakt: tobias.eberwein@oeaw.ac.at

Granow, Viola, M.A., Referentin der Programmgeschäftsführung bei funk. Kontakt viola@funk.-net

Jackob, Nikolaus, PD Dr., Geschäftsführer des Instituts für Publizistik der Johannes Gutenberg-Universität Mainz. Kontakt: nikolaus.jackob@uni-mainz.de

Jarren, Otfried, Prof. em. Dr., Professor am IKMZ-Institut für Kommunikationswissenschaft und Medienforschung der Universität Zürich. Honorarprofessor am Institut für Publizistik- und Kommunikationswissenschaft der Freien Universität Berlin. Träger des Schader Preises (2018). Kontakt: o.jarren@ikmz.uzh.ch

Kuhnhenn, Martha, Dr., wissenschaftliche Mitarbeiterin am Lehrstuhl für Organisationskommunikation an der Universität Greifswald. Kontakt: martha.kuhnhenn@uni-greifswald.de

Meyen, Michael, Prof. Dr., Professor für Allgemeine und Systematische Kommunikationswissenschaft an der Ludwig-Maximilians-Universität München, Herausgeber des Blogs Medienrealität (https://medienblog.hypotheses.org/) und des Biografischen Lexikons der Kommunikationswissenschaft (http://blexkom.halemverlag.de/). Kontakt: meyen@ifkw.lmu.de

Müller, Henrik, Prof. Dr., Professor für wirtschaftspolitischen Journalismus an der Technischen Universität Dortmund. Kontakt: henrik.mueller@tu-dortmund.de

Quiring, Oliver, Prof. Dr., Professor für Kommunikationswissenschaft am Institut für Publizistik der Johannes Gutenberg-Universität Mainz. Kontakt: quiring@uni-mainz.de

Schemer, Christian, Prof. Dr., Professor für Allgemeine Kommunikationswissenschaft am Institut für Publizistik der Johannes Gutenberg-Universität Mainz. Kontakt: schemer@uni-mainz.de

Schultz, Tanjev, Prof. Dr., Professor für Grundlagen und Strategien des Journalismus am Institut für Publizistik der Johannes Gutenberg-Universität Mainz. Mehr als ein Jahrzehnt lang Redakteur der Süddeutschen Zeitung. Kontakt: tanjev.schultz@uni-mainz.de

Wilke, Jürgen, Prof. em. Dr., Professor für Publizistik am Institut für Publizistik der Johannes Gutenberg-Universität Mainz. Kontakt: wilkejuergen@hotmail.com

Ziegele, Marc, Dr., Juniorprofessor für politische Online-Kommunikation am Institut für Sozialwissenschaften der Heinrich-Heine-Universität Düsseldorf und Leiter der Nachwuchsforschungsgruppe „Deliberative Diskussionen im Social Web". Kontakt: ziegele@phil.hhu.de

www.ingramcontent.com/pod-product-compliance
Lightning Source LLC
Chambersburg PA
CBHW030331270326
41926CB00010B/1576